KULTURGESCHICHTE IN EINZELDARSTELLUNGEN

Der Gasthof

Von der Karawanserei
zum Motel
Vom Gastfreund
zum Hotelgast

Gertrud Benker

Der Gasthof

Verlag Georg D.W. Callwey München

Folgende Abkürzungen wurden im Text verwendet:
ahd. = althochdeutsch
mhd. = mittelhochdeutsch
lat. = lateinisch

ISBN 3 7667 0302 1

Schutzumschlag und Gestaltung Baur + Belli Design, München, unter Verwendung der Farbtafeln III, VI, IX, XI, XII
Herstellung Heide Hohendahl, München
Satz Rudolf Eimannsberger, München
Druck und Bindung Ludwig Auer, Donauwörth
Offsetlithos Brend'amour, Simhart & Co., München
Printed in Germany

Inhalt

Vorwort

Der Aufnahmesuchende und der Aufnehmende, Gastsein und Wirtsein, gehören zu den Urphänomenen des Menschlichen. Von der freigeübten Gastlichkeit in unwegsamen, dünnbesiedelten Landstrichen, von den Sonderformen, die sich in Gebieten mit Karawanenbewegungen ergeben, von den staatlich geförderten Unterkünften an Überlandstraßen, von Bewirtungsarten, die sich auf religiöser oder auch geschäftlicher Basis entwickelt haben, soll hier ebenso die Rede sein wie von den vielfältigen Möglichkeiten gewerblich betriebener Gasthäuser. Dabei ist der Untertitel des Buches, »Vom Gastfreund zum Hotelgast«, nicht nur chronologisch zu verstehen: Pilgerherbergen oder Gastfreundschaft auf Gegenseitigkeit sind überzeitliche Erscheinungen; verschiedene Entwicklungsformen laufen immer nebeneinander her, beeinflussen und überschneiden sich. Hier können nur Grundlinien historischer Vorgänge skizziert und durch markante Beispiele belegt werden. Einerseits zwingt die Fülle des Materials zur Auswahl, andererseits ist die Quellen- und Forschungsdichte räumlich und zeitlich sehr unterschiedlich. Über antike Formen der Gastbetreuung z. B. liegen zahlreiche Belege vor, während die Quellen für das mittelalterliche Europa spärlich fließen; die Gastungsverhältnisse in Deutschland und seinen westlichen Nachbarländern sind durch Spezialuntersuchungen wesentlich besser erschlossen als etwa die Osteuropas oder mancher außereuropäischer Staaten.

Hier ging es vor allem darum, gemeinsame Tendenzen in der Beziehung zwischen Gast und Wirt zu finden, kulturgeschichtlichen Zusammenhängen nachzugehen und die Kräfte aufzuspüren, die den heutigen Bestand an Gasthäusern schufen. Die Lage eines Gasthofes, sein Baugesicht und seine Ausstattung spiegeln nicht nur die Gesinnung des Erbauers, sondern sind zugleich Ausdruck der geistigen Haltung der Zeit, der sie entsprungen sind, ja in gewisser Weise sogar ihr Wertmesser. Im Gasthof strömen alle Erfahrungen und Gewohnheiten eines Volkes, Abnormes und Alltägliches, Altüberliefertes und neues Gedankengut zusammen. So repräsentiert der Gasthof die ganze Fülle des Lebens in seiner widersprüchlichen Unmittelbarkeit.

Der Verlag, der sich schon früher (vgl. Steinlein, Gatz) mit dem Thema befaßt hat, stattete das Buch mit schwer zu beschaffendem Bildmaterial von dokumentarischem Wert aus. Dafür sagt ihm die Autorin herzlichen Dank.

Wurzeln der Gastlichkeit

1 »Taberneus«, Herbergsvater mit Brot und Weinkanne. Holzschnitt aus »Schaekspel« von Meister Stephan, um 1490.

Dem Wort »Gast« eignet im Sprachgebrauch von heute eine nicht klar begrenzbare Vielschichtigkeit: Gast des Hauses ist z. B. ein langjähriger Freund, der einige Wochen mit unserer Familie lebt; Gast ist auch der Geschäftspartner, der ein Abendessen mit uns einnimmt; Gast des Staatsoberhauptes kann der Ministerpräsident eines anderen Landes sein, und auch der Südländer, den die Not aus seiner Heimat trieb, ist arbeitender Gast auf unseren Straßen, in unseren Häusern; als »segnenden Gast« bittet das Tischgebet den »Herrn« um seine Anwesenheit –, als ein Teil der Zuwachsrate fungiert der »zahlende Gast« in den Planungen der Fremdenindustrie. Diese wenigen Beispiele mögen die Ausdehnung des Wortfeldes andeuten.

Ursprünglich besaß das Wort »Gast« in den Sprachen des indogermanischen Kulturkreises die Bedeutung »Fremdling, ungebetener, zufälliger Ankömmling unbekannter Herkunft«.[1]

Wie ist das, wenn ein Unbekannter plötzlich auf unserem Grund steht, um unser Haus streicht, unter unserem Apfelbaum liegt? Wir, die Ansässigen, haben etwas zu verlieren: die Äpfel, das Haus, die Kinder; der Fremde kann unser Eigentum beschädigen, das Haus anzünden, etwas mitnehmen und unerkannt entwischen. Mißtrauen ist wach: Wer ist der Mensch, was beabsichtigt er? Von dem neutralen Begriff »hostis« = Fremdling zu der Bedeutung »feindlicher Fremdling«, die das Wort im Lateinischen schließlich angenommen hat, ist kein großer Schritt. (Die lateinische Nebenform hospes »Gast«, die ohne den negativen Beigeschmack blieb, wurde Ahnherr der Wortfamilie Hospital, Hotel.)

In frühester Zeit waren die Ursachen, aus der gewohnten Umgebung aufzubrechen, weniger vielfältig und alltäglich als heute; daher richteten sich an den Fremdling sofort die Fragen: Ist dieser Mensch ein Geächteter bei den Seinen, ein Spion, ein Kundschafter, der neues Land in Augenschein nehmen soll; kommt er aus religiösem Antrieb, will er einen Handel einleiten?

An dem Fremden war es, seine friedliche Gesinnung kundzutun durch Gruß, durch ein Zeichen, ein Geschenk. Blumen konnten dafür stehen, ein grüner Zweig, eine Fahne, das Abzeichen einer Obrigkeit. In späteren Entwicklungsphasen entsprach diesem Kundgeben des guten Willens die Empfehlung – auch in Form eines Zeichens, z. B. eines Stempels, eines Kreuzes –, der Schutzbrief, den eine bekannte und geachtete Person oder Institution ausgestellt hatte. Im Orient heißt ein derartiger Schutzbrief, der dem Landfremden Wege und Häuser öffnet, »Ferman«.

Fäden begannen sich zu spinnen vom Vorüberziehenden zum Anwohner. In vielen Bedürfnissen war jener auf das Wohlwollen der Einheimischen angewiesen: die mitgeführte Nahrung konnte ihm ausgehen, der Durst ihn quälen und die Witterung, der Weg unbekannt und voller Gefahren sein. Der Fremdling mußte die »Wirtlichkeit« des Landes und seiner Leute in Anspruch nehmen. Auch diesem Wort nachzuspüren lohnt sich: in allen germanischen Sprachen ist der Zusammenhang mit dem Essen gegeben; der »Wirt« ist also in erster Linie der Vorstand einer Tischgemeinde. Vermutlich bezeichnet die indogermanische Wortwurzel »uer« = »sieden, kochen« den Ursprung aller Zuwendungen, die man unter Bewirtung versteht.[2]

Wer zum Mahl bitten kann, ist ein Besitzender; dieser Grundgedanke verbleibt dem Wort als fester Bestandteil bis in neuere Zeit, wo es sich auf die speziellere Bedeutung »Gastwirt« verengt hat. In der Verbindung »Land-wirt« ist der alte Begriff des Herrseins über einen Besitz noch deutlich spürbar. Das Wort beinhaltet also einen gewissen Machtstatus, was in verschiedenen literarischen Quellen des Mittelalters zum Ausdruck kommt: die Frau nennt den Gatten ihren »wirt«; die Kinder, das Gesinde, bezeichnen den Herrn des Hauses als »wirt«.

Dem Hausvater ist es höchste Befriedigung, die eigene Familie, Freunde und Fremde um eine wohlbestellte Tafel versammeln zu können; denn erst dann wird Besitz als beglückend empfunden, wenn er mitgeteilt werden kann, wenn andere ihn achtend zur Kenntnis nehmen. Gastfreundschaft gewähren zu können erfüllt den Geber mit Stolz und Genugtuung. Keiner vermochte es allgemeingültiger auszusprechen als Walther von der Vogelweide in seinem Spätgedicht »Ich han mîn lehen«, das erfüllt ist

2 »Der Wirt oder Gastgeb«, ein Buschen hängt aus als Zeichen der Gastlichkeit. Der Wirt bietet den Willkommtrunk. Holzschnitt von Erhard Schoen, um 1536.

von Freude über das Ende der lebenslangen Wanderschaft, Freude über den Besitz eines eigenen Heimes. Endlich kann auch er, der so oft Gastfreundschaft in Anspruch nehmen mußte, sagen: »sît willekommen, hêr Gast«, endlich darf er als Herbergsgebender dem Wanderer den Gruß entbieten, »sô daz er mir, dem wirte, danken müeze«.[3]

Gastsein und Wirtsein sind offenbar menschliche Urzustände, sie rühren an Gefühle bzw. Seelenbezirke, die der menschliche Geist nicht weiter zu erklären vermag; er ordnet sie daher vielfach dem religiösen Bereich zu. Den antiken Menschen erfüllte dem Fremden gegenüber der Geist des Numinosen: verborgen in dem unbekannten Wanderer speist Gott (Zeus xenios, Jupiter hospitalis) mit ihm; der Gastgeber erfährt durch den Fremden himmlischen Segen. Bei Homer, Herodot, Plato, Hesiod u.a. steht der Fremde, der um Aufnahme bittet, unter dem Schutz der Götter; es darf ihm nicht die Tür gewiesen werden. Zahlreich sind die Mythen bei den Griechen, bei den Juden des Alten Testaments und bei den Germanen, die davon berichten, wie sich Götter prüfend in Gestalt eines Fremdlings unter die Irdischen mischten.[4]

Bei den Römern, die menschliche Beziehungen früh schon in rechtliche Ordnungen festlegten, wurde Gastfreundschaft nach vertraglichen Vereinbarungen zwischen Personen und Städten gewährt oder bereits in der Art eines Gewerbes ausgeübt, zu einer Zeit, als man in den angrenzenden Ländern nur die freigeübte Gastlichkeit kannte. So ist die Bewunderung des Tacitus für die großmütige Aufnahme, die der Fremde bei den Germanen fand, zu verstehen: *»Zu Bewirtungen und gastlichem Leben hat kein anderes Volk eine so unbeschränkte Neigung. Irgendwem, wer es auch sei, seine Türe zu verschließen, gilt für ein Unrecht. Jeder bewirtet den Gast an dem nach Kräften reichlich besetzten Tische. Gebrichts an Vorrat, so macht der bisherige Wirt den Wegweiser zu einer neuen Herberge und geht mit seinem Gast ungeladen ins nächste Haus...«*[5]

Begabung zur Gastfreundschaft und die Notwendigkeit, die sie in Gebieten mit Naturalwirtschaft darstellt, trafen in Germanien zusammen. Daß es – auch in diesem Bereich – nicht nur Tugendbolde unter unseren Vorfahren gab, beweist die Tatsache, daß die freigeübte Gastlichkeit einer gesetzlichen Stütze bedurfte. Die alte Lex Burgundiorum (513 n. Chr.) zum Beispiel belegte jeden, der dem Fremdling die Tür wies, mit Strafe, und Karl der Große noch gab in seinen Capitularien eine gewisse kaiserliche Garantie für Leib und Leben der Ortsfremden.[6]

Die Form der freien Gastlichkeit blieb in Europa im allgemeinen bis ins 10./11. Jahrhundert erhalten und wurde dann allmählich durch die beruflich ausgeübte Bewirtung abgelöst. Immer dort aber, wo die Natur oder die historischen Verhältnisse dem Gewerbe entgegenstehen, bleibt der unbehauste Mensch auf die alte Form der Aufnahme angewiesen. So war es bei den ersten Siedlern Amerikas, die sich gegenseitig Schutz und Unterkunft in ihren befestigten Häusern gewährten. *»In diesen sicheren*

Burgen fand alles, was englischen Stammes war, gastfreundliche Aufnahme, teils ganz umsonst, teils im Tauschverkehr gegen einen Teil der mitgebrachten Jagdbeute.« [7]
In entlegenen Gebieten vollzieht sich die Aufnahme des fremden Menschen in die Gemeinschaft der Ansässigen – jenseits aller zeitlichen Begrenzung – nach uralter Sitte, so z.B. bei den Berbern im marokkanischen Atlas: *»Ihre Herzlichkeit beim Empfang eines Besuchers, mag dieser auch fremd sein, ihre weitreichende Auslegung der Gastfreundschaft, die sie wie eine heilige Pflicht ausüben... sind geradezu Offenbarungen für den Fremden... Ein Reittier wird eigens freigemacht oder die Last des Fremden mitbefördert, man erhält ein Stück Brot, eine Handvoll Datteln oder Nüsse, einen Schluck Wasser oder gar ein reiches Mahl und einige Glas heißen Tees und am Abend ein bequemes Lager...«* [8]

Der Inkaforscher Victor von Hagen erlebte auf einer Reise durch die südamerikanischen Hochländer, wie der Abgesandte eines einflußreichen Mannes, zu ihm, der ein primitives Lager aufgeschlagen hatte, trat und feierlich das Wort an ihn richtete: *»Ich habe die Ehre zu erklären, daß mein patrón, der sozusagen Herr des Gutes von Macusani ist, seine Grüße entbietet und durch mich um die Ehre bittet, Sie mögen sein Haus als das Ihre betrachten...«* [9]
Zu einer »unwirtlichen« Landschaft war Europa auf weite Strecken nach dem Zweiten Weltkrieg geworden. Als von Gasthöfen und Hotels nur noch Schutthaufen übrig waren, betrachtete man es als Selbstverständlichkeit, Hilfsbereitschaft im ursprünglichen Sinn der Gastlichkeit zu bieten: Unterschlupf und Imbiß, »ein Stückchen Brot und viel Erbarmen« (nach Ernst Wiechert).
Aus den angeführten Beispielen wird ersichtlich, daß die Form der Gastung abhängig ist von der Wirtschaftsstufe, und daß die frei geübte Gastfreundschaft – ausgenommen der ganz private Bereich – der Naturalwirtschaft angemessen ist.
Gewisse Beschränkungen schienen von vornherein geboten, der Gast durfte nicht zur Last werden. Wenn dem Wohlhabenden auch kein materieller Schaden aus der Bewirtung des Fremden erwuchs, so doch eine Behinderung des täglichen Arbeitsganges. Dem Minderbemittelten konnte die Gastungspflicht sogar zur schweren Bürde werden. Von den Berbern wird berichtet, daß die Armen, die Fremdlinge herannahen sahen, in die Berge flohen, um sich dieser Pflicht zu entziehen. War es die wirtschaftliche Leistungsfähigkeit, der Drang der Geschäfte, die Enge des Raumes, oder was sonst die Freizügigkeit des Gastgebers eindämmte: auch der Gast mußte wissen, was recht und billig war, er durfte sein Bleiben nicht ungebührlich ausdehnen. »Drei Tage ein Gast, vier Tage eine Last« – das Sprichwort hatte auch rechtliche Bedeutung, denn von der dritten Nacht an trat der Fremde in ein näheres Verhältnis zum Wirt, er wurde dessen Hausgenosse und stand in seiner Verantwortlichkeit.

Ein Gast und ein Fisch bleiben nur drei Tage frisch.

Als sich der Übergang von der Natural- zur Geldwirtschaft vollzogen hatte, waren auch Lebensmittel nicht stets frei verfügbar. Wo der Gastwirt die Nahrung selbst kaufen mußte, war die Basis der allgemeinen freien Bewirtung nicht mehr gegeben. Wo sich die Menschen auf engem Raum hinter den schützenden Mauern der Städte zusammendrängten, schien es für den einzelnen nicht mehr zumutbar, Durchziehende aufzunehmen. Dies mußte Aufgabe der Gemeinschaft werden, des Staates, der Stadt, religiöser oder sonstiger Institutionen. Der Privatmann wurde von der Pression des Aufnehmenmüssens entlastet. Mit der Verdichtung der Siedlungen, der Zunahme des Verkehrs, dem Ausbau des Handels, der Straßen – wie immer die Reihenfolge der Kontaktnahme gewesen sein mag –, war auch die Notwendigkeit gegeben, ein Netz von Beherbergungs- und Bewirtungsmöglichkeiten zu schaffen. Außerdem schien es dem vermögenden Reisenden – immer mehr Handelszüge machten sich in ferne Länder auf – nicht angemessen, als Bittsteller aufzutreten, wo er doch nun über international anerkannte Zahlungsmittel verfügte. Er war in der Lage, die Leistungen des Gastgebers mit barer Münze zu entgelten.
Trotz dieses Abschiebens der Gastfreundschaft auf Organisationen, der Ehrenpflicht auf bezahlte Tätigkeit, blieb dem persönlichen Engagement den Bedürfnissen des Fremden gegenüber noch genügend Spielraum. Nie hat der Bezug Gast – Wirt völlig den Charakter eines zwischenmenschlichen Urphänomens verloren.

Orientalische Karawanserei

Die Zeit geht nicht, sie stehet still,
Wir ziehen durch sie hin:
Sie ist ein' Karawanserei,
Wir sind die Pilger drin.
(Gottfried Keller)

Es besteht vielfach die irrige Meinung, in der Karawanserei habe man die Urform des Gasthofes, die früheste Art der Beherbergung von Gästen zu sehen. Die Karawanserei ist jedoch nur eine auf ganz bestimmte Verhältnisse zugeschnittene Möglichkeit der Unterbringung von Reisenden. Man findet sie vorwiegend und ohne zeitliche Begrenzung in den Ländern des Vorderen und Mittleren Orients, des Mittelmeeres und Osteuropas.

Karawanen – das persische Wort »karwan« bedeutet Handelsschutz – sind Gesellschaften, die sich zusammenfinden zum Zweck einer Reise durch wenig bewohnte, naturgegebenen Gefährdungen ausgesetzte Gebiete. Meistens sind es Kaufleute, die aus Sicherheitsgründen diese Form des Verkehrs wählen. Bereits in vorchristlicher Zeit wurde wertvolle Handelsware – Gold, Edelsteine, Elfenbein, Gewürze, Sklaven – über viele Meilen hin mit Hilfe widerstandsfähiger Tiere transportiert. Von Ägypten aus zogen sich große Routen nach allen Seiten von Oase zu Oase. Die berühmte Gewürz- oder Weihrauchstraße verlief von Arabien nach Ägypten und teilte sich dort in See- oder Landwege nach Rom, Griechenland, Syrien.[10] Die Kaufleute bestimmten einen wegekundigen, mit allen zu erwartenden Schwierigkeiten vertrauten Mann als Führer (»Karwan-Baschi«).

Manches Mal ist eine für Mensch und Tier lebensnotwendige Wasserquelle maßgebend für den Verlauf der Karawanenstraße; in der Regel ist die Kette der Rastplätze durch den täglichen Rhythmus des Reiseweges festgelegt: nach einer bestimmten Wegleistung bedürfen Mensch und Tier der Ruhe und Rekreation. Das Zelt vertritt häufig den festen Bau eines Herbergshauses; bei großen Unternehmungen besteht jedoch auch die Notwendigkeit, das Handelsgut sicher zu verwahren, umzupacken, zu verhandeln. Futter für die Tiere muß nachgefaßt werden, auch menschliche Nahrung bedarf der Ergänzung, eventuell ein unpäßlicher Reisender der Pflege.

Zu jenen Gruppen, die aus beruflichen Gründen unterwegs sind, kommen Pilger der verschiedensten Glaubensrichtungen, die sich einzeln oder in Gemeinschaften, oft auch im Anschluß an den Zug der Kaufleute, auf den Weg nach heiligen Stätten ihrer Religion machen. Auch sie bedürfen des nächtlichen Unterschlupfes.

Auf der zu Tunesien gehörenden Insel Djerba besteht inmitten der arabischen Welt der jüdische Ort Hara Srira, der bereits nach der Zerstörung Jerusalems (70 n. Chr.) gegründet sein soll. Die berühmte Synagoge – der wunderwirkenden, am Scheiterhaufen umgekommenen Wahrsagerin ›La Ghriba‹ ge-

3 Karawanserei in Konstantinopel. Holzschnitt von Melchior Lorch, 1555.

weiht – wird heute noch alljährlich im Mai von jüdischen Pilgern aus aller Welt besucht. Um ihnen in unmittelbarer Nähe dieser uralten Heilstätte Unterkunft zu sichern, wurde eine Karawanserei angelegt.

Nach dem Sieg Mohammeds und dem Ausbau der Heiligtümer in Mekka und Medina setzte in der islamischen Welt ein großer Pilgerstrom über die Karawanenwege hin ein. Mit den Menschen zogen in langen Ketten Tausende von Kamelen, teils als Beförderungsmittel der Personen, teils als Lastenträger. Mensch, Tier und Fracht mußten die Unterkünfte gerecht werden, die sich entlang der Pilger- und Handelsstraßen bildeten. Sie sind teils private, teils öffentliche Einrichtungen und häufig aus frommen Stiftungen hervorgegangen.

Der Zweck erforderte und förderte einen ganz bestimmten baulichen Habitus, der gleichbleibend über Jahrhunderte jeder Karawanserei eignet: vier Gebäudetrakte umschließen einen geräumigen Hof, in dem die Tiere lagern und gepflegt werden. Hie und da sind Kamele und Pferde auch an Ringen, die an den Wänden der Gebäude angebracht sind, festgebunden. Das Futter wird einfach auf den Boden geschüttet.

Die Gebäude selbst öffnen sich im Erdgeschoß zum Hof hin; sie sind durch umlaufende Arkaden gegliedert. So ist es möglich, die Ware von den Tieren abzunehmen und ohne große Schwierigkeiten unter Dach zu bringen. Der Gesamtkomplex ähnelt in seiner nach innen gewandten Vierflügelanlage den Klosterbauten des europäischen Mittelalters, was ohne weiteres aus der monastischen Tradition zu erklären ist. Auch die Laubenhöfe der Renaissance lassen architektonische Parallelen zu den Karawansereien erkennen.

Über den Bogengängen erheben sich ein oder mehrere Stockwerke in geschlossener Bauweise: sie dienen zur Unterbringung der Reisenden. Meistens sind sie in kleine, zellenartige Gelasse mit einem Fenster aufgeteilt, doch mit keinerlei Einrichtungsgegenständen versehen. Die Reisenden entrollen ihre Matten und Decken oder stellen ihre Reisebetten auf und jeder richtet sich so bequem wie möglich zur Nacht ein. Schon wegen des im Orient weit verbreiteten Ungeziefers und der Seuchengefahr schien es ratsam, Bettzeug nicht auszugeben oder zu übernehmen. Noch im 20. Jahrhundert pflegte man in englischen Rasthäusern Indiens nur auf mitgebrachten Stücken zu nächtigen. James A. Michener schildert in seinem Erlebnisroman »Karawanen der Nacht« eine noch nach dem 2. Weltkrieg bestehende Karawanserei in Afghanistan, einem Land, in dem sich Karawanenstraßen aus Indien, dem Iran, der Sowjetunion und China kreuzen: *»Die Sonne war im Untergehen, als wir den höchsten Punkt einer Düne erreichten und einen jener Anblicke hatten, die seit jeher alle Wüstenreisenden erfreuen: Eine ummauerte Karawanserei inmitten des Sandes. Es war ein etwas düster aussehender, gleichwohl geheiligter Zufluchtsort, Lehmmauern, die einen Innenhof umgeben, in dem die Tiere der Karawanen untergebracht werden. Eintreten konnte man nur durch ein einziges, schönproportioniertes Tor. Die Karawanserei war Hunderte von Jahren alt; vielleicht stammte sie sogar aus den Zeiten Mohammeds. Sie lag am Ende der Wüste und in der Nähe eines Bächleins, an dem Gras wuchs. Wie viele Tausende von Karawanen mochten schon hierhergekommen sein, um Schutz für die Nacht zu suchen? Es ist ein Gesetz der Wüste, daß jeder, der eine Karawanserei betritt, die Nacht über in ihr sicher ist, ungeachtet, ob er dort persönliche Feinde antrifft – und bestimmt gibt es eine Menge Geschichten über Todfeinde, die in solch einer Karawanserei den geheiligten Frieden miteinander teilten... ›Wir wollen hier essen‹, sagte Nazrullah, und drinnen legten er und Dr. Stieglitz Tücher auf den Lehmboden. Nur* (Eigenname, Anm. d. Verf.) *zündete die zwei mitgebrachten Lampen an, deren weißer Schein die hohe Decke beleuchtete.«* [11]

Die Eigenart der Karawanserei besteht also in der Beschränkung auf Herberge, wobei am meisten Platz durch die Tiere und das Frachtgut beansprucht wird. Für die Verpflegung sorgt der Reisende selbst. Am Boden des Hofes oder der Schlafräume werden die Nahrungsmittel, die mitgeführt, eingehandelt oder im Ort erworben wurden, abgekocht. Bei vornehmen Gesellschaften sind Diener – früher auch Sklaven – mit der Bereitung von Speisen beschäftigt. Bei größeren Stationen besteht auch die Möglichkeit, eine Garküche aufzusuchen.

Gastlichkeit im öffentlichen Dienst

Die frühen Rasthäuser, Herbergen, Karawansereien an den Wegen der Kaufleute und Pilger waren relativ locker übers Land verteilt. Wo immer sich ein Staatswille in einem straff organisierten System manifestierte, genügten jedoch diese alten Straßen und Unterkünfte nicht mehr. Zu allen Zeiten war ein gut funktionierendes, möglichst dichtes Netz von Kommunikationsmöglichkeiten die Voraussetzung für ein starkes staatliches Leben: günstig angelegte, schnelle Verbindungen zu allen Landesteilen in Friedens- und Kriegszeiten, Kurierstationen, Rasthäuser für Boten und Kontrollbeamte, Unterkünfte und Sammelstationen für Postsendungen, Quartier für den reisenden Herrscher selbst. So entwickelte sich bereits in der Antike ein staatlich eingerichtetes Etappen- oder Relais-System mit festen Herbergsplätzen in verschiedenen Teilen der Welt. Dies bedeutete einerseits eine Entlastung von der privaten Gastung, andererseits ein Mehr an Sach- und Arbeitsleistung für die Gemeinschaft.
Die gewaltigen Reiche der assyrisch-babylonischen Periode kann man sich ohne gesicherte Heerstraßen nicht vorstellen. Genaue Kunde erhalten wir von den Verhältnissen der Euphrat-Tigris-Länder und der vorderasiatischen Halbinsel erst durch Herodot (um 450 v. Chr.): im 5. Buch »Terpsichore« beschreibt er den Verlauf der persischen Königsstraße, die von Darius I. (521–485 v. Chr.) ausgebaut worden war. Von der Hauptstadt Susa führte sie quer durch Armenien nach Melite – Tavia – Ankyra – Sardis – Ephesos. Sie überwand steile Gebirgspässe, Ströme und Wüsten. Auf dem ganzen Weg gab es vom Staat unterhaltene Maststätten und Unterkünfte. Nach Herodot waren es insgesamt 111 Herbergen – nicht allzuviel, wenn man die gewaltige Strecke (etwa 2500 km) bedenkt. Über das Aussehen dieser Gebäude ist uns nichts bekannt.[12]
Das römische Imperium vermochte nur deshalb die inneren Krisen, Usurpationen, Ermordung von Kaisern usw. so relativ unbeschadet zu überdauern, weil es sich auf ein zuverlässiges, stetig arbeitendes Beamtentum stützen konnte. Die Organisation und Verwaltung der Provinzen erfuhr Zusammenhalt und Steuerung von der Hauptstadt aus, die mit allen Teilen des Reiches durch das erstaunliche Werk des cursus publicus, der öffentlichen Verbindungsstraßen, in Contakt stand.
Diese vom Staat, hauptsächlich durch Heranziehen unterworfener Völkerschaften errichteten Wege führten durch weithin unbewohnte Gebiete. Um ihre ständige Pflege zu gewährleisten, um die Kuriere der Verwaltung, des Militärs, der Politik, wohlbehalten ihrem Ziel zuführen zu können, wurde in der Kaiserzeit ein ganzes System von Unterkünften geschaffen. Im Abstand von etwa 25 km, was ungefähr einem Tagesmarsch entsprach, reihten sich an den Straßen die »mansiones«. Diese Bleiben (lat. manére, bleiben) für Mensch und Tier waren oft große Gebäude mit zahlreichen Räumen zum Aufenthalt und zur Nächtigung. Boten, Abgesandte des Kaisers sowie seiner Prätoren in den Provinzen, auch der Imperator selbst mit seinem Anhang, mußten aufgenommen werden können. In vielen Fällen ist der Vorliebe des Römers für Badekultur Rechnung getragen. Dazu kamen die Stallungen für Tiere und Wagen sowie Magazine aller Art, Garküchen und Weinkeller.
Von manchen Mansio-Anlagen liegen genaue Grundrißpläne und Vermessungen vor. So hat man z. B. bei der Station Siblingen bei Schaffhausen am Oberrhein ein größeres, mit Heizung versehenes Gebäude und im Abstand von etwa 50 m ein weiteres Haus mit einem Hof (archäologisch) aufgenommen. In allen vier Flügeln waren zellenartige Lagerstätten (Breite 4,5 m) angelegt.[13]
An der Römerstraße von Trier nach Köln wurden bei Helenenberg *»Fundamente eines römischen Gebäudes aufgedeckt, wobei zahlreiche kleine Hufeisen gefunden wurden, so daß hier, halbwegs zwischen Trier und Bitburg, eine der regelmäßigen Signalstationen in Verbindung mit der ersten mutatio anzunehmen ist«.*[14] An einem wichtigen Straßenknoten beim heutigen Marmagen (Eifel) hat man Umfassungsgräben von 375 m Seitenlänge festgestellt, die mit dem römischen Itinerar (Wegbeschreibung) übereinstimmend auf die alte mutatio und mansio »vicus Marcomagus« hinweisen.[15]
Zwischen die großen Unterkunftshäuser schoben sich nämlich kleinere Raststätten im Abstand von etwa 15 km, sog. mutationes: ihre Aufgabe war es, Durchreisende mit einem kleinen Imbiß zu stärken, vor allem Pferde bereitzuhalten und die ermüdeten Reittiere zu pflegen. Sie hatten eine Kapazität

von 5 bis 40 Pferden. Auf diese Weise konnten reitende Eilkuriere mit stets ausgeruhten Pferden große Strecken in kurzer Zeit hinter sich bringen.
Diese staatliche Gastlichkeit stand auch Kaufleuten und anderen Privatreisenden zur Verfügung. In nachrömischer Zeit sind sie mit den Straßen verfallen und z.T. völlig verschwunden.
In der Tabula Peutingeriana, der großen antiken Straßenkarte, die uns Auskunft über die Verbindungen zwischen allen Teilen des kaiserlichen Imperiums gibt, sind auch wichtige Stationen am cursus publicus eingezeichnet. Manche Mansio zeigt eine Geviertanlage mit umlaufenden Bogengängen wie sie für Karawansereien typisch sind. Ihr Aussehen läßt sich aus den Darstellungen dieser Karte, aus archäologischen und literarischen Quellen annähernd rekonstruieren.[16]

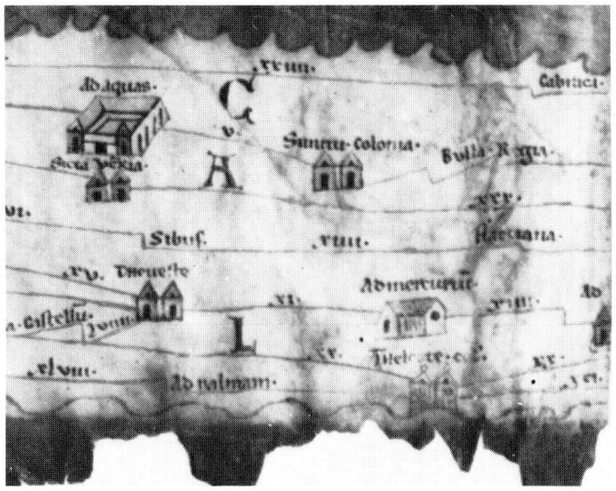

4 »Ad palmam« – Gasthaus »Zu den Palmen«. Dieses Detail aus der spätantiken »Tabula Peutingeriana« zeigt ein Gebiet in Nordafrika.
Wien, Öst. Nationalbibliothek

Daß die Gastlichkeit im öffentlichen Dienst nicht auf Europa beschränkt war, wissen wir aus antiken und mittelalterlichen Quellen. Spärlich sind die Nachrichten über Unterkunftshäuser längs der Straßen asiatischer, afrikanischer und amerikanischer Hochkulturen. Sie hatten nicht die Chance, in einer kontinuierlichen Entwicklung ihre bauliche Substanz zu wahren oder wenigstens durch eingehende schriftliche Darstellungen fortzudauern, wie dies im europäischen Bereich der Fall ist. Mit den meisten anderen Kulturerzeugnissen fielen sie barbarischer Zerstörung anheim.
Wie durch ein Wunder ist eine genaue Beschreibung des chinesischen Großreiches im 13./14. Jahrhundert auf uns gekommen: der Venetianer Marco Polo (gest. 1324) hat seine Erinnerungen an die Jahre, die er im Herrschaftsbereich des Großkhans verbrachte, in anschaulichen Berichten hinterlassen. Darin erzählt er von dem großartig durchorganisierten Straßen- und Nachrichtenwesen, in das er auf weiten Reisen und durch tätigen Anteil an der Verwaltung Einblick gewinnen konnte. Wesentlich leistungsfähiger als die entsprechenden europäischen Einrichtungen jener Zeit war das chinesische System der Poststationen mit seiner Kette von Rasthäusern. Diese bestens ausgestatteten Herbergen waren in erster Linie für kaiserliche Sendboten und Beamte bestimmt, nahmen aber gelegentlich auch reisende Privatpersonen auf.
Aus Marco Polos Bericht: *»Auch für das Verkehrswesen läßt Kublai-Khan in bester Weise sorgen. Vom Cambaluc führen viele Straßen nach den verschiedenen Provinzen, und auf jeder großen Hauptstraße sind im Abstand von 25–30 Meilen Rasthäuser errichtet worden. Das sind geräumige und stattliche Gebäude mit mehreren Zimmern für Fremde, in denen sogar Könige angenehm untergebracht werden. Sie sind mit Seide völlig ausgeschlagen... Die Vorräte für diese Posthäuser liefert die Umgegend, für einige auch der kaiserliche Hof. Auf jeder Station, selbst in den entlegensten Gebirgsgegenden, werden 400 gute Pferde in ständiger Bereitschaft für Kuriere und Gesandte zum Wechseln gehalten. Dort siedelt der Kaiser Bauern an, so daß große Dörfer entstehen, und infolge dieses Systems reisen hier die kaiserlichen Boten mit der größten Bequemlichkeit und Schnelligkeit... 10000 Posthäuser sind mit allem Notwendigen versehen.«*[17]

»Längs ihrer Straße bauten die Römer Nachtquartiere, die mansiones; in Peru bauten und unterhielten die Inkas alle zwölf bis neunzehn Kilometer (je nach der Schwierigkeit und Steilheit des Terrains) ihre tampus an allen Strecken ihrer Straßen. Die römischen Kuriere wechselten die Pferde bei den mutationes, um mit ihren Botschaften möglichst schnell über die Reichsstraße zu reiten; die Inkas, die zu Fuß gingen, hatten alle vier Kilometer ihre chasqui-Haltestellen als Rastplätze auf dem Wege der geübten Läufer, die ihre Botschaften über das schwierigste Terrain der Welt trugen.«[18]

In stärkerem Maße noch als die Straßen der Römer oder die transkontinentale Seidenstraße war das Riesenwerk des Straßenbaues, das die Indianer im Westen Südamerikas errichteten, der Staatsidee verpflichtet.
Als die gold- und beutegierigen Truppen der spanischen Konquistatoren zu Beginn des 16. Jahrhunderts in das Land einbrachen, fanden sie einen erregenden Tatbestand vor: nicht Wilde hausten hier, sondern ein äußerst diszipliniertes, arbeitsames und kunstsinniges Volk, dessen Kulturhöhe die Europäer mit Neid und Bewunderung erfüllte. Seit Generationen wurde es von dem Herrschergeschlecht der Inka despotisch regiert.
Nur durch straffe Verwaltung und eine jederzeit einsatzbereite Militärmacht konnte das über Tausende von Kilometern hingedehnte Reich zusammengehalten werden. Beide waren abhängig von einem gut funktionierenden Nachrichtensystem, das wiederum auf ein wohldurchdachtes Straßennetz angewiesen war. Das Rad und damit jede Art der Wagenbeförderung war den Inkas unbekannt; dagegen hatten sie ihren Botendienst durch Staffetten-Läufer bis zur Perfektion entwickelt. Durch sie konnte täglich eine Strecke von einigen Hundert Kilometern überwunden werden. In kleinen Stationshäusern am Straßenrand hielten sich die Posten bereit, um den Boten im Lauf ihre Nachricht abzunehmen und bis zum nächsten Posten weiterzubefördern.

»Wir schlugen unser Nachtlager an diesem Abend in dem aus Stein gebauten, fensterlosen tampu der Inka auf. Das Dach, im Laufe der Jahrhunderte öfters erneuert, bestand aus giebelförmig aufgesetzten Holzbalken, die mit ichu-Gras gedeckt waren. Nur ein Teil der tampu, ein kleiner Raum, kaum größer als eine Zelle, war bewohnbar.«[19]

Diese Rasthäuser und Herbergen dienten ausschließlich staatlichen Zwecken; auch die Reichsstraßen der Inkas durften von Zivilpersonen nur mit Legitimation – etwa in Form von Knotenschnüren oder irgendwelcher symbolischer Gegenstände – benützt werden. Später, nach dem Untergang des Reiches, griffen Einheimische und Reisende auf diese Gebäude zurück.

Manche tampus waren geräumig, an exponierten Orten sogar befestigt und mit Vorratskammern versehen. Sie sind längst zusammengestürzt und heute teilweise nur noch als formlose Hügel im Gelände zu erkennen. Manche haben sich allerdings dank ihrer günstigen Lage zu Dörfern oder Städten weiterentwickelt, wie etwa Asillo, nordwestlich des Titicacasees, oder La Blanca, das einst Rastplatz am Abstieg der Inkastraße zum großen Cañon des Apurimac war; der Fluß wurde an dieser Stelle von jener grandiosen Hängebrücke überspannt (bis 1864), die als »Brücke von San Luis Rey« berühmt geworden ist (vgl. Thornton Wilders Roman).
Victor von Hagen, der auf zweijähriger Expedition die Straße mit ihren Verzweigungen ergründete, macht in seinem Werk »Heerstraßen des Sonnengottes« nur einmal genaue Maßangaben über einen tampu; dieser liegt an der besonders gut erhaltenen nördlichen Küstenstraße.

»Das ohne Mörtel zusammengefügte Mauerwerk, aus dem die tampus in diesem Teil der Straße einst errichtet waren, bedeckte in wüstem Durcheinander den Boden... Eine der Stationen maß 46 mal 36 Meter und war in mehrere Räume unterteilt gewesen. Die Räume lagen direkt am Straßenrand, und ihre Grundmauern waren zahnförmig in den Straßendamm eingelassen.«[20]

Alexander von Humboldt, der die Gegend 1802 bereist und einen Aufsatz über die Reichsstraße geschrieben hat, hatte die Häuser noch in besserem Zustand vorgefunden: *»An der Straße, fast immer in gleichen Abständen, sind auch heute noch kleine, aus schön behauenen losen Steinen erbaute Häuser... die als Karawansereien oder ›Tambos‹ dienen.«*[21]
Der Vergleich mit Karawansereien mag dem Forscher durch den Mangel an Innenausstattung gekommen sein; ob die Kahlheit primär war oder auf spätere Plünderung zurückzuführen ist, konnte nicht festgestellt werden. Nur in einem tampu hat man als Reste alter Einrichtung einen Steintisch, um den Stufen und Sitze angeordnet waren, entdeckt. – Das alles ist wenig, wenn wir es mit den detaillierten Angaben über die Gasthäuser der Römerzeit, die doch ein halbes Jahrtausend weiter zurücklagen, vergleichen.

5 Tambo (Wirtshaus) in Peru. Zeichnung von E. George Squier, um 1883.

Die Ursache dafür ist nicht nur in einem Niveauunterschied der Kulturen zu suchen – die Inkas kannten beispielsweise keine schriftliche Überlieferung –, sondern auch in der unterschiedlichen Kontinuität der Besiedlung. Die Spanier, die das Erbe der Inkas antraten, bildeten eine dünne, arbeitsscheue Schicht, die kein Interesse am Erhalt der ihnen fremdartigen Kulturbauten der Einheimischen hatten. Nur dort, wo es ihrer Bequemlichkeit diente, benützten sie diese weiter. Manche zerfielen bereits im 16. Jahrhundert.
Der Mönch Vásquez de Espinosa, der zwischen 1614 und 1620 große Strecken von Equador und Peru bereiste, schreibt über den Zustand der aus der Glanzzeit des Inka Huayna Capac stammenden Straßen und Rasthäuser: *»Diese Häuser, wo die Könige ihre Reisepausen einlegten, waren umgeben von zahlreichen Gebäuden, die als Lebensmittellager und für andere Zwecke dienten. Heute dienen sie den Spaniern als Tambos, Kaufläden und Rasthäuser... Ein Teil der Straßen ist noch einigermaßen imstand; an vielen Stellen sind sie schon zerstört... Diese respektablen Werke jenes klugen, großherzigen Königs wären es wert gewesen, daß man mehr auf sie gesehen und die Straßen besser erhalten hätte. Die Spanier hätten großen Nutzen davon; aber wenn jeder nur auf seine Sache sieht, und nicht auf das Allgemeine, verfällt alles rasch.«*
Über das Treiben in den spanisch verwalteten Tambos und auf den Straßen schreibt der indianische Häuptlingssohn Huaman Poma de Ayala (1567–1615) in seiner illustrierten Chronik: *»Vagabundierende Spanier gibt es in diesem Königreich (Peru) mehr als genug. Man trifft sie auf den Landstraßen, in den Tambos und Indianerdörfern; meistens sind es Juden oder Mauren. Manche sind oft der Schrekken ganzer Gegenden; wenn sie zu einem Tambo kommen, schlagen sie blindlings mit einem Stock nach rechts und links, wobei das meiste die Indios abbekommen, und heischen Befriedigung ihrer Wünsche... Der reichste von ihnen verfügt gerade noch über einen Neger als Bedienung, einen Burschen dazu und zwei Pferde oder Maultiere, eines für ihn und das andere für sein Gepäck; ein Gewand hat er für unterwegs und eines für die Stadt. Für ihr Essen verbrauchen sie täglich Lebensmittel im Wert von etwa 12 Pesos auf Kosten der Indios. Sie lassen sich anreden als Caballeros, Apu (Herr), Doktoren und Lizentiaten und zahlen nie, wenn sie fortgehen aus einem Tambo oder Indiodorf. So ziehen sie als Vagabunden im ganzen Königreich herum, obwohl sie starke und rüstige Männer sind; aber sie wollen eben nicht arbeiten und scheuen sich, ihren Rücken unter einer Last zu beugen und Holz, Stroh oder Wasser zu tragen oder überhaupt anderen Leuten zu dienen, wie sie es ja in Spanien auch tun mußten... Die Pächter der Tambos sind meistens Spanier... Sie fordern Indios für Dienstleistungen an und beschäftigen bis zu 20 Hörige, denen sie nichts zahlen. Darüber hinaus verfügt der Tambero über ein halbes Dutzend indianischer Prostituierter und über weitere Indianerinnen unter dem Vorwand, sie seien die Frauen der Yanuconas (der indianischen Dienstboten), also gewissermaßen Chinaconas; manche von ihnen sind in der Tat verheiratet. Ihrer bedienen sich die Tamberos und stellen sie den Durchreisenden zur Verfügung...«*[22]

Diese und andere Berichte aus den Jahrhunderten nach dem Bau der Tampus lassen erkennen, daß diese teilweise als Rasthäuser weiterbenutzt wurden, und erst sehr viel später eine Zweckentfremdung erfuhren oder völlig verschwanden.

Während bei den bisher besprochenen Herrschaftsbereichen die Imperatoren von ihrer Hauptstadt aus regierten, also gleichsam wie die Spinne im Netz in einem nach allen Seiten hin durch Straßen verbundenen Zentrum saßen, stellen sich die Verhältnisse in Mitteleuropa um die Jahrtausendwende ganz anders dar: Könige und Fürsten waren während ihrer Regierungszeit ständig unterwegs. Schon beim Herrschaftsantritt war es üblich, sich in den verschiedenen Teilen des Landes persönlich vorzustellen und huldigen zu lassen. Rechtsentscheidungen, Kriegshändel usw. erforderten häufig Reisen, meist des ganzen Hofes. An bevorzugten Stätten des herrschaftlichen Aufenthaltes entstanden seit der frühen Karolingerzeit eigene Gebäude für das vorübergehende Wohnen des Königs, das sich immerhin über Wochen und Monate erstrecken konnte: die Pfalzen.
Es gab beispielsweise in Ulm-Schwaighofen, dem heutigen Neu-Ulm, das an einem wichtigen Punkt der Nord-Süd-Verbindung gelegen war, eine Pfalz, die nicht nur dem König und seinem Gefolge, sondern auch dem regionalen Stellvertreter des Königs, dem Herzog von Schwaben, und wiederum dessen Stellvertreter, dem Grafen von Dillingen, zur Verfügung stand.
Der nördlichste Ort an der Donau, Regensburg, war seit dem 6. Jahrhundert Residenz von Herzögen und Königen und zugleich der Ausgangspunkt für viele Unternehmungen in östlichen Ländern. Eine Pfalz wurde dort bereits unter den agilolfingischen Stammesherzögen errichtet (am Alten Kornmarkt), eine zweite unter Kaiser Arnulf (9. Jahrhundert) im Vorhof von St. Emmeram. Bis zu ihrer Zerstörung im Jahr 1250 nahmen zahlreiche deutsche Könige hier Wohnung.
Feste Pfalzen dieser Art waren über das ganze Land verstreut. Sie genügten jedoch weder ihrer Größe noch ihrer Zahl nach. Bei besonders festlichen Anlässen, z. B. einer königlichen Hochzeit, einer Krönung oder Heiligenerhebung, reichten die zur Verfügung stehenden Räume bei weitem nicht.[23] Zudem war das Netz der Pfalzen nicht überall so dicht, daß man in Tagesreisen von einer zur anderen kommen konnte. Der Aufenthalt des höchsten Heerführers und Richters war jedoch bisweilen auch in weniger besiedelten Gegenden notwendig. Daher schien es angebracht, die Beherbergung des Herrschers und seines Anhanges für jeden Fall zu sichern. Durch Gesetze (»Jus albergariae«) wurde bestimmt, daß dem König und seinem Gefolge, seinen Beamten und Boten kostenlos Unterkunft, Verpflegung und Geleit zu gewähren sei. Dieser Frondienst der »königlichen Gastung« war also eine staatsrechtliche Einrichtung, ähnlich der Auflage, welche die Römer den Anwohnern von Staatsstraßen machten, nämlich die Straßen und Rasthäuser instand zu halten.[24]
In erster Linie wurden Adel und hohe Geistlichkeit für diese Dienste in Anspruch genommen; diese wiederum versuchten, auch Klöster und Städte an den Ausgaben zu beteiligen, bzw. die Bauern zu Naturalleistungen heranzuziehen. Da nicht nur Beamte des Königs im engeren Sinn, sondern auch Grafen, Bischöfe und andere Herren mit der Zeit das Gastungsrecht für sich beanspruchten, war die Belastung für die Betroffenen oft eine schwere Zumutung. Gelegentlich wurde von verarmten Adeligen die Verpflichtung der Untertanen und der herrschaftlichen »Kollegen« weidlich ausgenützt. Am bekanntesten ist wohl der Fall des lebenslustigen Heinrich von Liegnitz (16. Jahrhundert), der im Land umherzog, sich von Adeligen, Klöstern und Städten freihalten ließ, mit seinem Gefolge ein kostspieliges Leben führte und obendrein von den Gastgebern mit Geschenken versorgt wurde, was einem Loskauf gleichkam. Heinrich von Schweinichen, der getreue Marschall des bankrotten Herzogs, hat die köstlichen Episoden dieses Renaissancelebens überliefert.
Es ist verständlich, daß die Betroffenen sich um Befreiung von der Gastungspflicht bemühten. Zahlreiche Privilegien dieser Art sind für alle Teile Mitteleuropas bekannt.[25] Die Herbergsleistung wurde teilweise durch Naturalien- oder Geldabgaben abgelöst. In Frankreich spielte z. B. das »droit de gîte« (gîte = Nachtlager) als Finanzquelle der Fürsten seit dem 12. Jahrhundert eine große Rolle. In manchen Fällen war es jedoch so, daß die Bewirtung von Fürstlichkeiten durch ein beachtliches Geschenk des Gastes wettgemacht wurde, so daß sich die Sache für den Gastgeber sogar rentierte. Von diesem Gesichtspunkt aus betrachtet, ist der Schritt zur gewerblich betriebenen Gastung nicht allzu groß.
Seit dem 12. Jahrhundert wurde das Gastungsrecht in Mitteleuropa nur noch von den reichsfreien kirchlichen Würdenträgern und von den Reichsstädten gefordert. Meistens war es das Rathaus selbst oder das vornehmste Bürgerhaus, welches vom Stadtrat zur Aufnahme der erlauchten Gäste bestimmt wurde. Es gibt zahlreiche Belege dafür, daß aus Patrizierhäusern, die zunächst als halbamtliche Her-

bergen für Fürstlichkeiten gedient hatten, mit der Zeit gewerblich betriebene »Fürstenherbergen« entstanden.
Aus der Fülle von Beispielen seien einige herausgegriffen: der ansehnliche Fachwerkbau des Hotels »Goldene Rose« in Dinkelsbühl (Mfr.) ist als Patrizierhaus im 14. Jahrhundert errichtet worden; als Gaststätte mit Postmeisterei und Fürstenunterkunft gelangte es im 18. Jahrhundert zu hoher Blüte. – Die im Mittelalter durch Fernhandel groß gewordene Reichsstadt Ulm besaß schon sehr früh mehrere Fürstenherbergen. Die »Goldene Krone« nahm im Jahr 1401 Kaiser Ruprecht auf; 1414 stieg der böhmische Reformator Johannes Huß auf seiner schicksalhaften Reise nach Konstanz hier ab; 1430 nächtigte Kaiser Sigismund, 1492 der nachmalige Kaiser Maximilian in der »Krone«. 1492 nahm die Stadt eine venezianische Gesandtschaft in dieser Fürstenherberge zu Gast, die als Ehrengeschenk einen Wagen voll Lebensmittel und ein Faß Wein erhielt. Es war nämlich üblich geworden, daß die Stadt nicht nur alle Auslagen für ihren Gast beglich, sondern ihm auch einen festlichen Willkommtrunk mit Mahl im Rathaus verabreichte oder in das Quartier übersandte. Meist wurde hohen Besuchen auch noch ein Abschiedsgeschenk mit auf den Weg gegeben: es bestand aus Geschmeide, Naturalien, Wein, einem besonders schönen Stück Wild oder Fisch.
Die Fürsten ihrerseits hinterließen dem Gastgeber ein nobles Erinnerungsgeschenk. Zahlreiche alte Rathäuser bewahren diese Gaben noch heute auf: es sind meistens prächtig ausgezierte Pokale aus Edelmetall oder Zinn. Die Stadt Lüneburg z.B. verfügt über einen beträchtlichen Ratsschatz aus solcher Quelle. Berühmt waren einst die Pokale, die der Kreml in Moskau zu Hunderten in allen Größen besaß, darunter einige in einer Höhe von 1 bis 2 Metern.
In der Reichsstadt Ulm war es neben der »Krone« vor allem der »Goldene Hirsch«, dessen Ruf als standesgemäße Fürsten-Unterkunft um 1600 auch ins Ausland drang. Als 1742 durch den Reichsgrafen von Montfort die Vereidigung der Stadt auf den (bayerischen) Kaiser Karl VII. vorgenommen wurde, fand abends im »Hirschen« ein festliches Mahl auf Kosten der Stadtverwaltung statt. Bei dieser Gelegenheit erhielt der Gasthof als Gunstbeweis die Erlaubnis, das gräfliche Wappen zu führen; bei einem späteren Besuch gestattete dann auch der Kaiser dem Wirt, sein Wappen im Gastraum anzubringen. Es war nämlich Sitte, daß vornehme Herren ihre Symbole, d.i. Fahne oder Wappen, als Anerkennung und Erinnerung dem Gasthof vermachten – ein glänzendes Werbemittel für das auf solche Weise ausgezeichnete Haus!

6 Jaspispokal von Hinrick Sommer aus Lüneburg, 1472/73. Dieser Pokal wurde 1472 von Herzog Friedrich von Braunschweig-Lüneburg dem Rat der Stadt Lüneburg geschenkt. Berlin, Staaliche Museen Kunstgewerbemuseum

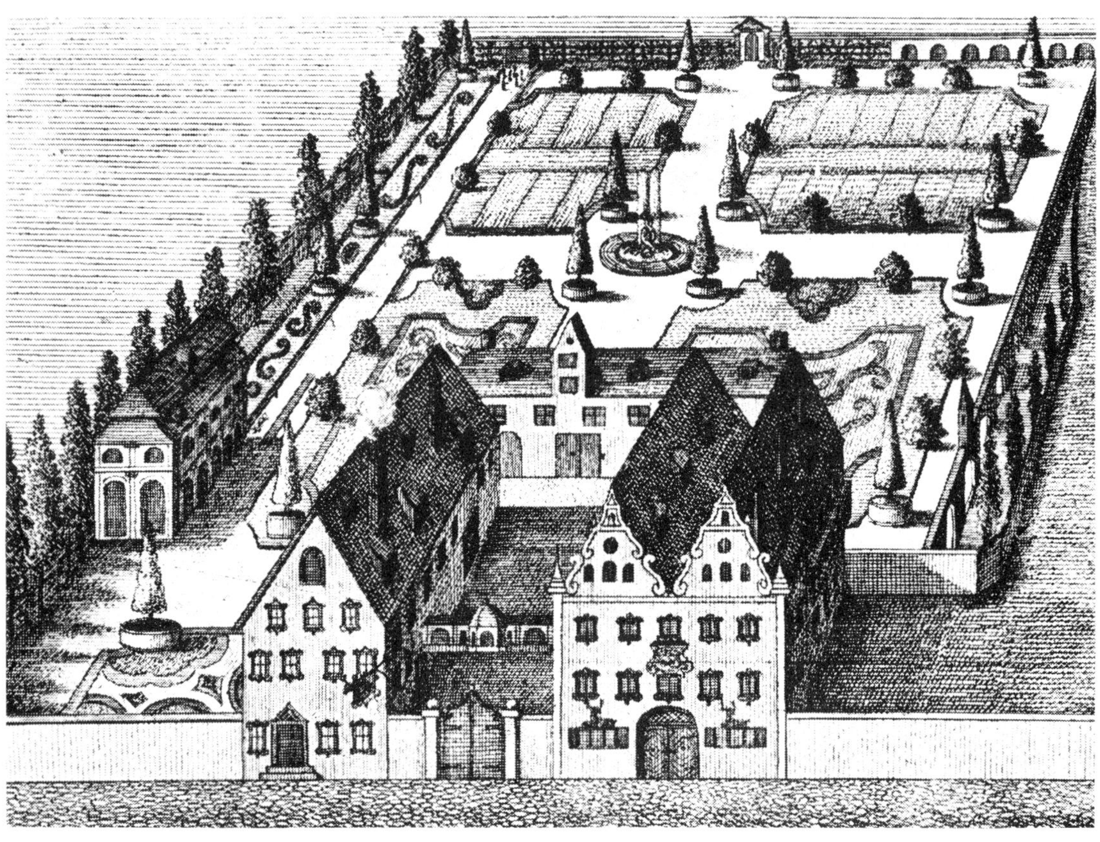

7 Gasthof »Zum Goldenen Hirsch«, eine berühmte Fürstenherberge in Ulm. Kupferstich um 1790. Ulm, Stadtarchiv

8 Geschäftsempfehlung des Gasthofs »Zum großen Rothen Haus« in Frankfurt am Main. Stich von J.M. Zell, 1769. Frankfurt/M., Historisches Museum ▶

Neu erbauter Gasthof zum grosen Rothenhauß in Franckfurt am Mayn. 1769.
Der vor Zeiten so sehr berühmte Gasthof zum grosen rothen Haus auf der Zeil als eine der
schönsten Strasen in Franckfurt am Mayn welcher für sich nebst zweyen Seiten Flügeln von
Johan Adam Dick gantz neu erbauet und so eingerichtet daß alle diejenige welches Standes
sie auch seyn mögen die ihn mit ihrer Gegenwart zu beehren belieben alle mögliche
seiner bedienung nicht vollkommen zufrieden
L'hotel de grande Maison rouge ci-devant si renomé situe sur la Zeil la plus
belle rue de la ville de Francfort sur le Mein vient d' etre bati a neuf par Jean
Adam Dick et distribue de facon a pouvoir y loger commodement toutes person
nes qui lui feront l'honeur d'y descendre de quelque rang qualite et condition qu
elles puissent etre Outre de belles ecuries et de vastes remises il a menage
dans L'interieur de cet Hotel un jardin a la moderne. orne au fond d'une Salle
toute neuve assez spatieuse. A portee par consequent de faire jouir de
toutes les aisances imaginables le proprietaire ne laissera rien a desirer pour
l'ameublement la table ni pour les vins principalement pour ceux de Rhein dont
faisant un commerce particulier il a toujours de fortes parties des meilleurs
crus et des plus pur En offrant ses tres-humbles services il assure que l'hon
tellement a
se captiver les bonnes graces de ceux
presence
qu il ose ambitionner de ne voir
personnes
entierement satisfaites
The old well accustomed Spacious Red House Inn provided with two fine
Wings consisting of severals two Rooms which is most plesantly situated
in the Zeil in one of the finest Streets in Francfort on the Mein is rebuilt by
John Adam Dick and rendred perfectly commodious for the convenient
Reception of Nobility Gentry and others who may honour it with their
Company and has Apertment to it not only good Stable and Coach Houses
but also a Garden in the modern Taste in which is a large elegant Room for
the Enjoyment of his Guests The whole House is so furnisched the Tables
so supplyd and the Cellars so stocked with the best of all kind of
Wines particularly with Rhenisch and old Hocke in which he carries
on a extensive private Trade that he hopes nothing is wanted his
Customers can wish for and as his Charge for every thing will be made
with great moderation and honesty he flatters him self and is sure that
who enter his House will leave it but with perfect Satisfaction
J. M. Zell fc. Furth.

Manche Fürstenherberge kann man als solche heute noch an ihrem stolzen Wappenschmuck erkennen. In Saalfeld weist das »Hotel Anker« zahlreiche Adelswappen auf: das vornehme Haus (früher hieß es »Güldene Gans«) ist nach der Mitte des 15. Jahrhunderts entstanden; mehrere seiner Besitzer nahmen hohe Stadtämter (Bürgermeister, Postmeister, Münzmeister) ein. Legendenverbrämt ist der Aufenthalt Kaiser Karls V., der hier nach der Schlacht bei Mühlberg a.d. Elbe 1547 übernachtete, begleitet von dem gefangenen Kurfürsten Johann Friedrich und dem Landgrafen Philipp von Hessen. Als freier Herrscher nahm der Kurfürst in späteren Jahren noch oft im »Anker« Wohnung, wenn er kam, um die Landtage zu leiten.

Die Bauzeit des Hauses »Gasthof Barbarossa« in Konstanz reicht ins 12. Jahrhundert zurück. Als Kaiser Friedrich Barbarossa in seinen Mauern den Frieden mit den lombardischen Städten schloß (1183), war es vermutlich noch Bürgerhaus. Erst 1419 ist es als Wirtshaus mit Tanzboden bezeugt. Bei den Konzilien des 15. Jahrhunderts diente es als vornehme Herberge.

Die in Deutschland bekannteste Fürstenherberge ist wohl der »Riese« in Miltenberg am Main. Ursprünglich stand dort vermutlich ein Fronhof, der nach allgemeinem Brauch das grundherrliche Recht des Ausschanks übte. Es scheint sich zunächst um eine beim Adel beliebte Einkehr gehandelt zu haben; so mancher zur Weiterreise untüchtig gewordene Zecher mag nach dem Gelage in Schlaf gesunken sein. Allmählich entwickelte sich das Haus zur Bleibe des Adels. Kaiser Friedrich I. soll 1158 dort gewohnt haben; verbürgt ist erst die Unterbringung Kaiser Ludwigs d. Bayern 1314, Kaiser Karls IV. und zahlreicher Fürsten im 15. und 16. Jahrhundert.

Es ist verständlich, daß Städte wie Frankfurt a.M., wo zur Zeit der Kaiserkrönung und der großen Messe Tausende von hohen Herrschaften zusammenströmten, die Gastungspflicht früh schon an gewerbliche Gaststätten banden: »Der große Braunfels«, das »Rothe Haus« und später das Hotel »Weidenbusch« waren die drei namhaftesten Fürstenherbergen. Eine Reisebeschreibung von 1795 spricht von »Palästen«, die sich mit jenen der größten Residenzstädte messen könnten.

»Frankfurt ist das Eldorado der Gastwirthe. Die Menge von Fremden, welche theils der Gegenden, theils der nahen Bäder wegen durchreisen, die Messen, die Krönung, das ausschließliche Recht, außer der Messe und Krönungszeit Fremde beherbergen zu dürfen, der Überfluß und die Wohlfeile der Nahrungsmittel, die geringen Abgaben – dies alles macht ihnen ihr Gewerbe zu einer sicheren Goldgrube... Das Rothe Haus verdient, nebst den drey Mohren zu Augsburg, vielleicht unter die prächtigsten und vortrefflichsten Gasthöfe in Europa gerechnet zu werden... Zimmer und Bedienung sind fürstlich. Jahr aus, Jahr ein logiren hier Fremde vom vornehmsten Range, und so kostbar sie auch bewirthet werden, so ist doch der Preis ...äußerst billig... Die Mahlzeit hätte an keiner Marschalltafel

9 »Der große Braunfels« in Frankfurt/M. bot hohen Herrschaften Unterkunft vor allem zur Zeit der Kaiserkrönung und der Messe. Radierung von Wenzel Hollar, um 1632. Frankfurt/M., Historisches Museum

10 Ansicht des Haidplatzes mit dem »Goldenen Kreuz« in Regensburg. Hier stieg der hohe Adel während der Reichstage ab. Kupferstich von F. Heider nach einer Zeichnung von H. Kranzperger, um 1840. Regensburg, Stadtmuseum

11 Fassade des Hotels »Drei Mohren« in Augsburg. Federzeichnung von Balthasar Cornelius Koch, 1723. Privatbesitz

reichlicher und kostbarer seyn können. Es war ein hoher gewölbter Saal, wohin man sich, auf das mit einer Glocke gegebene Zeichen, zu Tische begab. Die Gäste saßen an zwey langen Tafeln, deren jede 200 Gedecke haben mochte. Das Orchester war mit sehr guter Musik besetzt...«[26]

Wie Frankfurt so sahen auch die großen rheinischen Städte festliche und politische Zusammenkünfte großen Stils. Regensburg, die Stadt zahlreicher mittelalterlicher Reichstage und ab 1653 des »Immerwährenden Reichstages« mußte sich die Unterbringung hochgestellter Persönlichkeiten aus ganz Europa angelegen sein lassen. Die derzeitige Hotel-Gaststätte »Bischofshof« ist nur ein Teil des gewaltigen Komplexes der ehemaligen bischöflichen Residenz. Es finden sich noch Gebäudereste romanischen und gotischen Stils; am stärksten jedoch ist das Baugesicht dieser Fürstenherberge durch die Formen des 16. Jahrhunderts geprägt worden. Von dieser Zeit an nahmen deutsche Kaiser im Bischofshof Quartier und residierten hier oft monatelang mit dem gesamten Hofstaat. Im Jahre 1576 verstarb in seinen Mauern Kaiser Maximilian II. während eines Reichstages. – Nach der Schlacht am Weißen Berg wurde der Wittelsbacher Herzog Maximilian 1623 im Bischofshof mit der bayerischen Kurwürde belehnt, und 1820 besiegelte man dort die feierliche Übergabe der Stadt an das Königreich Bayern.

Natürlich konnte eine einzige Fürstenherberge für diese Stadt zu keiner Zeit genügen. Der imposante Trakt des ehemaligen Gasthofes »Zum Goldenen Kreuz« mit seinem Geschlechterturm fügt sich harmonisch in die italienisch anmutende Gebäudekulisse des Haidplatzes. König Ferdinand nahm 1531 hier Wohnung, und Kaiser Karl V. war auf allen Reichsversammlungen in Regensburg Gast des »Kreuzes«. Wie eine Tafel an der Fassade berichtet, hat dort auch die Begegnung des Kaisers mit der

Bürgerstochter Barbara Blomberg stattgefunden, welcher der berühmte Seeheld und Türkenbezwinger Don Juan d'Austria (1547–1578) entsprossen ist. Später haben noch zahlreiche Würdenträger – darunter König Ludwig I., Kaiser Wilhelm und Bismarck – in diesem Hause Quartier bezogen. Ein stolzes Register hochherrschaftlicher Besuche weist die Chronik der »Drei Mohren« zu Augsburg auf. Das Hotel ist aus einer einzigartigen Umgebung herausgewachsen: der Weinmarkt (heute Mittlere Maximilianstraße) war einst Brennpunkt reichsstädtischen Lebens. Große Geschlechter wie die Herwart und die Welser hatten hier Besitzungen und zu Beginn des 16. Jahrhunderts errichteten die Fugger ihr Palais.

»Mit diesem von italienischem Kunstsinn und Mäzenatentum inspirierten Palastbau ist der Weinmarkt weit über den Rang eines bloßen Handelszentrums hinausgerückt. Es wurde das Reiseziel der Künstler und Gelehrten seiner Zeit, ein Zentrum der hohen Politik des 16. Jahrhunderts und im Gefolge davon eine Pflegestätte rühmenswerter, ja historisch bedeutsamer Gastlichkeit.«[27]

Die Geschichte vom deutschen Kaiser Karl V. und dem großmütigen Handelsherrn, der den Schuldschein im Kaminfeuer verbrannte, ist zwar nur Legende, besitzt aber symbolischen Wahrheitsgehalt. Zu Beginn des 18. Jahrhunderts erfolgte der Umbau des Gebäudekomplexes zum Hotel (s. S. 82). Dieses setzte die Tradition vornehmer Gastlichkeit fort. All die in den folgenden Jahrzehnten verzeichneten Auffahrten und Empfänge nur anzudeuten, überstiege den Rahmen dieser Darstellung. Als bezeichnend sei erwähnt, daß Vater Mozart glaubte, trotz äußerster Sparmaßnahmen dem Renommee seiner Kinder dienen zu müssen, indem er sich mit ihnen 1763 in den »Drei Mohren« einlogierte. – *»Votre Hôtel est un des meilleurs que je connais«*, soll Zar Nikolaus I. 1835 zu dem Wirt geäußert haben.

Sogenannte Fürstenherbergen, also Gasthäuser, die sich zur Aufnahme hoher Herrschaften qualifiziert hatten, sind natürlich nicht auf Mitteleuropa beschränkt. In England gibt es zahlreiche Gasthöfe, die ihre Tradition kontinuierlich wahren konnten. Man weiß z.B., daß die Herberge »The Angel and Royal« in Grantham bereits 1213 als Quartier für den König und den Hof gedient hat, und »The Fighting Cocks« in St. Albans (gegründet 795) reicht in dieser Funktion als Fürstenherberge noch weiter zurück.

In der Regel ist es so, daß ein gut geführtes Haus langsam in seine Rolle als »Fürstenherberge« hineingewachsen ist; es gibt aber bis in die jüngste Vergangenheit herein auch Beispiele dafür, daß Häuser auf diese Zweckbestimmung hin neu errichtet werden. Kaiser Wilhelm II. hat rigoros den Denkmalschutz für ein Haus aufgehoben, das auf dem Platz stand, den er zur Errichtung »seines Hotels« bestimmt hatte: 1907 wurde das Hotel Adlon – Berlin, Unter den Linden 1 – in seiner Anwesenheit feierlich eingeweiht und in den darauffolgenden Jahren von ihm laufend für Staatsbesuche und fürstliche Familiengäste beansprucht. Bei der grandiosen Hochzeit der Kaiserstochter Viktoria Luise beispielsweise – einem Fest über dem Abgrund des 1. Weltkrieges – trafen sich Herrscher und hohe Politiker aus aller Welt.

»Die wunderbare Welt des Adlon! Es hat kaum einen König oder hohen Prinzen gegeben, der nicht irgendwann einmal in ihr zu Gast war. Die Fürsten der internationalen Finanz und des Handels waren in ihr wie zu Hause. Die Diplomaten und Staatsmänner aller Sprachen und Schattierungen machten das Adlon zu ihrem Hauptquartier, wenn ihr Weg sie über Berlin führte. Sie kamen aus aller Herren Länder, die legendären Maharadschas und die angehimmelten Künstler, und das Adlon war der Platz, an dem sie sich trafen.«
(Adlon, S. 6)

»Der Kaiser zahlte jährlich an das Adlon die runde Summe von 150000 Mark als Garantie für die Rechnungen seiner persönlichen Gäste. Dafür hatte das Adlon jederzeit Zimmer bereitzustellen für Mitglieder der Hocharistokratie, die bei Hof eingeladen waren, aber nicht im Schloß untergebracht werden konnten.«[28]

Welchen Aufregungen, Schwierigkeiten und Gefahren der Inhaber einer »Fürstenherberge« ausgesetzt war – davon könnte ein Hotel wie das Adlon Bände erzählen. Allzuleicht schlitterte es in politische Verwicklungen mit hinein; ohne weiteres konnte man dem Besitzer und seiner Gefolgschaft allein aus der Tatsache, daß hochgestellte Persönlichkeiten hier ein und aus gingen, in Krisenzeiten oder nach einem politischen Umschwung den Strick drehen. Diesem Schicksal fiel Lorenz Adlon anheim, der in den Wirren nach dem 2. Weltkrieg ums Leben kam.

Der Gasthof als Politikum: zu allen Zeiten bringt jeder Gast von staatspolitischem Rang mit dem Glanz seiner Welt auch Bedrohung in das Haus, das er zum Quartier wählt. So kehrt sich der Friede, der sich ursprünglich im Wirtshausschild ausdrückte und von der Obrigkeit garantiert wurde, vielfach in sein Gegenteil (vgl. 206f.).

Gastfreundschaft als christliche Pflicht

Bereits die Menschen der Alten Welt kannten heilige Stätten, an denen sich zahlreiche »Pilger« versammelten. Für ihre Unterkunft mußte gesorgt werden. So schufen die Griechen z.B. in Epidaurus ein zweistöckiges Gästehaus (»Katagonion«), das um vier Säulenhöfe gruppiert war und 160 Zimmer besaß. Alljährlich strömten nämlich dort beim Tempel des Apoll und seines »Sohnes« Asklepion (römisch Äsculap) Tausende zusammen; sie versprachen sich von den Heilmethoden dieses als Vater der Ärzte verehrten Halbgottes Gesundung. Auch am Ort der unter göttlichem Schutz stehenden Spiele von Olympia errichteten die Griechen im vierten Jahrhundert v. Chr. ein große Gästehaus; die Grundfläche dieses »Leonidaion« betrug 74 mal 80 Meter. Von solchen der Öffentlichkeit dienenden Beherbergungsstätten abgesehen, galt auch im privaten Bereich Gastlichkeit als göttlicher Auftrag (vgl. S. 10).

Der numinose Aspekt, unter dem Gastfreundschaft also schon in der Antike ausgeübt worden war, erfuhr in der christlichen Heilslehre Vertiefung und Verankerung im Gebot: seit das Wort Jesu »*Ich war hungrig, und ihr habt mich gespeist; ich war durstig und ihr habt mich getränkt; ich war ein Fremdling, und ihr habt mich beherbergt*« (Math. 25,35) in der Welt steht, ist es eine sanktionierte Pflicht des Christen, den Fremden aufzunehmen, als sei er »der Herr« selbst; denn »*was ihr dem Geringsten meiner Brüder getan habt, das habt ihr mir getan*«. Jeder Anklopfende bringt gewissermaßen seinen von höchster Instanz ausgestellten »Ferman« (s. S. 9) mit sich: an ihm muß sich die Nächstenliebe bewähren, die für den Gläubigen der Weg des Heils, die Pforte zum Himmel ist. Die leichtfertig oder aus Gewinnsucht abgewiesene Gnade wird in volkstümlichen Spielen z. B. an den Wirten von Betlehem demonstriert: die herbergesuchenden Eltern mit dem Jesuskind sind zum Sinnbild des Göttlichen, das in der Welt Gastrecht heischt, geworden.

Christus verwendet in seinen Predigten mit Vorliebe Bilder der Gastfreundschaft, er kehrt häufig als Gast ein, ja sein ganzes Menschsein ist das eines Gesandten, der aufgenommen oder abgewiesen wird.[29] Der Mensch als Wanderer symbolisiert das Wandern der Seele zur Gottesstadt; heimatlos ist sie auf Erden, immer unterwegs. Das Pilger-Sein gründet in der menschlichen Natur: unruhig zieht der Einzelne auf gefährdeter Straße einem fernen Ziel entgegen. Poetische Darstellungen verschiedenster Sprachbereiche haben vor solchem Hintergrund die Landstraße mit dem Leben verglichen und den Gasthof der Endstation des irdischen Weges gleichgesetzt. Der englische Erzbischof Leighton soll gesagt haben, wenn er sich den Ort seines Sterbens aussuchen dürfte, so würde er ein »Inn« (Gasthof) wählen: der Tod gliche dann dem Heimgang eines Pilgers.[30]

Seit dem frühen Mittelalter gab es Menschen, die aus dieser Ideenwelt heraus um Gotteslohn dem Dienst am heimatfernen Nächsten lebten. Hinter ihnen stand die immer einflußreicher werdende Kirche mit Empfehlungen, Regeln, Geboten. Seit dem 4. Konzil in Karthago (398) wird den Bischöfen wiederholt Gastfreundschaft ans Herz gelegt: nicht weit von ihrer Kirche sollten sie ein »hospitiolum« unterhalten. Als ältestes großes Hospital der Christenheit betrachtet man jenes von Bischof Basilius vor den Toren von Caesarea in Kappadocien errichtete; es muß eine ganze Siedlung für Fremde, Arme und Kranke gewesen sein. Um 400 n. Chr. gab es in Italien – im Lauf der nächsten beiden Jahrhunderte auch in Gallien und Spanien – ähnliche Einrichtungen. Gegen Ende des ersten christlichen Jahrtausends besaßen alle Bischofsstädte Spitäler. Mehrere Konzilien und Synoden vom 9. Jahrhundert an empfehlen dem Klerus Gastfreundschaft.

Den Gast wie Christus selbst zu behandeln, hatte bereits St. Benedikt (gest. 530) in seiner »Regel«, die das Mönchtum des Abendlandes maßgebend formte, verlangt. Neben die Hospitäler bei Domkirchen traten mehr und mehr die klösterlichen. Sie nahmen sich der Reisenden aller Stände an, der Kaufleute und der Studenten, der Politiker, der Mächtigen und der Schwachen im Geiste. Vor allem aber galt ihre Fürsorge jenen, die religiöser Überschwang in die Fremde trieb.

Der Glaube, an bestimmten Stätten der Erde dem Göttlichen näher zu sein, einer besonderen Gnade teilhaftig zu werden, ja eine Berührung des Irdischen mit dem Transzendenten zu erleben, ist kein

Spezifikum des Christentums. Wallfahrtsstätten und Pilgerströme sind Erscheinungen aller Religionen. Für die Christen hießen die Hauptorte der Sehnsucht Rom und Jerusalem, nach denen sich schon im 5. und 6. Jahrhundert Gläubige auf den Weg machten. In Abstand folgten die Gräber der Apostel, schließlich die aller Heiligen und Märtyrer. Die Kreuzzugsbewegung des 12./13. Jahrhunderts brachte eine gewaltige Zunahme des Wanderdranges, wobei sich religiöse Aspekte und Freude am Unbekannten, Abenteuerlichen mischten. All diese Scharen von Menschen, die sich einzeln oder in Gruppen auf den Weg machten, mußten beherbergt und verköstigt werden. In erster Linie waren es die Benediktiner-Klöster, die Aufnahme gewährten und darüber hinaus eigene Pilgerherbergen gründeten. Im Vorderen Orient nahmen sich die Orden der Malteser und Templer der Pilger zum Heiligen Grab an. Der Deutschritterorden ist aus dem Hospitalwesen in Akkon hervorgegangen.

Manche Klöster standen wegen ihrer hervorragenden Gastlichkeit in besonders hohem Ansehen; es sprach sich herum, wo der Reisende gut aufgenommen wurde. Walther von der Vogelweide machte aus diesem Grund einen Abstecher nach Kloster Tegernsee, und Casanova nahm einen Umweg über Kloster Einsiedeln in Kauf. – Die früheste Klostergründung auf deutschem Boden, Reichenau, stand mit Hunderten von Personen aus ganz Europa, denen es einmal Aufnahme gewährt hatte, in Briefwechsel. Auch Kloster Lorsch, dessen Herberge 1147 erwähnt ist, hielt mit vielen ehemaligen Gästen durch Botenverkehr Kontakt.

Von allen Wallfahrten des Mittelalters, die zu Heiligengräbern unternommen wurden, war die zum Grab des hl. Apostels Jakobus in Santiago di Compostela (Spanien) die gewaltigste. Ganz Europa wurde von den Jakobsbrüdern überschwemmt. Besonders in Frankreich und Spanien entstanden Ketten von Hospitälern an den Pilgerstraßen. Daß es den Brüdern nicht überall wohl erging, bezeugen folgende Strophen aus einem der zahllosen Jakobslieder:

So ziehen wir durch Schweizerlant ein,
sie haißen uns got welkum sein
und geben uns ire speise,
sie legen uns wol und decken uns warm,
die straßen tunt sie uns weisen...
So ziehen wir durch Soffeien (Savoyen) hinein,
man geit uns weder brot noch wein,
die seck stent uns gar läre;
wo ein bruder zu dem andern kumt,
der sagt im böse märe.[31]

Auch einzelnen frommen Männern sagt man die Gründung von Hospizen nach. So soll sich der hl. Julianus (geb. 640) in der Provence vorbildlich betätigt haben. Er wird in Frankreich als Patron der Brauer und Wirte verehrt, ebenso wie der hl. Martin, zu dessen Grab in Tours es schon vor der Jahrtausendwende Wallfahrten gab. – St. Goar soll aus Aquitanien gekommen sein und an der Stätte, wo später die gleichnamige Stadt am Rhein erwuchs, durch Predigt und unentgeltliche Dienste am Reisenden gewirkt haben. – Eine nur für Pilger bestimmte Herberge entstand als fromme Stiftung in Neuß bei Köln: Sie sollte vor allem den zu den Aachener Heiltümern Fahrenden Herberge und Verpflegung gewähren.[32]

Vor allem dort, wo staatliche und private Initiative ausblieben, bei schwierigem Gelände, in wüsten, abgelegenen Gebieten, sprang die klösterliche Gastfreundschaft ein.

Der Weg zur Hauptstadt der Christenheit führte über die gefürchtete Gebirgsstrecke der Alpen, die seit dem Verfall der Römerstraßen nur unter schweren Gefährdungen passierbar waren.[33] Ein besonderes – päpstlich angeregtes, von Kaisern gefördertes – Verdienst der Benediktiner war die Anlage von Hospizen auf Pässen. Zu den frühesten Gründungen rechnet man St. Peter auf dem Septimer (825 gegründet), St. Christoph auf dem Arlbergpaß (1386 gegründet) und das Grimselpaß-Hospiz (ab 1234), das in einer Höhe von 2176 m an einem bereits von den Römern benützten Saumweg entstand. Ebenfalls auf eine ältere Niederlassung geht das Hospital auf dem Großen St. Bernhard zurück: an der Paßstraße war einst von den Römern ein Jupitertempel errichtet worden; auf seinen Mauerresten ließ Bernhard von Menthon im 10. Jahrhundert eine Herberge erbauen. Die Mönche hatten weithin Besitzungen. Ihre getreuen Helfer, die berühmten Bernhardiner Hunde, wurden nicht nur zum Aufspüren Verunglückter in Schnee und Nebel eingesetzt, sondern auch zum Tragen von Erfrischungen und Geleiten der Fremden. Alles zum Leben Erforderliche mußte durch Maultiere zur Paßhöhe hinaufgeschafft werden. Nicht einmal Brennholz konnte der Eis- und Steinwüste abgewonnen werden. James

12 Hospiz auf dem Großen St. Bernhard. Lithographie von C. Reiss, um 1850.

13 Das Hospiz der Kapuziner auf dem St. Gotthard. Lithographie nach einer Zeichnung von Horace Vernet, um 1850.

14 Der Kreuzgang im Hospiz auf dem Großen St. Bernhard. Stich von Nilson nach einer Zeichnung von Danzer, um 1840.

F. Cooper gibt eine eingehende Schilderung seines Besuches (1830) in dem über viele Jahrhunderte bewährten Hospiz: *»... wir wurden an der Pforte von einem Mönch in schwarzer Tracht, in einer morgenländisch aussehenden Mütze, und mit einem so laienhaften Anstande empfangen, als sei er der Kellner eines Kaffeehauses. Er fragte hastig, ob wir auch Frauenzimmer bei uns hätten, und mir schien es fast, als thue es ihm leid, daß wir nicht Ja sagen konnten. Doch führte er uns sehr höflich in ein Zimmer, das mittelst eines Ofens geheizt war, und welches bereits zwei Reisende enthielt; sie hatten das Ansehen anständiger Handelsleute, die Geschäfte wegen über die Berge mußten... Darauf wurden wir eingeladen, unsere Plätze an dem Tische einzunehmen, an welchem man uns Fremden höflicherweise die obern Plätze eingeräumt hatte. Das Mahl war einfach, ohne Thée oder Kaffee, und der Wein war auch nicht sonderlich. Aber es verdiente hinreichenden Dank, daß man in einer solchen Wüste noch so viel bekam, und hier war durchaus nicht der Ort begehrlich zu sein... Auch jetzt ist dieses Hospiz von großem Werth, da wohl neun Zehnteile derer, die hier übernachten, arme Leute sind, die nichts bezahlen. Zu manchen Jahreszeiten und bei gewissen Veranlassungen (großen Jahrmärkten und Festen) ziehen Bauern in großer Anzahl diesen Weg; mein Führer versicherte mich, er habe bisweilen in so zahlreicher Gesellschaft im Kloster übernachtet, daß er achthundert Gäste zählte. Früher war das Kloster sehr reich und konnte die Unkosten der Bewirthung sovieler Gäste aus eigenen Mitteln bestreiten, aber seit der Revolution hat das Kloster den größten Theil seiner Besitzungen verloren und blos ein kleines festgesetztes Einkommen übrig behalten... Alle, die zahlen können, lassen ein Geschenk von größerem oder geringerem Werth zurück...«*[34]

Das Hospiz auf dem St. Gotthard wurde erstmals im Jahre 1331 erwähnt und befindet sich seit 1683 unter der Obhut der Kapuziner. Goethe nahm die Gastfreundschaft der Mönche zweimal (im Juni 1775 und im November 1779) in Anspruch: *»Nicht lange, so trat aus dem Dunste ein Gebäude entgegen: es war das Hospiz, und wir fühlten große Zufriedenheit, uns zunächst unter seinem gastlichen Dache schirmen zu können... Bei spät einbrechender Dämmerung trat endlich der ansehnliche Pater herein, begrüßte mit freundlich vertrauter Würde seine Gäste und empfahl mit wenigen Worten der Köchin alle mögliche Aufmerksamkeit. Als wir unsre Bewunderung nicht zurückhielten, daß er hier oben, in so völliger Wüste, entfernt von aller Gesellschaft, sein Leben zubringen gewollt, versicherte er: an Gesellschaft fehle es ihm nie, wie wir denn ja auch gekommen wären, ihn mit unserm Besuche zu erfreuen. Gar stark sei der wechselseitige Warentransport zwischen Italien und Deutschland. Dieser immerfort währende Speditionswechsel setze ihn mit den ersten Handelshäusern in Verhältnis. Er steige oft nach Mailand hinab, komme seltener nach Luzern, von woher ihm aber aus den Häusern, welche das Postgeschäft dieser Hauptstraße zu besorgen hätten, zum öfteren junge Leute zugeschickt würden... Unter solchen mannigfaltigen Gesprächen ging der Abend hin, und wir schliefen eine ruhige Nacht in etwas kurzen, an der Wand befestigten, eher an Repositorien als Bettstellen erinnernden Schlafstätten.«*[35]

Manche der verdienstvollen Klöster konnten sich gerade durch den Ruf ihrer Gastlichkeit über die drohende Auflösung während der Aufklärung und Säkularisation hinwegretten. Von St. Urban (Kt. Luzern) wird berichtet, daß es mittellosen Wanderern ebenso Obdach gewährte, wie adeligen Stammgästen, die eines hochgeistigen Gedankenaustausches wegen hier einzukehren pflegten. So kam es, daß sich berühmte Persönlichkeiten für das Zisterzienserkloster einsetzten, als seine Aufhebung im Gespräch war: der bekannte Aufklärer Isaak Iselin, Stadtrichter von Basel, hatte 1759 mit gleichgesinnten Freunden das Kloster aufgesucht und schreibt mit Emphase über die Atmosphäre der Gastlichkeit: *»Wir waren zu St. Urban, allwo wir nebst dem würdigen Prälaten viele gelehrte und würdige Patres angetroffen, welche uns ausnehmend wohl zu Mittag bewirteten... Ich kann Euer hoch Edelgeboren nicht genug sagen, wie unsere Gesellschaft über dem generosen Bezeugen dieses RRPP gerührt gewesen... dass, wollte man des Ordens Stiftung aufheben, wir alle vier Reisende alles unser Wissen, Kunst etc. anwenden würden, nur damit St. Urban verschont bliebe.«*[36]

Man fragt sich, ob die monastische Zurückgezogenheit an einer dergestalt weltoffenen Haltung nicht Schaden nehmen mußte. Tatsächlich wurde aber das Ordensleben durch den Fremdenbetrieb kaum berührt, da die Klausur mit ihren abgetrennten Räumen und eigener Küche weiterbestand. Ein »hospitalis monachus« hatte den Dienst an den Fremden zu organisieren. Auf diese Weise vermochten auch so weltabgeschiedene Klostergemeinschaften wie die Kartäuser ihrer Gastungspflicht nachzukommen. Interessant ist der Bericht, den Viktor von Scheffel von seiner Aufnahme in der Großen Kartause (Dauphiné) gibt: *»Wir standen vor dem Thore der grande Chartreuse, der großen Kartause, der Wiege des strengen, stillen Kartäuser-Ordens, darin jetzt noch über vierzig Ordensmänner in un-*

wandelbarem Schweigen der Betrachtung göttlicher Dinge ein asketisches Leben weihen. – Eine einsame Wildnis war auch schwer auszusuchen, um von der Welt ungestört ein Asyl der Contemplation zu gründen. Von allen Seiten ragen senkrecht die noch von vielem Schnee umhüllten Alpenwände empor, reicher, gewaltiger Wald umschließt das Kloster... Nachdem wir mit der schweren, ehernen Klinke an's Thor um Einlaß geklopft, that sich der Eingang der unheimlich schweigenden Klosterhallen auf, ein dienender Bruder in brauner Kutte erschien und geleitete uns in das dem Empfang der Pilgersmänner bestimmte Hospitium. Die Fremden werden, nach der alten kirchlichen Provinzialeintheilung, je nach ihrer Nation in verschiedenen Sälen empfangen, z.B. Burgunder und Aquitanier usw. Da sich deutsche Wanderer so selten in diese Höhe verlieren, ist für sie nichts besonderes vorgesehen, und wir wurden in den Saal der Franzosen geführt, nach ehrwürdig alter Klostergastfreundschaft sofort ein Feuer im Kamin angezündet und ein wärmend feiner Liqueur zum Willkomm dargebracht. Nach Ruhe und Ausrastung der müden Glieder erschien der père Géresime, dem die Sorge der Fremden obliegt, und brachte in einer verschlossenen Holzkiste, so wie sie jedem Ordensbruder mittäglich zum Schiebfenster seiner Zelle hineingereicht wird, unser Mittagsmahl: ein reichlich klösterliches diner maigre von Fischen, Mehlspeisen, Eiern, köstlichen Südfrüchten und gutem Wein... Der freundliche Kartäuser bot uns von freien Stücken Nachtquartier im Kloster an und lud uns zu einem Rundgang durch die weiten Gebäude ein... Zum Nachtlager wurde jedem von uns eine Zelle angewiesen: vier kahle weiße Wände, ein rauhes Bett, ein Betpult mit Kruzifix und kleinem Schrank – und alles in strengem Schweigen... Um Mitternacht aber tönte die Glocke, der père Géresime erschien, uns zu wecken; wir wurden in die Emporkirche geführt, dem nächtlichen Gottesdienste beizuwohnen...«[37]
Versehen mit dem Lebenselexier des Chartreuse-Likörs machten sich die Reisenden zu dem sechsstündigen Marsch nach Grenoble hinunter auf den Weg.
Die klösterliche Gastfreundschaft blieb in beschränktem Umfang bis in unsere Tage bestehen. Vor allem in der Nähe von Gnadenstätten nimmt sie sich um ein geringes Entgelt der Reisenden an. In Rom z.B. bieten Schwestern und Patres auch heute noch sehr preiswert Unterkunft, teilweise in Schlafräumen für mehrere Personen wie zu alten Zeiten. Manche Orden haben den ehemaligen Fremdendienst um Gotteslohn zu regelrechten gewerblichen Pensionen ausgebaut; dies ist verständlich, da die Einnahmequellen von früher (Geldspenden, Ländereien, Weinberge usw.) versiegt sind.

15 Hospiz auf dem Bernina Paß. Aquatinta von Joh. Rudolf Dikenmann, um 1860-70.

Einen eigenen Zweig der Gastlichkeit aus christlicher Pflicht stellt das von Weltgeistlichen oder frommen Laien betriebene Spitalwesen dar. Wie oben ausgeführt, reicht es bis in die ersten nachchristlichen Jahrhunderte zurück. Eine gewisse Systematik kam in die Gründung von Spitälern seit Innozenz III., dem sendungsbewußten Kämpferpapst zu Beginn des 13. Jahrhunderts: er errichtete in Rom ein Heim für 300 ansässige Arme und 1000 Pilger, das er den Brüdern vom Hl. Geist übergab. Dieses Heim wurde Vorbild für zahlreiche Gründungen von Hl.-Geist-Spitälern vor den Toren fast aller Städte Europas. (In Frankreich war der Name »Hôtel de Dieu« üblich.)
Die Spitäler entstammen größtenteils frommen Stiftungen wohlhabender Adeliger und Bürger. Laufend fielen ihnen Spenden und gezielte Legate zu.
So wurde der Spital-Herberge in Bruchsal ein Legat ausgesetzt, demzufolge den Fremden abends eine Erbsensuppe verabreicht werden sollte, und zwar *»zu somers zeiten, so man die statt thor will zu schliessen, und im winter, so man im spital zu nacht gessen und die bilger und bilgerin zu hauß und herberg komen«*. Die vielzitierte Herberge von Bruchsal ist deshalb so interessant, weil von ihr die bis ins kleinste Detail gehenden Statuten aus dem späten Mittelalter erhalten sind.[38] Darin ist genau festgelegt, wann die Pilger einzutreffen hatten, wann sie sich schlafen legen, wann sie am Morgen das Haus verlassen mußten. Verboten war ihnen zu fluchen und zu zanken, zu schwören oder sich mit Spielen zu unterhalten. Ähnliche Weisungen gelten heute vielfach für die Obdachlosenasyle größerer Städte.

Die Möglichkeiten der Reiseregelung (Buchung, Geldsendungen, Unterstützung durch Konsulate usw.), wie sie in jüngerer Zeit aufkamen, waren im Mittelalter nicht gegeben. Nur reiche Kaufleute in geschützten Handelszügen oder hochgestellte Persönlichkeiten, die unter militärischer Bedeckung reisten, waren auf den Straßen einigermaßen sicher. Für den privaten Reisenden bedeutete die Fremde Unsicherheit und oft Unheil. Dem Wort für »Fremde, Ausland« (ahd. eli-lenti) kam allmählich die Bedeutung »Verbannung, Not« (mhd. ellende) zu. Die meisten der Fremden waren unterwegs »Elende«, und die Pilger- und Elendenherbergen hatten sich tatsächlich in erster Linie mit Armen zu befassen: pauperes et peregrini verschmolzen zu einem Begriff.

16 Krankenpflege durch Nonnen im Hôtel-Dieu in Paris. Kupferstich, Anfang 18. Jahrhundert.
Paris, Bibliothèque Nationale

17 Hospital »Zum heiligen Geist« in Frankfurt/Main. Detail aus dem Belagerungsplan von Conrad Faber von Creuznach, 1552.
Frankfurt/M., Historisches Museum

Das Hospital in Frankfurt a. M. (1267 erstmals erwähnt) konnte sich 1455 einer Stiftung von 900 Gulden erfreuen, *»die armen, notdürftigen, wandernden Leute, die darin beherbergt werden, sie damit zu speisen, zu tränken und zu trösten«*.[39]
Die Elendenherberge in Straßburg hatte 1566 etwa 900 Fremde, die »von hungers wegen« ausgewandert waren, für eine Nacht unterzubringen, und im Jahr 1586 die gewaltige Menge von 41000 Personen zu verpflegen. Obwohl es zu dieser Zeit schon gewerbliche Gasthöfe in großer Zahl gab, waren diese anscheinend nicht in der Lage, die durch religiöse und politische Unruhen entstandenen Massenbewegungen aufzufangen.
Dem bischöflichen Armenspital in Regensburg (1100 erstmals genannt) flossen 95 mittelalterliche Schenkungen zu; darunter ist jene des Kaplan Niedermeier aus dem Jahr 1460 besonders bemerkenswert: er vermacht dem Spital einen Hof in Mintraching sowie 1200 Gulden, damit es ein eigenes Pilger- und Obdachlosenheim errichte, in dem ewiglich alle Wanderer, es seien Männer oder Frauen, Priester oder Schüler für eine Nacht aufgenommen werden sollen. Es wird ferner verfügt, daß diesen Leuten abends ein Viertelpfund Fleisch, Suppe und ein Laiblein Brot gereicht werden solle und daß ein Gastknecht ihnen zu Diensten sei.[40] Der Spitalmeister war verpflichtet, zweimal im Jahr den acht gewählten Spitalpflegern Rechenschaft abzulegen. – Das Spital, zu dem später Brauerei und Gastwirtschaft kamen, besteht heute noch als Altersheim fort.
Wie in Regensburg, so war es auch in anderen Städten üblich, daß die Wirte der Herbergen in einem gewissen Angestelltenverhältnis lebten und vor der Obrigkeit die Wirtschaftsführung zu verantworten hatten. Meist fungierten angesehene Patrizier und hohe Geistliche als »Vormünder« oder »Vorstände«. In Augsburg beispielsweise führte die Stadtapotheke (heute Marienapotheke in der Maximilianstraße) Aufsicht über die Verwendung von Stiftungsgeldern bei dem in unmittelbarer Nähe gelegenen »palatium civitatis«; aus dieser städtischen Fremdenherberge ist das Gasthaus »Zur Traube« hervorgegangen.

Überhaupt trat der Fall nicht selten ein, daß sich aus einer Pilgerherberge – klösterlicher oder gemeindlicher Organisation – ein gewerblich betriebener Gasthof entwickelte. – Das Hospital in Soest (1309 beurkundet) vor der »Sünte-Jakobsporten« wandelte sich zur Gaststätte »Pilgrimshaus« (später Hellweger-Hof). – Kloster Andechs über dem Ammersee (Obb.) gehört zu den berühmten bayerischen Wallfahrtsorten, die heute noch von Pilgerscharen aufgesucht werden. Zu seiner aus gotischer Zeit stammenden Anlage gehört auch ein Gasthof, in dessen Obergeschoß früher Pilgersäle eingerichtet waren; heute werden sie – aufgeteilt – als Privatzimmer vermietet.

Während der Blütezeit städtischer Selbstherrlichkeit wurde das »Bürgerspital zum Hl. Geiste« in Würzburg gegründet (1319). Zuwendungen von Patriziern verhalfen ihm u. a. zu reichem Weinbergbesitz. Es nahm alte Würzburger Pfründner auf und versorgte zahlreiche Kostgänger täglich mit einer Mahlzeit. Heute betreuen die »Zeller Schwestern« in modernisierten Anlagen 50 minderbemittelte Pfründner und 70 Pensionäre. Es ist bemerkenswert, daß sich in unserem Wohlfahrtsstaat mit seinen Großorganisationen solche an den einzelnen ganz persönlich gerichteten und aus der Tradition lebenden – unzeitgemäßen! – Einrichtungen aufs wunderbarste bewähren. – Auch die aus früher Zeit stammende Einrichtung einer Spital-Trinkstube besitzt nach wie vor große Anziehungskraft. Das sogenannte Bürgerzimmer, nach den Zerstörungen des Bombenkriegs 1955 wieder errichtet, vermittelt mit seinen schmiedeeisernen Türen, seinen Nischen und Plastiken eine gemütliche Atmospäre. – In dem einst zum Spital gehörenden Dorf Laub hat sich das Amtshaus des Spitalpflegers, zu dem vom 16. Jahrhundert an ein Zehntstadel gehörte, zum Gasthof »Zehnthof« entwickelt.

Die Reihe von Beispielen ließe sich beliebig erweitern. Es mögen hier noch einige aus England folgen, das bekanntermaßen dem Herkommen in besonderer Verbundenheit anhängt: Dort bestehen noch zahlreiche gastliche Häuser, die sich von Hospitälern bzw. von Klosterherbergen herleiten oder als solche bewahrt haben.

18 Wirtshaus und Pilgerherberge des Klosters Andechs. Detail des Kupferstichs »Der heilige Berg Andechs« von Michael Wening, um 1700.

Das Hospital of St. Cross bei Winchester (1136 gegründet) pflegt die alte Form der Gastlichkeit bis ins 20. Jahrhundert herein: Wer immer den Pförtner ruft, erhält nach altem Pilgerbrauch Brot und Bier. – »St. George and Pilgrims Inn« in Glosterbury, heute ein reguläres Gasthaus, wurde um 1470 für Besucher der Abtei errichtet, die als einer der heiligsten Orte des Landes galt: in St. Catharine's Chapel soll Josef von Arimathä begraben liegen. Die Legende will wissen, daß auch der irische Nationalheilige St. Patrick und König Arthur hier ruhen. Wie das kleine Museum des Ortes zeigt, ist die Pilgerherberge mit der frühen Geschichte Englands eng verknüpft. Die wohlproportionierte Fassade, das würdevolle Portal mit den Wappenschildern und die plastischen Ornamente der Fensterfüllungen erinnern an vornehme Colleges von Oxford. Das Treppenhaus über der Halle und die prächtigen Räume des Obergeschosses präsentieren sich königlich – und wurden auch von Königen bewohnt bei ihrem Besuch in Glosterbury.

In der englischen Literatur tritt das »Inn« zum ersten Mal bei Chaucer (gest. 1400) in Erscheinung, und zwar als Versammlungsort der Canterbury-Pilger. Das »Falstaff«, an der Außenseite von Canterbury's mittelalterlichem Westtor gelegen, weist im Innern noch Räume aus dem 15. Jahrhundert auf: sie sind nicht auf alt hergerichtet, sondern geblieben, was sie waren.[41]

Aus diesen Beispielen mag klar geworden sein, welche Wege des Fortdauerns die aus religiösen Motiven gegründeten Herbergen gegangen sind. Wir wollen sie kurz zusammenfassen: 1. Als sich die Wallfahrtsstätten nicht mehr des einstigen Massenzustroms erfreuen und die aus Berufsgründen Reisenden in gewerblichen Häusern untergebracht werden konnten, verblieben den »Elendenherbergen« nur noch die wirklich Armen und Kranken der Heimatgemeinde; auch die von ansteckenden Leiden Betroffenen wurden in ihren Mauern gepflegt: aus den Unterkunftshäusern waren Siechenhäuser (Kranken- und Altersheime) geworden, wie sie sich in fast allen älteren Städten meist außerhalb des Altstadtkernes erhalten haben. 2. Viele der Einrichtungen sind säkularisiert, d. h. aufgehoben oder anderen Bestimmungen zugeführt worden. 3. Manche haben sich zu regulären Gasthöfen gewandelt. 4. Ein Zweig der ehemaligen Gastbetreuung hat sich besonders ausgeprägt und führt sozusagen eingleisig die Tradition fort: denken wir an die Produktionsstätten berühmter Liköre, an die Herstellung heilsamen Kloster-»Geistes«, denken wir vor allem an die »Prüfstellen« der klösterlichen Wein- und Bierpflege: die Klosterstüberln, Stiftskeller und »frommen« Brauereiwirtschaften (s. S. 81 ff.)!

Gastfreundschaft auf Gegenseitigkeit

Die ehedem verpflichtende allgemeine Gastlichkeit versuchte man – das erste Kapitel handelt davon – durch Beschränkung auf Zeit (drei Tage), auf besonders geeignete Institutionen (z.B. Klöster) oder auch durch Gegengaben (Gastgeschenke) zu erleichtern. Eine weitere Verengung der Gastungspflicht bedeutete das Übereinkommen, sie nur bestimmten Kreisen, Landsmannschaften oder Berufsgruppen zur gegenseitigen Ausübung vorzubehalten.
Den Römern galt als Grundlage gastlicher Aufnahme Nicht-Ansässiger der Konsensualvertrag, den Gemeinden untereinander abschlossen oder der zwischen Privatpersonen und Gemeinden bestand. Man verbürgte sich schriftlich, dem Vertragspartner im gegebenen Fall freie Unterkunft, Verpflegung und ein Gastgeschenk zu gewähren, ihn in die Geselligkeit und den Rechtsschutz der Gemeinde aufzunehmen.
Gasthöfe wurden nur von – nicht in Vertrag genommenen – Fremden und von unteren Schichten aufgesucht. Angesehene Persönlichkeiten, die auf ihren Ruf bedacht waren, konnten sich weder im alten Athen noch in Rom in einer Kneipe blicken lassen – besonders nicht in ihrer Heimatstadt. Die Vornehmen luden sich gegenseitig in ihre Stadtwohnungen oder Landhäuser ein und bewirteten sich aufs köstlichste; Sklaven standen zu Diensten.
Dieser Grundsatz des »do ut des« galt unter der Aristokratie aller Völker vor und lange nach der Einführung gewerblicher Bewirtung. Für den Ritter und die Damen des Hofes mit ihrem Gefolge boten die gewöhnlichen Wirtschaften keine standesgemäße Unterkunft; die öffentlichen Herbergen konn-

19 Gastbetreuung bei Hof: Die Schloßherrin sitzt in der Mitte mit zwei Ehrendamen, rechts ein Nebentisch, an dem die Gäste speisen. Miniatur aus einer Handschrift des 15. Jahrhunderts.
Paris, Bibliothèque de l'Arsenal

ten gehobenen Ansprüchen im Mittelalter und teilweise auch in der Neuzeit nicht genügen. Man war also bei Reisen auf die Betreuung durch seinesgleichen angewiesen. Hinzu kam die Tatsache, daß der Reichtum des Adels in der Regel nicht aus Bareinnahmen resultierte, sondern aus den Naturalabgaben und Dienstleistungen der Abhängigen. Ein Edelmann oder Landjunker konnte also sehr gut ohne Barmittel sein, aber über genug Räume und Lebensmittel verfügen, um Verwandte und Standesgenossen gastlich aufzunehmen. Natürlich gab es auch hier Auswüchse und unliebsame Einquartierung. Vor allem nach dem 30jährigen Krieg, als viele Adelige verarmt waren, fürchtete man das Einfallen der sogenannten Krippenreiter, die sich auf Kosten benachbarter oder kaum befreundeter Höfe über Wasser hielten.

In manchen Ländern blühte die aristokratische Gastfreundschaft in besonderem Maße; berühmt war dafür das alte Polen, das nach dem Sprichwort »Gast im Haus, Gott im Haus« handelte. Auf den oft weltabgeschiedenen Landgütern herrschte frohe Bereitschaft, Gäste zu empfangen, sie aufs großzügigste mit Geschenken zu überhäufen und ihnen aufzutischen, was Küche und Keller hergaben. Und nicht nur nahe Verwandte, auch flüchtig Bekannte, Freunde von Freunden, waren willkommen. Es hieß nicht umsonst: der polnische Edelmannshof gleicht einer Schenke.

Den Sommer verbrachte man bei Nachbarn oder Verwandten, oder man lud diese zu sich und war dadurch oft gezwungen, über seine Verhältnisse zu leben. – Fürst Pückler kommentiert seine Reiseerlebnisse in England (1826/29), wo er die feudale Gastlichkeit in ihrer konservativsten Form antraf: *»Es gehört hier ein bedeutendes Vermögen dazu, um ein Haus auf dem Lande zu machen, da der Gebrauch sehr viel Luxus dabei erfordert, und dieser Sitte gemäß in der Hauptsache beim Krämer dasselbe gefunden werden muß wie beim Herzog, d.h. ein zierlich dekoriertes Haus mit eleganten Möbeln, eine reiche Vaiselle, stets neu und fein gekleidete Diener, bei Tafel eine Profusion von Schüsseln und ausländischen Weinen, ausgewähltes und sehr kostbares Dessert, und in allem der Anschein von Überfluß und plenty, wie die Engländer es nennen. Solange Gäste da sind, geht dieser Train fort, nachher in der Einsamkeit mag sich manche Familie dafür mit der schmalsten Kost entschädigen, daher man auch niemanden auf dem Lande besuchen darf, ohne eingeladen zu sein... Wahre Gastfreiheit kann man dies kaum nennen, es ist mehr ein Zurschaustellen seines Besitzes für möglichst viele. Hat eine Familie nun einen Monat oder länger so hausgehalten, so geht sie die übrige Zeit selbst auf Besuche aus; der einzige gastfreie Monat hat aber dann schon so viel gekostet, als bei uns die ganze Jahresrevenüe eines reichen Gutsbesitzers beträgt.«* [42]

Wenn auch die Konvention des Gastierens in solchen Fällen fast den Geschmack des Peinlichen annimmt, so darf man jene Beispiele nicht außer acht lassen, in denen sie ihren humanen Ursprung generös erwiesen hat. Als sich der jüngst verstorbene Herzog von Windsor nach seiner Abdankung (1936, als König Eduard VIII. von England) zurückzog, bot ihm Baron Eugène de Rothschild (aus dem österreichischen Zweig der Familie seinen Besitz Enzersdorf bei Wien als vornehme Bleibe an; dort genoß Eduard seine Gastfreundschaft, bis er sich mit der Frau, die er liebte, vereinen konnte.

Im allgemeinen hat sich im 20. Jahrhundert die gegenseitige Gastung des Adels auf das in anderen Bevölkerungskreisen übliche Maß reduziert. Nur noch sehr wohlhabende souveräne Fürsten oder Staatsoberhäupter vermögen die alten Sitten aufrechtzuerhalten. Vielfach bemüht man sich, auch private Gäste in vornehmen Gasthöfen unterzubringen, nicht nur aus Rücksicht auf die eigene Bequemlichkeit, sondern auch auf den größeren Komfort, der dort meist geboten wird. So liebte es der letzte deutsche Kaiser, Privatbesuche in »seinem Hotel« einzumieten: *»Mit den Gästen des Kaisers war es immer so eine Sache, und Lorenz Adlon konnte ein Lied davon singen. Die Etikette der europäischen Fürstenhäuser bestimmte, daß ein besuchender Souverän stets in einem der Schlösser des Monarchen, dessen Gast er war, logieren solle. Die großen Souveräne, wie die Könige von England, wären manchmal viel lieber im Adlon abgestiegen, wenn es nach ihnen gegangen wäre. Nur die weniger bedeutenden Fürsten bestanden auf der strikten Einhaltung der Etikette, obwohl Wilhelm II. alles tat, sie davon abzubringen. ›Kinder, geht doch zu Lorenz Adlon!‹ pflegte er bei solchen Staatsbesuchen regelmäßig auszurufen. ›Bei mir im Schloß ist es kalt, es zieht, und in den paar Badezimmern läuft das heiße Wasser nicht. Geht doch zu Lorenz Adlon!‹«* [43]

Heute ist es vielfach so, daß das Bürgertum für seine Festlichkeiten die glanzvolle Atmospäre von Schlössern und adeligen Stadtpalästen sucht, und die Aristokraten ihrerseits gern die Tore ihrer Besitzungen öffnen, um sie gemeinnützigen Zwecken zuzuführen. Auf diese Weise erhalten sie staatliche Zuschüsse für die dringlichen Renovierungen der jahrhundertealten Gebäude. Kaiser- und Rittersäle, Arkadenhöfe und Schloßterrassen bieten den prächtigen Rahmen für das Zusammensein moderner

20 Reisende bitten die Herzogin um Aufnahme im Schloß. Der eine trägt einen Geldbeutel am Gürtel, der andere eine Umhängetasche, an der ein Trinkbecher angebracht ist. Zeichnung nach einer Miniatur des 14. Jahrhunderts.

Menschen im Zeichen der Kunst, der Romantik und einer nicht alltäglichen Gastlichkeit. An Schloßkonzerte und Besichtigungen schließt sich nicht selten ein mehr oder weniger privates Verweilen bei Speis und Trank an, sei es im Schloßgasthof oder in den Privaträumen des Schloßherrn.
Nach Schloß Weißenstein im oberfränkischen Pommersfelden lädt allsommerlich Graf Schönborn etwa 40 junge Musiker für vier Wochen ein, damit sie in den weitläufigen Geschossen der barocken Gebäude unter berufener Leitung – frei von Alltagssorgen – Konzertprogramme erarbeiten: acht Orchester- und fünf Kammermusikkonzerte finden in dem prachtvollen Marmorsaal statt. Der noble Blaue Saal sieht anschließend die musikbeflissene Jugend und geladene Gäste zum Tee versammelt, während das Konzertpublikum im nahegelegenen Restaurant Gelegenheit hat, die geistigen Genüsse durch leibliche zu ergänzen. So scheint sich der Glanz entschwundener Tage sinnvoll mit den Formen gastlicher Betreuung von heute zu verbinden.[44]

Die hohe ethische Verpflichtung des Christen gegenüber Fremden hatte bereits von den ersten Jahrhunderten nach der Zeitenwende an zur Gründung von Xenodochien, Pilgerherbergen und Hospitälern geführt. Es war eine Selbstverständlichkeit, daß den reisenden Ordensbrüdern und anderen geistlichen Berufsgenossen die gastliche Fürsorge in besonderem Maße zuteil wurde.
Bischöfe, Äbte und Vertreter der hohen Geistlichkeit mußten sich häufig auf den beschwerlichen Weg zu Konzilien oder zum Heiligen Stuhl nach Rom begeben. Visitatoren suchten die Klöster auf; die Jünger des hl. Franz von Assisi begaben sich auf Wanderschaft, um ihr Liebeswerk in die Welt zu tragen. Missionare und Volksprediger wie Albertus Magnus und Berthold von Regensburg (13. Jahrhundert) durchzogen die Lande, von Sendungseifer erfüllt. Berthold vor allem war sein Lebtag unterwegs zwischen Ungarn und Paris, Schlesien und der Schweiz.
Bald schon werden Warnungen durch Kirchenväter und Synodalbeschlüsse an reisende Geistliche gerichtet, das oft liederliche Treiben in öffentlichen Schenken zu meiden. Auf dem Konzil zu Frankfurt a. M. 794 erging das Verbot an weltliche und monastische Kleriker, Tavernen aufzusuchen; anscheinend haben sich Geistliche zu allen Zeiten über diese mehrfach wiederholten Bestimmungen hinwegzusetzen verstanden, und zwar mit Einwilligung der Obrigkeit. Es gibt z. B. im 16. Jahrhundert eine von deutschen Fürsten erlassene Wirtshausordnung, derzufolge gekochte Speisen nur zu den Hauptmahlzeiten vorgesetzt werden durften; ausgenommen sind »die vbrr land raisenden Prister«, damit sie ungesäumt »ihren Sachen nachkommen mogen«.[45]

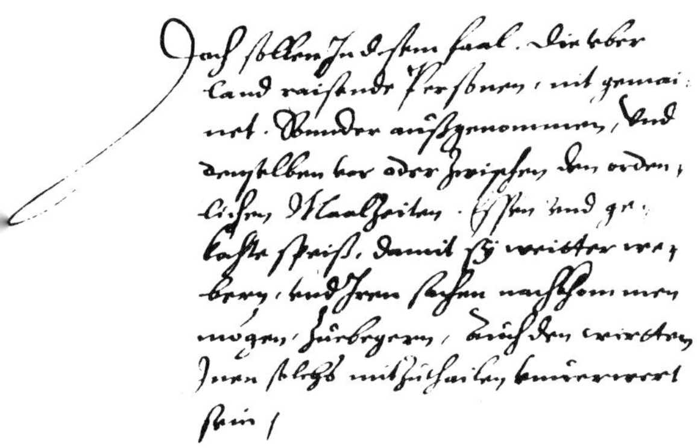

21 In dieser pfälzischen »Landsordnung« aus dem 16. Jahrhundert wird bestimmt, daß die Wirte keine gekochten Speisen zwischen den Hauptmahlzeiten abgeben dürfen, »ausgenommen die über Land reisenden Priester, damit sie weiter ihren Sachen nachkommen mögen«. Es hielten sich also trotz kirchlicher Verbote Geistliche in öffentlichen Gasthäusern auf.
München, Bayer. Hauptstaatsarchiv

Von den mittelalterlichen Theologen hatten die meisten das Gelübde der Armut abgelegt; auf Reisen mußten sie sich unter die Fittiche ihrer installierten Brüder begeben. Dies galt vor allem auch für die jungen Kleriker und die Studierenden. Vom Beginn des 12. Jahrhunderts an zogen die von Frankreich ausgehenden Hohen Schulen des theologisch-philosophischen Denkens Lernbegierige aus allen Ländern in ihren Bann. Klosterschüler machten sich auf den Weg zu berühmten Lehrern wie Thomas von Aquin oder Abälard in Paris; Mediziner und Juristen zogen zu den renommierten Universitäten in Italien. Die kurpfälzische Landsordnung von 1599 beschäftigt sich mit diesem Problem: *» Und dieweil etliche arme Knaben den Schulen nachziehen / deren man sich billich annemen sol / Andere aber vnter dem Schein der Schuler / allein dem Betteln vnd Geuden außwarten...«* Um dem unzüchtigen Verhalten der »falschen« Schüler zu steuern, sollen sich alle Ankömmlinge zum Schulmeister begeben; wenn sich einer ausweisen kann, *»daß solcher mit rechten Sachen vmbgehet / jhme auß dem Almusen geholffen vnd vnterhalten werden...«* Die Almosenpfleger sollen ihm in diesem Falle Fürsorge zuteil werden lassen.[46]
Häufig machte der anfängliche Idealismus recht weltlichem Treiben Platz. Die Vagantenpoesie ist der herzhafte Ausdruck dieses jugendlichen Übermuts. So manches Mal scheinen die Mönche nicht ungern ihr eintöniges Leben unterbrochen zu haben, um sich der ausgelassenen Schar der Vaganten anzunehmen und ihrem Lied zu lauschen:

Wenn wir singend durch die Welt
›Auf zur Wandrung!‹ rufen,
Eilen uns die Priester zu,
Auf des Klosters Stufen
Horchen Mönche, der Levit
Laßt die Bibel liegen,
Alle wolln in unsrer Schar
Leben, lachen, siegen...[47]

Eingedenk ihrer eigenen Studentenzeit nahmen die in der Pfründe sitzenden Kleriker die unruhig Schweifenden bei sich auf. Bis über die Mitte des 19. Jahrhunderts liegen Berichte vor von Studenten, die von Pfarrern und ihrem Familienkreis in freundliche Obhut genommen wurden, die – denken wir an die Frühromantiker Thieck und Wackenroder! – mit ihren Schilderungen vom Wandern und Erleben einen Schimmer der »weiten Welt« in die biedermeierliche Idylle trugen. Auch in Eichendorffs »Leben eines Taugenichts« kehren Studenten bei gastfreundlichen Pfarrern und Kapuzinern ein.

Nicht nur Schüler machten sich auf den Weg zu berühmten Lehrern, auch die Gelehrten selbst brachen auf, um Stätten begehrter Schriften oder vermuteter literarischer Schätze zu besuchen. Zur Zeit des Humanismus erfaßte die Wissenschaftler ein großer Bewegungsdrang: »ad fontes« bedeutete den Aufbruch des Geistes ebenso wie die reale Reise zu den Quellen – und die erforderliche Aufnahme an der Zielstätte. Als Beispiel möge der Hinweis auf den als »Vater der bayerischen Geschichtsschreibung« gepriesenen Aventinus genügen, der systematisch Bibliotheken nach Handschriften und Urkunden durchforschte. Oft war er zu Gast in der Reichsabtei St. Emmeram zu Regensburg bei dem gelehrten Abt Erasmus Münzer, der seine Bemühungen bereitwillig unterstützte.
Gelehrte gewährten sich gegenseitig Gastfreundschaft, sie nahmen aber auch Schüler in ihre Wohngemeinschaften auf; doch konnte natürlich nur ein Teil der Studentenschaft auf diese Weise Unterkunft finden. Deshalb bildete sie in den Universitätsstädten Gemeinschaften zur gegenseitigen Unterstützung, sogenannte Nationen oder Landsmannschaften; später übernahmen die »Verbindungen« die Funktion, den jungen Leuten ein Heimatrecht am fremden Ort zu schenken. Die Neuankömmlinge mußten sich durch ein genau vorgeschriebenes Zeremoniell »deponieren« lassen. In eigenen Kameradschaftshäusern, den »Bursen« – in England »Colleges« –, wurden sie untergebracht und verpflegt. In Leipzig z. B. bestand seit 1454 als Studentenburse der »Thüringer Hof«, der meistens im Besitz akademischer Herren war. 1552 hat Lukas Cranach ein Schild dafür gemalt. Das »Burgverließ« – die ehemalige Hauskapelle – birgt allerhand Erinnerungszeichen an die große studentische Zeit wie Trinkgefäße, Darstellungen von Wanderzielen usw.
In England blieb das College-System exclusiven Kreisen vorbehalten; in Mitteleuropa distanzierten sich die vornehmen Studenten weitgehend von dieser strengen, oft kasernenmäßig betriebenen Form der Betreuung und mieteten sich privat ein.

Während der Blütezeit romanischer Bautätigkeit sind in der alten Residenzstadt Regensburg italienische Bauleute nachzuweisen. Wahrscheinlich wohnten sie in jener Gasse, die in Urkunden die Bezeichnung »inter latinos« trägt und als Niederlassung welscher, d. i. italienischer Kaufleute galt (heute: Wahlenstraße).[48] So wie die Studenten in »Nationen«, so lebten nämlich auch die Kaufleute des gleichen Herkunftslandes im Ausland meistens zusammen. Bedeutende Städte wie Regensburg, Basel, Köln, Magdeburg u. a. legten Wert darauf, in allen Handelsmetropolen und Messeplätzen ihre eigenen Häuser zu haben. Venedig, Ausgang und Ziel des mittelalterlichen Orienthandels, barg in seinen Mauern große Höfe (Fondacos) der verschiedenen Landsmannschaften, z. B. der Türken, Lombarden, Franzosen. Die berühmte Niederlassung deutscher Handelsleute, »Fondaco dei Tedeschi«, war Herberge, Faktorei und Kaufhaus zugleich. In einem großen, von offenen Arkaden gesäumten Hof – ähnlich jenen der Karawansereien (s. S. 13) – wurden Waren aus aller Herren Länder abgeladen und umgesetzt.
Von ähnlicher Bedeutung wie die Niederlassungen in Venedig für den mittelmeerischen Raum waren für den Handel mit den nördlichen Ländern die Settlements der Hanse, vor allem der berühmte Hansekontor in Bergen: die Gebäude waren zum Meer hin offen und mit »Brücken« versehen, an denen die Schiffe anlegten. In den Kellern befanden sich Warenlager, im Erdgeschoß Gewölbe zum Ausstellen der Güter, im ersten Obergeschoß Arbeitsräume und im zweiten Stock Schlafkammern. Neben den Handelshäusern gab es die »Schüttstuben« oder das »Feuerhaus«, wo man die Mußezeit verbrachte. Hier befand sich auch eine Küche, und nur in den von den unheizbaren Handelshäusern getrennten »Feuerhäusern« konnte geheizt werden. – Nach festem Recht und Brauch lebten die Kaufleute und ihre Bediensteten in einzelnen »Familien« (ohne Frauen!), die zusammen ein Gemeinwesen von etwa 3000 Einwohnern bildeten. Sie hatten so im fremden Land stets eine gastliche, anheimelnde Bleibe. Dieses System der Bau- und Lebensweise hat sich über Jahrhunderte bewahrt.[49]
Zur Zeit des Kolonialhandels nahmen große Firmen oder Konsulate in fernen Ländern die nicht allzu zahlreich durch ihr Gebiet reisenden Kaufleute und Forscher mit Zuvorkommenheit auf, wie uns eine

Reihe von Reiseschriftstellern berichten, z.B. Friedrich Gerstäcker, Eduard Hildebrand u.a. Die bildliche Darstellung des Gästehauses der Ostindischen Companie zeigt, wie sich die Bewirtung der aus fernen Ländern eingetroffenen Handelsleute vollzog: während die Schiffe vor Anker gehen, und entladen werden, nehmen die Kaufherrn den Willkommenstrunk entgegen und besprechen im Gästehaus an der Tafel den Geschäftsfortgang.
Heute gibt es solcherlei Gästehäuser bei Weltfirmen nur in seltenen Fällen. Einer Rückfrage beim »Institut der Geschichte des Hauses Siemens« zufolge werden die leitenden Angestellten beim Besuch auswärtiger Niederlassungen in Hotels untergebracht; nur für Arbeiter, die länger an der betreffenden Zweigstelle tätig sind, gibt es firmeneigene Wohngebäude.

Wie der Adel auf Reisen bei seinesgleichen, der Mönch im Kloster, der Gelehrte bei Kollegen und der Kaufherr in Handelsniederlassungen ein Unterkommen hatte, so fand auch der Handwerker im streng nach Ständen geordneten mittelalterlichen Gemeinwesen Aufnahme bei den Verbindungen seiner Berufskollegen. In den größeren Städten Europas hatten sich schon bald nach der Jahrtausendwende die einzelnen Gruppen zu festen Gemeinschaften (Zunft, Innung, Bruderschaft) zusammengetan. Sie gaben ihrem Gemeinschaftsleben einen räumlichen Mittelpunkt in eigenen Häusern und Stuben. Hier traf man sich bei freudigen Anlässen, in Bedrängnis und zur sachlichen Besprechung.
Im 12./13. Jahrhundert, als die Zünfte neben dem Patriziat, das sich größtenteils aus den alten Handelshäusern formierte, eine Macht zu werden begannen, nahmen die Zunftstuben in manchen Städten fast politischen Charakter an. In den folgenden Jahrhunderten hatte jede Stadt ihre Bürgerstuben, teils in eigenen Häusern, teils in festgelegten öffentlichen Wirtshäusern. Man wollte unter sich sein, man wollte im Kreise Gleichgesinnter politische und private Angelegenheiten besprechen. Es kamen Ratsordnungen zur Verlesung, es wurden Zukunftspläne geschmiedet, Fachgespräche geführt, Arbeitsmaterial (z.B. Leder, Textilien) geprüft und verglichen. Man hatte eine eigene Zunftlade mit einer Kasse; diese füllte sich aus den laufenden Beiträgen und den eingegangenen Strafgeldern, mit denen alle belegt wurden, die sich nicht streng an die Zunftvorschriften hielten, z.B. den Versammlungen fernblieben.
Diese Stuben führten die Zünfte häufig in eigener Regie: sie stellten einen Stubenwirt an, der sich um die Ordnung, den Ausschank, das Essen bei Festlichkeiten usw. zu kümmern hatte. Je nach Größe der Stadt und der Zunft standen dem Wirt Helfer (Schenken, Bedienungen) zur Seite. Manche Zünfte besaßen sogar ihre eigenen Brauhäuser.
Im späten Mittelalter war es in vielen Ländern Europas Sitte geworden, die jungen Handwerker, ehe sie sich endgültig niederließen und Familie gründeten, »ins feindliche Leben« hinauszuschicken. Außer Deutschland und Österreich waren Dänemark, die Niederlande, Ungarn und die Schweiz beliebte Wanderländer. Die Verpflichtung bestand allerdings nicht überall – England und Frankreich schlossen sich aus – und nicht für alle Berufe, z.B. für Gastwirte. – Bedingt durch den Wanderzwang einzelner Handwerke etwa vom 15. Jahrhundert an, mußte die Zunft auf Unterbringung der zuwandernden Gesellen bedacht sein. Oft schloß sich eine eigene Herberge der Zunftstube an, oder ein bestimmter Meister wurde mit der Nächtigung Fremder bedacht.
Nach abgeschlossener Lehre machte sich der Geselle auf den Weg – versehen mit der Freisprechungsurkunde und Empfehlung seiner heimatlichen Zunft –, um sich in der Welt umzusehen, dazuzulernen, andere Meisterwerkstätten kennenzulernen. Von dieser Reisezeit der Jugend zehrte der Handwerker ein Leben lang, und der altgewordene Meister reichte seine Erfahrungen dem Nachwuchs weiter.
In der fremden Herberge bekam der müde Wanderer zunächst einen Labetrunk gereicht und mußte sich dann dem oft recht komplizierten Befragungs- und Aufnahmezeremoniell unterziehen. Er legitimierte sich, indem er die alten Handwerksbräuche peinlich genau befolgte.[50] Im Laufe dieses oder der nächsten beiden Abende spendierte jeder einheimische Geselle dem fremden eine Maß. Beim Abschied wurde ihm, als Wegzehrung sozusagen, ein Geldgeschenk verabreicht; dies war nicht etwa eine Gefälligkeit, zu der man sich dem Wanderburschen gegenüber herbeiließ, sondern dessen verbrieftes Recht.[51] Wenn er selbst einmal wohlinstalliert und in fester Arbeit war, hatte er die gleiche Verpflichtung den wandernden Gesellen gegenüber. Wollte der fremde Geselle aber für eine Weile in der Stadt bleiben und Arbeit annehmen, so mußte er sich an den »Zuschickgesellen« wenden, der bei den Meistern reihum fragte, wer einen Gesellen aufzunehmen willens war.[52] Dazu hing in der Herberge eine Tafel mit den Namen der Meister; ein verstellbarer Zweck (Holzstift) deutete an, bei welchem man das

letzte Mal mit dem Umfragen begonnen hatte. War ein Arbeitsplatz gefunden, so wurde der Geselle in den Haushalt des betreffenden Meisters aufgenommen und erhielt auch dort sein Nachtlager. Gottfried Keller schildert in seiner köstlichen Novelle »Die drei gerechten Kammacher« so eine einfache Gesellenkammer, in der zeitenweise drei Burschen in einem Bett schlafen mußten.

Es ist verständlich, daß die Wirte der öffentlichen Gewerbebetriebe von der Konkurrenz der Zunfthäuser nicht begeistert waren: ihnen gingen auf diese Weise breite Schichten potentieller Kunden verloren. Oft kam es zu heftigen Fehden zwischen den beiden Interessengruppen, oft gelang es den Wirten auch, die Zunftmeister dafür zu gewinnen, in ihrem Haus die Zunftabende abzuhalten, bzw. bei ihnen eine offizielle Zunftstube einzurichten. Sie führten dann die Embleme der bei ihnen einkehrenden Handwerker im Schilde oder an der Hausfassade in der Nähe des Eingangs. In der Stube fand an hervorragender Stelle die Zunftlade ihren Platz; Zunftfahnen, Willkommhumpen, Wappen der einzelnen Mitglieder, Tischzeichen usw. schmückten Tisch und Wand.

Die verschiedenen Entwicklungsstadien der Verquickung des Zunftstubenwesens mit der öffentlichen Gastung und dem allgemeinen Wirtshausleben demonstrieren die Tagebuchaufzeichnungen Albrecht Dürers von einer Reise nach Flandern 1520/21 aufs trefflichste:

In Antwerpen 1520: »*Darnach fuhren wir nach Antwerpen. Da kam ich in die Herberge zum Jobst Plankfelt, und denselben Abend noch lud mich der Faktor der Fugger, mit Namen Bernhard Stecher, und gab uns ein köstliches Mahl. Mein Weib aber aß in der Herberge... Am Sonntag... luden mich die Maler auf ihre Zunftstube mit meinem Weib und meiner Magd. Sie hatten alles voll Silbergeschirr und anderem kostbaren Zierat und überköstliches Essen. Es waren auch ihre Frauen alle zugegen, und als ich zu Tische geführt wurde, da stand das Volk zu beiden Seiten, als führte man einen großen Herrn. Es waren unter ihnen auch Männer von gar trefflicher Persönlichkeit, die sich alle mit tiefer Verneigung auf das Allerdemütigste gegen mich benahmen und sagten, sie wollten, so viel wie nur möglich, alles tun, was sie wüßten, daß mir lieb wäre. Und wie ich so da saß, kam der Ratsbote der Herren von Antwerpen mit zwei Dienern und schenkte mir im Namen der Ratsherren von Antwerpen vier Kannen Wein, und sie ließen mir sagen, ich solle hiermit von ihnen ausgezeichnet und ihres Wohlwollens versichert sein. Dafür sagte ich ihnen untertänigsten Dank und erbot ihnen meine untertänigsten Dienste.*«[53]

In Brügge 1521 wird er von mehreren Meistern und von der Gilde der Maler und Goldschmiede eingeladen: »*Darnach richteten sie mir ein Bankett zu, und ich ging von dort mit ihnen auf die Gildestube. Da hatten sich viele ehrenfeste Leute zusammengefunden, sowohl Goldschmiede und Maler als auch Kaufleute. Ich mußte mit ihnen zu Nacht essen; sie beschenkten mich, suchten meine Bekanntschaft zu machen und taten mir große Ehre an. Und die zwei Brüder Jakob und Peter Mostaert, die Ratsherren, schenkten mir zwölf Kannen Wein und es geleitete mich die ganze Gesellschaft, mehr als sechzig Personen, mit vielen Windlichtern heim...*«

Und in Gent 1521: »*Und als ich nach Gent kam, da kam der Dekan der Malergilde zu mir und brachte mit sich die ersten Meister in der Malerei, sie erwiesen mir große Ehre, empfingen mich gar herrlich, boten mir ihren guten Willen und Dienst an und aßen mit mir zu Nacht.*« Zum Abschied hinterläßt er im Wirtshaus ein Geldgeschenk, nachdem die Gastgeber dort alles bezahlt hatten.[54] »*Ich war zu Mecheln in der Herberge ›Zum goldenen Haupt‹ bei Meister Heinrich, dem Maler. Da haben mich die Maler und Bildhauer in meiner Herberge zu Gaste geladen und haben mir große Ehre angetan in ihrer Versammlung.*«[55]

Einige historische Lichter zu dem Problem Zunftstube – Wirtshaus mögen noch aufleuchten:

Bereits in der römischen Hafenstadt Ostia machte das florierende Zunftwesen das gesellige Leben in den Tavernen weitgehend überflüssig; es konnten sich relativ wenige Gaststätten entwickeln.[56]

Die Stadt Bern besaß bis ins 18. Jahrhundert nur vier Gasthöfe, aber zahlreiche Zunfthäuser.

Der »Gewandhaus-Weinkeller« in Braunschweig wurde 1307 als »Kophus« erwähnt: Verkaufslokal der Tuchhändler. Im angebauten »Klipphaus« hatte die Gewandschneiderinnung ihre Weinstube. In den Archivalien der freien Reichsstadt Ulm ist von Zunftstuben erst die Rede, als sie aufgehoben wurden (1346); von diesem Zeitpunkt an hielten die Zünfte ihre Versammlungen in verschiedenen Wirtshäusern ab.

Die kleine Reichsstadt Ravensburg hatte im 15. Jahrhundert nicht nur eine repräsentative Trinkstube der Patrizier, sondern »*jede Zunft hat eine besondere Trinkstube, worin sie trinken und essen und ihre Kurzweil treiben, sommers und winters*«.[57]

22 »Haus der Schiffergesellschaft« in Lübeck. Stich nach einer Zeichnung von Vinc. Lerche, Ende 19. Jahrhundert.

In München erzählt noch das Schild des alten Hackerhauses in der Hackenstraße von der ursprünglichen Bestimmung des Hauses als Schäffler-(Faßbinder)-Herberge.

Die älteste Handwerkerstube in Frankfurt a. M. war das »Haus zum Stift«, das erst den Fischern, dann den Weißgerbern eignete.

In einmaliger Weise hat sich die genossenschaftliche Gastlichkeit über Jahrhunderte hin in dem »Haus der Schiffergesellschaft« zu Lübeck (Breite Gasse) erhalten, das heute noch Gasthaus und im Besitz der Gesellschaft ist. Dem Schiffahrtsheiligen St. Nikolaus zu Ehren und den Schiffern »to hulpe« war das Haus von der religiösen Genossenschaft 1535 errichtet worden, »to nutte unde wolfart des gemeyne seevarende manß unde to troste der armen«.[58] Mit seinen massiven Eichentischen, den mit Wappenschnitzereien versehenen Bänken, den von der Decke hängenden Schiffsmodellen u. a. hat der Raum sein Gesicht als zünftiges Versammlungslokal stilvoll bewahrt. Zu sehen ist auch noch als große Seltenheit das erhöhte »Gelag«, d. i. der Sitz für die »Älterleute« der Gesellschaft, von denen die Zusammenkünfte geleitet wurden.

Als ab 1404 das Rathaus zu Bremen an der Stelle des ehemaligen Amtshauses der Lohgerber-Zunft entstand, behielten sich die Lohgerber vor, ihre eigene Zunftstube in dem Neubau installieren zu dürfen. Dieser Raum mit seinen Handwerkersymbolen ist heute noch in dem spätgotischen Prachtbau vorhanden.[59]

Späte Nachkommen der Gesellen-Stuben und -Herbergen sind die Gesellen-Häuser des 19. Jahrhunderts. Auf katholischer Seite ist Adolf Kolping zu nennen, der »Gesellenvater«, der sich in Wort und Tat der Jugend annahm, sie zu Vereinen organisierte und ihr eigene Häuser gab. (Bis zu ihrer Auflösung durch den NS-Staat bestanden 280 Häuser in Deutschland.) – Entsprechende Einrichtungen gab es auch auf evangelischer Seite. So errichtete der »Evangelische Handwerker-Verein 1848« in München eine »Herberge zur Heimat« in der Landwehrstraße, wo alle walzenden Gesellen Kost und Unterkunft erhielten; abends gab es ein »Quartl« Bier und Hausbrot.[60]

So wie die Handwerker darauf sahen, daß sich keine fremden Elemente in ihre Kreise mischten, so hielten die Patrizier in besonderem Maße auf Exklusivität, auf Abstand vom gemeinen Volk: sie waren sich ihres Ranges und ihrer Würde bewußt. Mitglieder der »Herrentrinkstuben« konnten nur alte Geschlechter des städtischen Großbürgertums oder Adelige werden. An der Spitze der Gemeinschaft stand der Stubenherr, in vielen Fällen zugleich Bürgermeister. Oft befanden sich diese Geschlechterstuben im Rathaus oder im Ratskeller.

In der bürgerstolzen Reichstadt Regensburg war im 14. Jahrhundert ein gotisches Rathaus an die Stelle eines romanischen Vorgängerbaues getreten. Der berühmte »Reichssaal« diente zunächst der Stadt für Tanzveranstaltungen, als Versammlungsraum, zu Empfängen und Festlichkeiten, ehe er zahlreiche Reichstage (ab 1663 den »Immerwährenden«) aufnahm. Im Keller des angebauten ehemaligen Stadtschreiberhauses befinden sich die Gewölbe des städtischen Weinkellers mit großen Lagerfässern, die den einst sehr begehrten Bayernwein aufnahmen. Gegenüber, also in unmittelbarer Nähe des Alten Rathauses, besaß die Stadt ein anderes mächtiges Gebäude, »Die Neue Waag«, in dem seit dem späten Mittelalter eine »Herren Trinkstube« eingerichtet war. Mancher Ratsbeschluß mag hier gereift sein, während dem einheimischen Donauwein heftig zugesprochen wurde.[61]

Die freie Reichsstadt Ulm besaß – möglicherweise bereits im 14. Jahrhundert – eine Geschlechterstube, die sich zunächst im Grünen Hof und seit 1584 in der Langen Straße (Obere Stuben) befand. Die »Stubenzeit« begann für die Ulmer Patriziersöhne am Tage der Vollendung des 16. Lebensjahres mit dem Jahresessen. Drei Stubenmeister kümmerten sich um Rechte und Pflichten, um die Zechereien der Mitglieder und das fällige Stubengeld. Der Stubenbetrieb war streng geheim. 1581 zog die Geschlechtertrinkstube in das »Haus der Museumsgesellschaft« am Marktplatz um. Zahlreiche Hochzeiten der Vornehmen fanden dort statt, Umtrünke und Empfänge. Allmählich erwarb das Haus zum Schankrecht auch das Speise- und Braurecht hinzu. Im 19. Jahrhundert kaufte die exklusive »Museumsgesellschaft« – eine Verbindung zweier vornehmer Gesellschaften, des »Hirschkasinos« und der »Lesegesellschaft« – das Haus auf und setzte die Tradition bis ins 20. Jahrhundert herein fort (zerstört im 2. Weltkrieg).[62]

In Basel gab es im 14. Jahrhundert drei nach Ständen geordnete Trinkstuben, wobei die »Zur Mucken« benannte nur den adeligen Geschlechtern vorbehalten blieb.

Erhalten hat sich eine Herrentrinkstube aus dem beginnenden 16. Jahrhundert in Bruneck (Südtirol): die Apotheke birgt den liebevoll ausgeschmückten Raum mit seinen Wappen, alten Gefäßen und originellen Wahlsprüchen der Zecher, die etwa lauten: »Alter trew unvergessen«, »Was Gott will«, »Ich wags, geratz, so gatz«.

In der Tradition der »Herrentrinkstuben« stehen alle die Ratskeller, die heute vielfach als reguläre Gaststätten geführt werden. Berühmt sind viele Ratskeller in Norddeutschland, vor allem die der Hansestädte. In Hamburg bestand seit dem 13. Jahrhundert das »Eimbecksche Haus« als täglicher Versammlungsort der angesehensten Bürger, der Stadträte und als Stätte festlicher Empfänge.

Lübeck besaß bereits um 1240 einen Ratskeller, in Bremen ist ein solcher in den spätgotischen Neubau des Rathauses eingeplant worden. Von Beginn an war hier das Rathaus der gesellige Mittelpunkt der Stadt, Treffpunkt der Patrizier und der Stadtgäste. Durch eine enge Treppe bestand eine Verbindung der Trinkstuben in den Kellergewölben zu den prächtigen Rathausräumen im Obergeschoß. Im »Kaiserzimmer« lud man honorige Besucher zum Umtrunk (s. S. 81). In diesen Herrentrinkstuben wurde der Grund für die großen Handelsunternehmungen gelegt, weltweite Beziehungen geschaffen. Geschäftsfreunde aus fernen Ländern fanden in ihnen freundliche Aufnahme und vorzügliche Bewirtung. Diplomatische Fäden wurden gesponnen, gegensätzliche Meinungen mit Hilfe der Wirkung ausgezeichneter Weine einander angenähert.

Im östlichen Europa (Danzig, Elbing, Thorn, Reval, Riga) formierten sich die ersten Kreise des städtischen Patriziats zu sogenannten Artushöfen: in Anlehnung an die Legende von der Tafelrunde des Königs Artus trafen sich die »Ritter« zu heiterem Beisammensein mit einem mehr oder weniger spielerisch aufgefaßten Zeremoniell.

Eine weitere Parallele zur Exklusivität der Herrentrinkstuben können wir in unseren Tagen in den Casinos sehen oder im Clubwesen, das sich vor allem im anglikanischen Bereich ausgebildet hat. Dabei bleiben die Clubräume ganz bestimmten, in sich geschlossenen Männergesellschaften vorbehalten.

I Römisches Gasthaus (mansio) an der alten Via Appia über Terracina. Gebaut um 300 v. Chr. ▶

23 »Geschlechterstube« mit tafelnden Patriziern. Holzschnitt um 1560.

24 Innenhof des Gasthauses »Manuc« in Bukarest (Rumänien). Manuc baute zu Beginn des 18. Jahrhunderts diese ehemalige Karawanserei, in der Kaufleute mit ihren Tieren und Waren Unterkunft fanden.

25 Gasthaus »Manuc«, Zeichnung von D. A. Lancelot, 1866.

26 Karawanserei in Mahyar (Persien), erbaut im 17. Jahrhundert.

27 Karawanserei aus dem 17. Jahrhundert in Siahkuh (Persien).

28 Antikes Gastmahl, die Gäste trinken und plaudern miteinander. Fresko aus Pompeji. Neapel, Museo Nazionale

29 Gasthaus im antiken Griechenland. Im Hintergrund sieht man, wie Pferde zur Tränke geführt werden. Zeichnung aus dem 19. Jahrhundert. ▶

30 Antikes Gasthaus in Ostia (Italien). Die Taverne ist breit zur Straße hin geöffnet. Hinten rechts eine mit Marmor verkleidete Anrichte, darunter in einer Nische Weinkrüge. An der Wand über der Anrichte ein Fresko-Stilleben, das Gemüse, einen Korb mit Früchten und einen Granatapfel zeigt. Links ein mit Marmor verkleideter Ladentisch in Verbindung mit einem Holzkohlenofen, auf dem man die Speisen vor den Augen der Kunden anrichtete. ▼

REST
HOTEL
FRISEUR

31 »Blauer Hecht« in Regensburg, eine alte Wirtschaft in einem mittelalterlichen Haus.

32 Gastwirt aus dem »Schachzabelspiel« von Jacobus de Cessolis, 1407.
München, Bayer. Staatsbibliothek

33 Historisches Hotel »Barbarossa« in Konstanz am Bodensee, entstanden aus drei Bürgerhäusern aus dem 14. Jahrhundert. ▼

34 Ehemalige Fürstenherberge »Goldenes Kreuz« am Haidplatz in Regensburg mit Geschlechterturm. ▶

Hotel
Kaiser-Worth
Hotel
·Kaiser-Worth·
Hotel
·Kaiser-Worth·
HOTEL
HOTEL

38 Hotel »Goldene Rose« in Dinkelsbühl, ein Patrizierhaus aus dem 14. Jahrhundert.

39 Hotel »Riesen« in Miltenberg. Der Gasthof gilt als einer der ältesten Fürstenherbergen Deutschlands. Fachwerkhaus von 1590.

Gegenüberliegende Seite:
35 Gasthaus »Zum Weidenbusch« in Frankfurt/M. Stahlstich von Martens, 1836.
Frankfurt/M., Historisches Museum

36 Gasthof »Zum Schwan« in Frankfurt/M. Stahlstich von Martens, 1836.
Frankfurt/M., Historisches Museum

37 Hotel »Kaiser-Worth« in Goslar. Das Haus wurde 1494 erbaut, einige der Gewölbe bereits um 1274. Ehemaliges Gildehaus, ab 1833 Gästezimmer, seit 1869 Hotel.

40 Altes Gildehaus (Artushof) in Thorn, erbaut 1385, abgerissen 1802. Zeichnung von G.Fr. Steiner, um 1730.

41 Der Artushof in Danzig im 17. Jahrhundert, Treffpunkt des Patriziats. Wahrscheinlich eine Zeichnung des Stadtbaumeisters Peter Willer, Stecher unbekannt.
Danzig, Polska Akademia Nauk

II Sankt Meinrad gibt armen Pilgern Brot und Wein. Legende von St. Meinrad aus einem Blockbuch um 1450.
München, Bayer. Staatsbibliothek ▶

42 Pilger in der Herberge, gedeckter Tisch mit Zinnteller und -becher, Tischdecke und einfacher Holzbank. Tiffener Altar aus der St. Veiter Schnitzerwerkstatt, um 1515/20. Klagenfurt, Landesmuseum

43 Wallfahrtskirche mit anschließenden Pilgerherbergen in Kap Espichel (Portugal).

44

46 ▼

45

47 ▼

44 Das stattliche Heilig-Geist-Spital in Lübeck, 1234 vom Stadtrat gegründet. Gotischer Backsteinbau.

45 Die Heilige Elisabeth speist und tränkt die Armen und Aussätzigen. Gemälde von Weinberg, 1679.
Haina, Ehem. Zisterzienserkloster

46 Fassade des Heilig-Geist-Spitals in Lübeck.

47 Innenraum des Heilig-Geist-Spitals in Lübeck. Die kleinen Wohnkabinen wurden zu Anfang des 19. Jahrhunderts in die offene Halle eingebaut.

48 Das Bürgerspital zum Heiligen Geist in Würzburg erwarb bereits 1332 eine Badstube, deren Pächter die Siechen des Hospitals kostenlos baden lassen mußte. Szene aus einem von Karl Manninger geschaffenen Holz-Votivbild, 1934/35. Würzburg, Bürgerspital-Weinstuben
49 Innenhof des Bürgerspitals zum Heiligen Geist in Würzburg. Das Spital ist rund 650 Jahre alt.
50 Heilig-Geist-Spital in Nürnberg, um 1500 erbaut. Heute Altenwohnheim und Weinstube.

48

49

50 ▼

51 Innenhof des 1443 gegründeten Armenspitals »Hôtel-Dieu« in Beaune (Frankreich).

52 »Verteilung von Eßwaren und Almosen an der Klosterpforte von Port-Royal«, Gouache von Madeleine de Boulogne, um 1665.
Musée de Versailles

53 Innenraum des Armenspitals in Beaune (Frankreich).

54 Bernhardinerhunde beim Ausgraben eines Lawinenopfers, im Hintergrund ein Hospiz. Lithographie, 1840.

55 Refektorium für Besucher des Hospizes auf dem Großen St. Bernhard. Aquatinta von J.P. Lamy, 1835.

56 Hospiz auf dem Großen St. Bernhard (Schweiz). Photo von 1929.

57 Schlafraum im Hospiz auf dem Großen St. Bernhard. Postkarte um 1900.

54

55 ▼

56

57 ▼

58 Hospiz am Berninapaß mit Carnbrena-Gletscher. Photo um 1890/1900.

59 Touristen nähern sich dem St.-Gotthard-Hospiz. Aquarell von Fitzi, 1826.

60 »The George and Pilgrims« Hotel in Glastonbury, Somerset (England). 1475 erbaut, diente es als Herberge für Pilger.

61 Das »Falstaff« Hotel in Canterbury (England) weist eine Tradition als Pilgerherberge auf, die bis um 1400 zurückreicht.

III »Festtafel des Herzogs von Berry«, Miniatur aus »Les très riches heures du Duc de Berry« der Brüder von Limburg, 1413-16.
Chantilly, Musée Condé

aproche aproche

62

64 ▼

63

62-67 Die Deutsche Brücke in Bergen (Norwegen). Seit dem 14. Jahrhundert ein wichtiger Handelsplatz der deutschen Hanse, deren Niederlassungen (Kontore) bis ins 16. Jahrhundert Stadt und Handel beherrschten. Die Kaufleute wohnten geschlossen im Bezirk der Deutschen Brücke (ohne Frauen). Eröffnet wurde der erste deutsche Kontor 1350, die Auflösung war um 1760. Mehrere Feuersbrünste richteten großen Schaden an, die Deutsche Brücke ist noch teilweise erhalten und im Hanseatischen Museum in Bergen zu sehen.

62 Die Deutsche Brücke.

63 Das Privatbüro eines Kaufmanns im Kontor.

64 Schötstube: Tages-, Aufenthalts- und Eßraum.

65 Das Winterbett des Kaufmanns. Die Luke war für den Lehrling gedacht, damit er von der anderen Seite, ohne das private Zimmer betreten zu müssen, das Bett machen konnte.

66 Die Küche.

67 Die äußere Stube (Vorstube), in der in der Sommer-Hochsaison gegessen wurde.

65

66

67 ▼

68 Symbolische Darstellung des weltweiten holländischen Handels. Links Empfang der Handelsleute im Gästehaus der Ostindischen Companie. Kupferstich von Sander, 1704.

69 »Fondaco dei Turchi« (Türkischer Handelshof) in Venedig, 13. Jahrhundert.

70 »Fondaco dei Tedeschi« (Deutscher Handelshof) am Canale Grande in Venedig, 13. Jahrhundert.

71 Hof des Fondaco dei Tedeschi in Venedig. Kupferstich von Rafael Custos, 1616.

72 Eine der ersten Faktoreien und Unterkünfte für Pelzhändler, Trapper ect. in Port Royal (Canada). Zeichnung aus Champlain »Voyages«, 1613.
Göttingen, Niedersächsische Staats- und Universitätsbibliothek

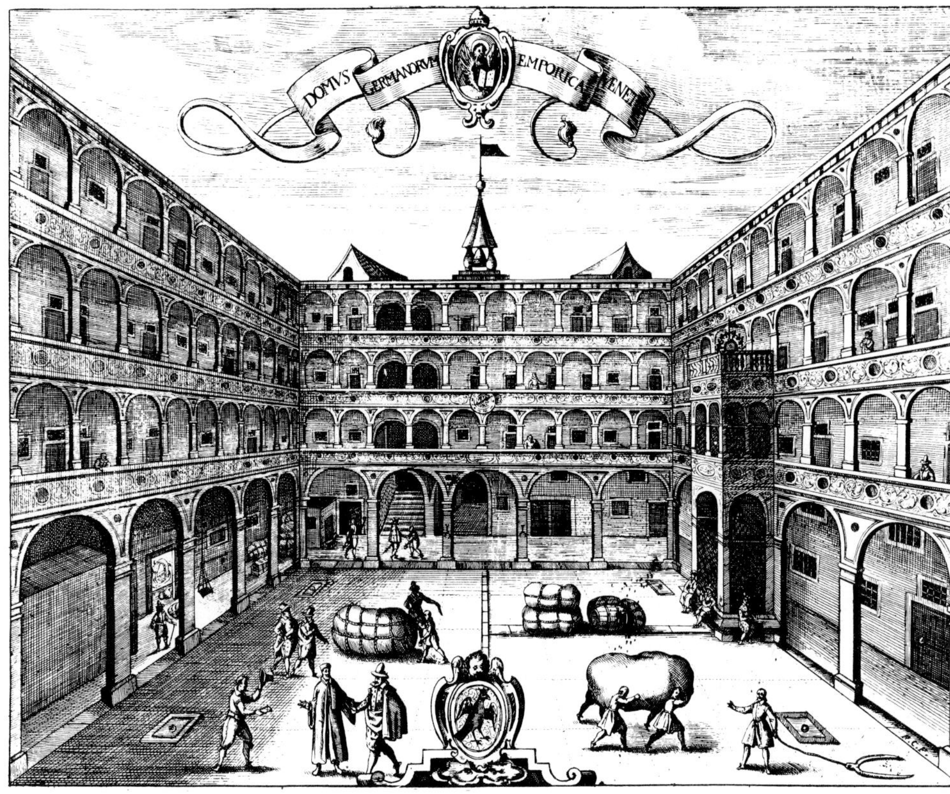

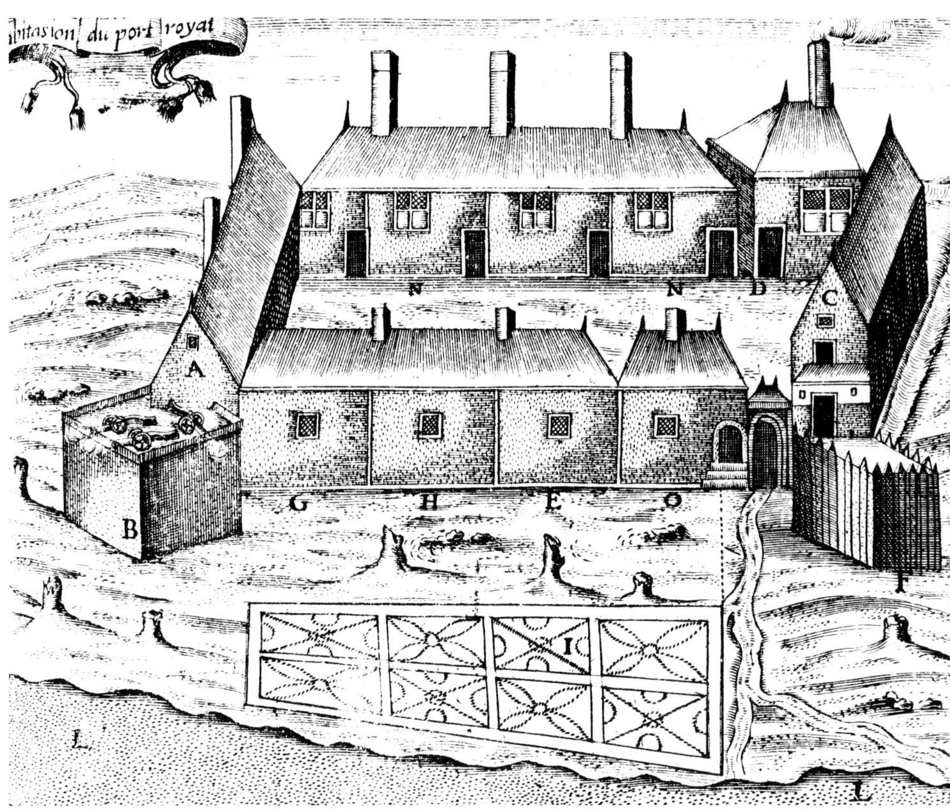

73 Zunfthaus »Zur Zimmerleuten« in Zürich, erbaut 1708.

74 Restaurant »Maison des Tanneurs – Gerwerstub« (Rohgerber) in Straßburg, erbaut 1572.

Gegenüberliegende Seite:

75 Herbergsschild der Bäckergesellen aus Eisenblech, 1885. Hamburg, Altonaer Museum

76 Bei dem auf der Tafel vermerkten Geschenk handelte es sich meist um Geld oder auch Brot, welches von der örtlichen Zunft allen reisenden Handwerksgesellen mit auf den Weg gegeben wurde.
Ulm, Deutsches Brotmuseum

77 Zunftsaal von 1520 im Zunfthaus »Zur Schmiden« in Zürich.

Bäcker-Gesellen-Verkehr

Reisende Handwerksbursche
können von der Gemeinde
Kirchham
in Haus No: 46½
das Geschenck
selbst abholen. –
in Haus No: 50½
die Zeichen zum
Geschenck,

78 Schaffermahlzeit im Rathaus zu Bremen. Diese feierliche Mahlzeit findet jedes Jahr am zweiten Freitag im Februar statt. Mitglied oder »Schaffer« des »Hauses Seefahrt« kann man nur als Kapitän, Offizier oder Kaufmann werden. Die Mahlzeit ist ein Abschiedsessen, ehe die Seefahrer nach der Winterruhe ihre Seereise wieder aufnehmen.

79, 80 Haus der Schiffergesellschaft in Lübeck. 1535 wurde das Haus von den Älterleuten der Schiffergesellschaft gekauft und diente als Versammlungshaus für Beratungen und Umtrunk. An den Eichentischen mit hochlehnigen Sitzbänken saßen die Fahrensleute, streng getrennt nach ihren Reisezielen und Kompanien. Auf den erhöhten »Beichtstühlen« saßen die Älterleute und erteilten Anweisungen. An der Decke hängen zahlreiche kunstvoll gefertigte Schiffsmodelle. Heute noch dient das Haus gastlichen Zwecken.

81 Essen der sechzehn Vorgesetzten der Schneiderzunft in Basel. Glasgemälde, 1554 (der gedeckte Tisch ist neu). Basel, Historisches Museum

IV Zunfthaus zu Waldleuten in Biel (Schweiz). Das Erkerhaus wurde 1559/61 von Meister Michael Wurmards erbaut.

Bestimmung und Lage des Gasthofes

Gasthäuser an Verkehrswegen

Versucht man den Ursachen für die Gründung von Niederlassungen nachzugehen, so findet man dafür folgende stets wiederkehrende Anreize: Kreuzung von Hauptverkehrsadern, Flußübergang oder -mündung, geschützte Lage, geographisch günstige Verteidigungsstellung, Mittelpunkt einer Wirtschaftseinheit und hin und wieder auch fürstliche Willkür (etwa: Ich will, der Natur zum Trotz...). Unwägbare Momente sind auch hierbei – wie bei der Entstehung aller von Menschen geschaffenen Dinge – nicht auszuschließen. In Anlehnung an Goethes Bemerkung von der Beschaffenheit des Landes um Regensburg (1786) – »die Gegend *mußte* eine Stadt herlocken« –, wollen wir fragen, welche Bedingungen denn einen Gasthof »herlocken mußten«.

Geht man von der Bestimmung des Gasthofes als Herberge und Verpflegungsstätte reisender Fremdlinge aus, so leuchtet ein Anlaß der Entstehung vor allen ein: der vielbegangene, befahrene, berittene Weg. Bereits bei der Betrachtung der »Gastlichkeit im öffentlichen Dienst« konnten wir feststellen, daß sowohl im Perserreich, bei den Griechen und Römern, als auch in China und im südamerikanischen Inkareich Unterkunftshäuser an Straßen im Abstand von Tagesreisen und zusätzlich von Ruhepausen auf dem Tagesmarsch entstanden sind. Dies gilt als Regel auch für die Anlage von Karawansereien und Pilgerherbergen und waltet noch in der rhythmischen Folge von Rasthäusern und Motels längs der großen Autostraßen unserer Tage. Freilich bemißt sich der Abstand bei zunehmender Geschwindigkeit des Fortkommens anders, und auch die Überflutung der Verkehrswege durch den Massentourismus erzwingt neue Gesetze.

Auf Gebirgspässen, wo der Reisende – mit oder ohne Gespann – einen beschwerlichen Aufstieg hinter sich hatte, war die Unterkunftshütte, das Hospiz, willkommener Ruhepunkt für Mensch und Tier. Die Schweiz ist nicht zuletzt deshalb ein Land von großem Fremdenverkehrserfolg geworden, weil sich dort der Reiseverkehr auf den querenden und zusammenlaufenden Paßstraßen drängte. Uralte Herbergen und modernste Hotels zeugen von der Kontinuierlichkeit der Gastpflege in dieser Region. Aller Welt hat sich durch Hoteliers, Cafétiers und Kellner Schweizer Herkunft dieses Erfahrungswissen mitgeteilt.

Nun gab es gewisse Knotenpunkte des Verkehrs, Kreuzungen von Straßen und Flußwegen, die häufig Ausgang verstärkter Handelstätigkeit waren. Diese wiederum erforderte ein Verweilen, ein Sich-Auseinander-Setzen, und einen Raum, in dem man Abkommen treffen konnte. In vielen Fällen mag daher eine Unterkunftsmöglichkeit an solchen Punkten zur dringenden Erfordernis geworden sein, die dem Grundherrn einleuchtete und seine Billigung erfuhr: er erteilte das Recht, Handel zu treiben, Wall und Graben um den Platz zu legen, schützte ihn vielleicht sogar durch eine Burg. Die bürgerliche Gemeinde entwickelte sich also nicht aus mehr oder weniger zufälligen Geschäften; immer stand ein weltlicher oder geistlicher Grundherr dahinter. Auch Gasthöfe erstanden nicht »aus wilder Wurzel«, wie man früher annahm, sondern geplant und nach obrigkeitlichem Entschluß (s. S. 78).

Die im Mittelalter sehr bedeutende Stadt Ulm z. B., wo sich die wichtige Nord-Süd-Fernstraße mit dem länderverbindenden Donauweg traf, wurde bereits im 12. Jahrhundert Schrannenmittelpunkt (Getreidemarkt) und Fremdenort ersten Ranges: Hier war es sinnvoll, eine beträchtliche Anzahl von Gasthöfen zuzulassen.

Große Kaufherren waren schon in früheren Jahrhunderten nicht in der Lage, alle ihre Handelszüge selbst anzuführen. Sie beauftragten Männer ihres Vertrauens mit solchen Unternehmungen. Diese frühen »Manager« des Transportwesens waren Fuhrherren von großer Tatkraft, die ihrerseits wieder zahlreiche Fuhrleute in Arbeit und Brot nahmen und ihnen eventuell auch bewaffneten Schutz beigaben. Die Fuhrleute mußten verantwortungsbewußte Männer sein, die sich in Gefahrensituationen klug und mutig für die Ware ihres Herrn einsetzten. Sie schlossen sich streckenweise mit ihresgleichen zusammen und bildeten einen mächtigen Wagenzug; in den Beschwernissen, die vom Gelände, der

82 »Gasthaus Neuwirt« in Virgen, Osttirol (Österreich), ein Haus mit gotischen Bauteilen.

83 Fuhrmannszug wird vom Wirt willkommen geheißen. Wandgemälde am Gasthof Baldauf in Pettnau (s. auch Abb. 121).

Witterung oder von Wegelagerern drohten, waren sie auf gegenseitige Unterstützung angewiesen. Fußwanderer gesellten sich zu ihnen, sei es, um bei schlechtem Wetter Unterschlupf im überdeckten »Schiff« zu finden, sei es aus Bedürfnis nach Gesellschaft und Sicherheit. Arme Auswanderer oder Handwerksburschen begnügten sich mit einem »Ritt« auf der Deichsel.

Wohnung fanden die Fuhrleute – wenn sie einmal für einige Tage im Lande blieben – bei ihren Kaufherren; sie galten dort nicht selten als gutes Familienstück, das man auch in Krankheit und Alter nicht im Stich lassen durfte. Bekanntlich waren viele Wirte zugleich Fuhrherren und Besitzer eines Gasthofes für Fuhrleute. In den ausgedehnten Gebäuden fand dann auch die Familie eines oder mehrerer Fuhrmänner eine Bleibe. So hören wir in Gerhard Hauptmanns Drama, daß der »Fuhrmann Henschel« eine Kellerwohnung in einer Fuhrmannsgaststätte besaß. Ein Wunschtraum des altgewordenen Fuhrmanns, dem das unstete Leben nicht mehr behagte, war es, selbst eine kleine Gaststätte zu kaufen oder zu pachten, um weiterhin mit den alten Kumpeln bei einem Glas Bier sitzen zu können. Gerhard Hauptmann, dem großen Naturalisten, dürfen wir die Wahrhaftigkeit dieser Situation abnehmen, denn er entstammte selbst einer schlesischen Wirtsfamilie.

In der Wirtsstube waren Fuhrleute meist gerngesehene Gäste mit großem Durst und Appetit, beliebt bei jung und alt wegen ihrer welterfahrenen Art und der schillernden Palette ihrer Abenteuerberichte. Viel wurde in ihrem Kreis gesungen, und die Lieder wanderten mit ihnen durch die Länder, sich wandelnd durch Mundart und Naturell des jeweiligen Sängers wie jedes echte Volkslied. Eine eigene Fuhrmannspoesie kam zustande, oft versponnen mit weiblichen Liebesträumen von dem Mann, der allzukurz einkehrt und wieder dahinzieht.

Unter den Fuhrmannshöfen trifft man zwar einzelne frei stehende Häuser an Fernstraßen oder Kreuzungen an, vor allem in Gegenden mit geringer Siedlungsdichte; in der Regel aber lagen sie kurz vor größeren Orten oder zu Seiten der Stadttore.[63] Ehe der Warenzug zum Markt beziehungsweise zu seinem Ziel gelangte, sollten Mann, Roß und Wagen vom Staub der Straße befreit, ausgeruht und herausgeputzt sein.

Bei den Ausgrabungen Pompeji und Herculanum hat die Forschung feststellen können, daß sich Unterkunftshäuser fast immer in der Nähe der Stadttore oder neben Zufahrtsstraßen befanden.

Fuhrmannsgasthöfe durften nicht im Häusergewinkel des Stadtinnern versteckt sein, sie mußten sich als günstig für die Anfahrt und das Entladen erweisen. Genügend freier Platz vor dem Haus, im Hof

84 »Fuhrleute vor einem Gasthof«, Lithographie um 1840.

und in den Stallungen war Bedingung. Bei großen Städten mußten sie oft Hunderten von Pferden und gewaltigen Frachtladungen Raum bieten können.
Friedrich Rauers, dessen Großvater selber noch als Fuhrmann im Norden Deutschlands unterwegs war, erzählt von »Dammschmidt« bei Bremen, er sei der letzte Ausspannhof vor dem Einzug in die Hansestadt gewesen, *»wo große Toilette gemacht wurde... um dann am andern Morgen mit blitzenden Geschirren und selber sauber und adrett in die Stadt zu fahren«.*[64]
Große, solide Häuser für Fuhrunternehmen besaßen Nürnberg mit dem »Roten Roß«, mit dem »Goldenen Engel«, Leipzig mit den »Drei Schwanen«, Stuttgart mit dem Gasthof »Zum Ochsen«, um nur einige wenige zu nennen. In allen Ländern kann man sie antreffen an bevorzugten Handelsplätzen, gekennzeichnet nicht selten durch Schild und Namen, die ein »Roß« oder »Hufeisen« oder ein Rad als Emblem führen. Im äußersten Westeuropa findet sich in Locronan (Bretagne) an der Ecke des ausgedehnten Kirchplatzes und der Ausfallstraße in einem Granithaus des 15. Jahrhunderts das alte Hotel »Au Fer à Cheval«, dessen kunstvolles Schild zwei aufsteigende Rösser und mehrere Hufeisen zeigt.

Im 19. Jahrhundert, als die große Auswanderungswelle manche Landstriche Europas nahezu entvölkerte, nahmen Fuhrleute der Hafenstädte – oft als Rückfracht – Auswanderer mit. Für diese gab es dann an der Küste eigene Unterkünfte, u. a. in Le Havre, Amsterdam, Rotterdam, Bremen (z.B. »Zur Stadt Warschau«, »Zur Stadt Baltimore«). Jenseits des großen Teiches nahmen primitive »Boardinghouses« die Einwanderer auf. Wie diese wenig anheimelnden Quartiere, so mag auf die mit großen Erwartungen erfüllten Neubürger Amerikas auch manches Gasthaus im Innern des Landes recht desillusionierend gewirkt haben. Rasthäuser an den großen Überlandstraßen, an Wegkreuzungen abseits der Eisenbahnlinien in Südamerika etwa boten ihnen folgendes Bild: *»Kein Baum, kein Strauch umgibt das in der kahlen Ebene stehende, schneeweiß gekalkte Haus, keine Gardine ziert die öden Fenster. Der Gastraum, meist nur mit gestampftem Estrich, enthält einen Ladentisch, hinter dem Kleiderstoffe, einfache Haushaltungsartikel und Zaumzeug aller Art aufgestapelt sind. Das Gasthaus, oder besser gesagt, das Nachtquartier, ist nämlich zugleich meist ›Vende‹, d.h. Kaufhaus, wo die Bewohner der weit zerstreut liegenden Ortschaften ihren Bedarf an Industrieerzeugnissen decken... Jedes ländliche Gasthaus in Südamerika hat seinen ›Potreiso‹, d.h. Weideplatz, der gegen eine geringe Entschädigung oder auch beim Konsum von einigen Gläschen Zuckerschnaps unentgeltlich den Gästen zur Verfügung steht... Noch schlechter als die Verpflegung und die äußere Ausstattung des Gastraumes ist die Schlafgelegenheit in diesen Häusern. In einem Hinterraum stehen ein paar sogenannte Betten, d.h. Holzgestelle mit einer Matratze belegt, die so dünn ist, daß die Härte des Holzes so gut wie gar nicht gelindert wird. Eine dünne, unsaubere Wolldecke ist alles, was zum Zudecken vorhanden ist. Doch gibt es noch primitivere Lagerstätten. Diese bestehen einfach aus einer Art von zusammenklappbarem Sägebock, dessen obere Schenkel durch ein Segeltuch miteinander verbunden sind. In diesen ›Betten‹ liegt natürlich der Körper nicht richtig ausgestreckt, sondern wie in einer Mulde, in die er je nach seiner Schwere tief einsinkt. Der Brustkorb wird eingepreßt, und das Atmen erschwert.«*[65]
Die Kategorie bewirtschafteter Rasthäuser und Umschlageplätze vertreten entlang der Wasserwege Schiffer- und Brückenwirte. Im Mittelalter war es königliches bzw. fürstliches Regal, das weiterverliehen werden konnte, Straßen und Flußübergänge zu kontrollieren und zu besteuern. Ein Netz von Zollstationen spannte sich über die Verkehrswege. Auch die Benützung von Furten, Fähren und Brücken, die oft von einer Burg oder einer Befestigung gedeckt waren, unterlag der Gebührenpflicht. Bei größerem Andrang ergaben sich Wartezeiten; die Reisenden fanden sich genötigt, zu rasten, einzukehren, zu übernachten. Kein Wunder, daß das Bedürfnis alsbald von geschäftstüchtigen Leuten wahrgenommen wurde: der »Brückenwirt« richtete sich ein. In Frankreich gab es sogar eine »Vereinigung brückenbauender Brüder«, die im Lande Geld sammelten, um an Brücken Verkaufsbuden und Herbergen einrichten zu können.
Zahlreich sind in allen Ländern althergebrachte Wirtschaften an Brücken, die ihren Bestimmungsnamen bis heute führen. An der Loisach in Oberbayern gibt es zum Beispiel in dem kleinen Ort Eschenlohe einen ansehnlichen »Brückenwirt«, der die frische Fluß-Forelle als Spezialität anbietet.
Eine Reihe von Städten verdankt ihre Entstehung der Brückenkopfstellung. Als Handelsort am Flußübergang erwuchs u.a. die niederländische Stadt Maastricht. Bei der flandrischen Stadt Brügge weist schon der Name auf das Ursprungsmotiv hin. Die Chronik des Longus van Ieper berichtet darüber: *»Graf Balduin von Flandern ließ ein bereits bestehendes Gebäude durch einen Festungswall gegen die Dänen und Seeräuber sichern. Schon bald nach der Fertigstellung dieses Walles erschienen die ersten*

Kaufleute (mercemanni, mercatores) vor den Toren und begannen, sich bis zur Brücke hin niederzulassen. Die ersten, die dort wohnten, waren die tabernarii und dann die hospitarii, welche zur Aufgabe hatten, für Wegzehrung (pro victu) und Beherbung (pro hospicio) zu sorgen. Sie bauten eine Art Unterkunftshäuser für diejenigen, die innerhalb der befestigten Anlage nicht mehr unterkommen konnten. Dabei arbeiteten sie so fieberhaft, daß schon in kurzer Zeit ein großes Gebäude entstand, das in Anlehnung an die vorhandene Brücke den Namen ›Brügge‹ erhielt.«

Wenn die Angaben des Longus van Ieper stimmen, dann sollen diese Herbergen bereits recht gut floriert haben. Auch treten nunmehr die ersten reisenden Kaufleute auf, die bald zu festen Besuchern der einheimischen Herbergen werden.[66]

Mancher Ort veränderte seinen Habitus durch das »Geschäft mit dem Fluß«, durch das Anschwellen des Binnenhandels oder die Einrichtung einer Anlegestation. Das kleine Windorf an der Donau bei Vilshofen beispielsweise weist erstaunlich viele große Gasthöfe auf: sie stammen aus einer Zeit, in der hier lebhafter Schiffsverkehr herrschte und eine Werft dem Ort Bedeutung verlieh; auf ihr wurde das erste Donaudampfschiff gebaut. – An einem Donauknie bei Deggendorf liegt Mariaposching: hier legte seit alter Zeit eine Donaufähre an. Die Gelegenheit wurde von einem Wirt beim Schopfe gepackt, wie das stattliche Gasthaus Sagstetter beweist. Ein zweistöckiger Putzbau mit gezimmertem Dachgeschoß entstand, verziert durch schöngeschnitzte Balkenköpfe.

Neben der Donau, die als große Ost-West-Handelsstraße fungierte, gewann für den Warentransport und für den wachsenden europäischen Fremdenverkehr vor allem der Rhein an Bedeutung. 1827 wurde die »Rheinische Dampfschiffahrtsgesellschaft« gegründet; es folgten verschiedene andere Gesellschaften zur Förderung der Schiffahrt. Große Unterkunftshäuser für die Fahrgäste entstanden in den Binnenhafenstädten Mainz, Frankfurt a. M., Köln usw. Den Kapitänen, den Flößern und ihren Knechten standen eigene Einkehren zur Verfügung, die Namen wie »Zum Schiff« oder »Zum Anker« führten (vgl. die Gasthäuser in Oberwesel, Bachrach, Sommerhausen a. M.). Die Schwarzwaldflößer kamen bis nach Holland und fanden unterwegs überall geeignete Quartiere mit Anlegeplätzen und Lagerräumen. Oft waren die Wirte alte Schiffer, die auf diese Weise an dem gewohnten Leben teilhaben konnten und voll Stolz ihre Flaschenschiffe oder Schiffsmodelle in der Stube zur Schau stellten. – Eine volkstümliche Flößerwirtschaft gab es in München, den »Grünen Baum« an der Isar (bei der Ludwigsbrücke; 1886 abgebrochen). Die Isarflößer brachten zu diesem Umschlageplatz Scheitholz, Bruchsteine, Kalk und Holzkohle aus dem Alpenraum. Wenn die Flöße nicht mehr gebraucht wurden, zerlegte, zersägte und verkaufte man sie als Brennholz. Dies geschah alles auf dem Platz vor dem Wirtshaus. Das Lokal erlangte namentlich in seiner Spätzeit große Beliebtheit in allen Kreisen; Künstler und Könige (Ludwig I. und Max II.) kehrten hier ein und mischten sich unters gemeine Volk. – Das Gasthaus »Loferer« in Neubeuern am Inn (Oberbayern) führt als Zeichen der Schiffereinkehr heute noch einen Kahn im Schilde. – Das Amt des kaiserlichen Erzschiffmeisters übte im 18. Jahrhundert Anton Nikolaus Kreuzweger von Schwaz in Tirol aus: er besorgte den Transport der Schwazer Silber- und Kupferschätze zur Hütte in Brixlegg und verband dieses Amt mit der Bewirtschaftung des Gasthofes »Zum Löwen«. Es muß sich also auch in bezug auf die Wasserwege die Verbindung von Verkehrswesen und Gastgewerbe besonders bewährt haben.

85 Poststation in den Pyrenäen. Lithographie von Gihaut, um 1840/45.

86 Kalesche um 1810.

Die Straße war, wie wir gesehen haben, allerorten Mutter zahlloser Herbergen und Gaststuben. Im mittelalterlichen Europa lag die Nachrichtenübermittlung bei den einzelnen Landesherren. Reitende Boten standen im Dienst von Fürsten, Klöstern und Städten; wandernde Mönche oder Studenten überbrachten Briefe. Ein regelrechter Postverkehr wurde zuerst in Frankreich durch Verordnungen Ludwigs XI. 1464 gegründet, etwa zur selben Zeit, als Kaiser Friedrich III. dem gesteigerten Güterverkehr in den österreichischen Durchgangsländern Rechnung trug. 1488 wird ein Jannetto Taxis aus oberitalienischem Geschlecht als Postmeister König Maximilians urkundlich erwähnt. Die erste große Route der habsburgischen Stafettenpost verlief um 1500 von Innsbruck nach Brüssel. Francesco de Taxis erhielt 1516 das Privileg der privaten Postbeförderung gegen Entgelt und freien Durchgang durch alle Reichsländer, und 1595 erteilte der Kaiser dem Geschlecht Thurn und Taxis die Reichsfreiheit und das erbliche Amt des General-Oberpostmeisters. Planmäßig wurde nun über ganz Europa ein Netz von Poststationen geworfen.

Rasthäuser an den Postrouten sorgten für Verpflegung, Unterkunft und frische Pferde. Nicht immer lagen diese in geschlossenen Ortschaften; so ist z. B. die Ulmer Poststation dem dörflichen Vorort Söflingen überlassen worden. Eilkuriere mußten dabei nicht auf die Öffnungszeiten der Stadttore

Rücksicht nehmen. – Als um 1700 neben der Warenbeförderung auch ein regelmäßiger Personendienst eingerichtet wurde, blühten viele Gasthöfe an Poststationen auf. Zweimal wöchentlich verkehrten nun auf allen größeren Handelswegen die gedeckten Postkutschen: von Augsburg nach Nürnberg und weiter über Frankfurt zum Niederrhein; von Prag nach Wien und Venedig oder über Franken nach Paris usw.

Die Wirte der Postgasthöfe hatten meistens zugleich das Amt des Posthalters inne, das oft viele Generationen vom Vater auf den Sohn weitergegeben wurde. Das älteste deutschsprachige Gastwirtsgeschlecht, das zugleich den Posthalter stellte, ist das der Tiroler Cammerlander: Rupprecht Cammerlander (gest. 1593) war Postmeister in Stainach am Brenner, am uralten Weg der Heere und Kaufleute über die Alpen. Sein Sohn Andreas wurde 1636 mit der erblichen Amtswürde ausgezeichnet, die 300 Jahre lang bei der Familie blieb.[67]

Die Postmeisterei galt als angesehenes, aber nicht risikofreies Amt. Stets mußten etwa 50 Pferde bereitgehalten werden. In Kriegszeiten wurden sie oft beschlagnahmt, und zu diesem Verlust kam dann noch das Fehlen der fremden Gäste. Es erscheint oft fast ein Wunder, daß so manche »Alte Post« Jahrhunderte überdauern konnte.

Ein wechselvolles Schicksal erlitt das Postgasthaus in (Fürstenfeld-)Bruck (Oberbayern), dessen Geschichte hier als Beispiel für viele stehen möge: Der Ort, ein Hauptverkehrspunkt zwischen München und Augsburg, ist bereits 828 beurkundet. Ein Erlaß Herzog Albrechts V. vom 28. 8. 1569 bestimmt, daß die amtliche Post aus Augsburg nach München über Bruck befördert werden solle. Dort hatte die seit etwa 1500 nachweisbare Familie Weiß die Postmeisterei inne. Einen historisch bedeutsamen Mann stellte sie erstmals in Jakob Weiß (1716–1767), der für seine unter Lebensgefahr im Österreichischen Erbfolgekrieg geleisteten Dienste den Verdienstorden Kaiser Karls VII. erhielt; er ist verewigt in einem Deckenfresko (1764) der Brucker Pfarrkirche. – Von einem der Nachfolger berichtet die Familienchronik: *»Zu einer Persönlichkeit von stärkster Eigenart entwickelte sich L. Philipp Weiß (1764–1824). Ausgebildet zu Hause in der Schule der Rhetorik, ferner auf Reisen in Frankreich und England, sprach er lateinisch, französisch, englisch, italienisch, erlernte die Koch- und Reitkunst, sowie das Gewerbe der Bierbrauerei. In den napoleonischen Kriegen übernahm er die überaus mühevolle Rolle des königlichen Marschkommissärs.«*[68] Nach dem Krieg baute er den Münchener Poststall wieder auf und schuf aus eigenen Mitteln (33 000 Gulden!) die Straße Germering–Hochzoll. Wegen seiner großen Verdienste wurde er 1820 in die erste bayerische Abgeordnetenkammer berufen, in der später auch sein Sohn Erasmus und sein Enkel Ludwig als Volksvertreter wirkten. – Die Brucker Post hielt normalerweise 40 Postgäule zum Wechsel bereit. Treue und verteidigungswillige Angestellte des

87 Ludwig Philipp Weiss, Posthalter von Bruck und München. Gemälde um 1800. Privatbesitz

88 Der Gasthof »Zur Post« in Fürstenfeldbruck. Gemälde von M. Luber, 1700. Privatbesitz

Postmeisters führten sie über die Straßen. Zu den Amtsobliegenheiten gehörte es auch, alljährlich 300000 Gulden Staatsgelder auf eigenes Risiko zu befördern. – Der Gasthof selbst stand in hohem fürstlichen Ansehen: Kaiser Leopold I. kehrte 1690 ein, Kurfürst Max Emanuel 1705, Napoleon 1805, König Max Josef 1806. König Ludwig III. hat in seiner Leutnantszeit hier gewohnt und gegessen und sich ein Leben lang gern an den friedlich-heiteren Aufenthalt (1863) in Bruck erinnert.

Jeder größere Ort erhielt früher oder später seine »Post«; bei wachsendem Verkehr trat Ende des 19. Jahrhunderts neben den alten Postgasthof die »Neue Post«. Behäbig-repräsentativ standen sie an der Straße oder am Hauptplatz, und immer herrschte Leben und Betrieb, Ankunft und Aufbruch.

Vom berühmten »Elefanten« zu Brixen in Südtirol gingen Stellwagen nach Innsbruck, Bruneck und Bozen; auch Eil- und Separatwägen hielten vor dem Haus. Kaiserliche und königliche Majestäten fuhren vor, Staatsminister, Bischöfe, englische Lords und bekannte Künstler. Nicht zu vergessen die »Ordinari Post«: alt und jung horchte auf, wenn der Postillion sein Lied durchs Tal schmetterte und mit lautem Geißelknall in die Ortschaft einfuhr. Viele Postillione hatten ihr Heimatquartier im »Elefanten«; zu manchen Zeiten lebten fünf im Haus. Vom »Posthans« erzählt die Familienchronik, daß er dreißig Jahre im Hause gewohnt habe und der besondere Freund der Wirtskinder gewesen sei. *»Kam ein königlicher Gast, mußte ein sechsspänniger Wagen verwendet werden, während Hans mit hohen Reitstiefeln auf einem geschirrten Pferde saß und der Postmeister in Galauniform daneben herreiten mußte.«* Auch zahlreiche private Fuhrverkehrsbesitzer – namentlich aus dem unteren Inntal – stellten im »Elefanten« ein, zumal sie am steilen »Mahrer Eck« viel Vorspann brauchten. Weihnachten und Ostern wurden sämtliche Fuhrleute, Knechte und Postillione freigehalten, und die Kellnerinnen verehrten ihnen prächtige Sträuße für den Hut.[69]

Bei Postgasthäusern kam es viel darauf an, daß sie zur Zeit des Pferdewechsels leistungsfähig waren. Die Durchreisenden wollten rasch ein Frühstück oder ein kleines Abendessen, ein Bier mit Imbiß und dergleichen während der Einschirrung der Pferde zu sich nehmen. Eine halbe Stunde dauerte gewöhnlich der Pferdewechsel. Der geschäftstüchtige Wirt Johann Friedrich Crantz, Besitzer des Post-

89 Geschäftsempfehlung des Gasthofs »Elephanten« in Brixen (Südtirol). Stich um 1820.

90 Der Wirt Johann Friedrich Crantz vom »Rothen Roß« in Nürnberg hielt für seine Gäste einen Prospekt mit den Abfahrten der verschiedenen Postlinien bereit, 18. Jahrhundert.

gasthofes »Zum Rothen Roß« beim Neuen Tor zu Nürnberg hielt für seine Gäste einen Prospekt mit den Abfahrtszeiten der Kutschen bereit.[70] Heute gehört es zum selbstverständlichen Kundendienst jedes guten Hotels, daß der Verkehrsplan (Bahn, Omnibusse) bereitliegt oder aushängt.

In den Grundzügen ähneln sich alle Post-Gasthöfe der Welt, so sehr sie auch in den Details – der Landessitte entsprechend – variieren mögen. In England ist *»a roadside inn on the right-hand side of the way...«*[71] denselben Bedürfnissen zugeordnet wie etwa die Rasthäuser in Japan, die sich entlang der berühmten Tokaido-Linie, der ältesten Verbindung zwischen Tokio und Kioto reihen. Man hat sie – eine Parallele zu der Entwicklung in Europa – als Poststationen eingerichtet. Der japanische Maler Hiroshige gibt in lebendigen Szenen das Leben vor diesen Häusern wider, die Ankunft vornehmer Reisender in Sänften, schwerbepackte Lastträger, den Pferdewechsel, die Beaufsichtigung der Angestellten beim Entladen der Fracht durch den Postmeister. In seinem Buch »Japanese Inn« (1961) beschreibt Oliver Statler in fesselnder Weise den Aufstieg und die wechselnden Schicksale einer japanischen Familie, die sich der Bewirtung von Reisenden an der Tokaido annahm, und gibt damit zugleich Bilder aus der Geschichte der japanischen Gasthöfe.

91 Rasthaus in China, Kojen aus Mauerwerk werden durch heiße Luft von einem Ofen aus erwärmt.

92-95 Reisende in Japan, Farbholzschnitte von Hiroshige (1797-1858).
Chicago, Art Institute

92 Träger- und Pferdewechsel vor einer Poststation.

93 Reisender in einer Sänfte.

94 Reisende lassen sich in einem Gasthaus baden und massieren.

95 Dem Reisenden wird das Essen serviert.

Als mit den 40er Jahren des 19. Jahrhunderts das Eisenbahnwesen seinen Anfang nahm, schlug für viele Straßenwirtschaften und Postmeistereien die letzte Stunde. Die große Zeit der Postillione und Fuhrleute ging zu Ende.

Der königliche Poststallmeister in München, Georg Sedlmayr, war treu und brav seinem Poststall an der Ecke Bayer-/Schützenstraße vorgestanden. Stets hatte er vorschriftsmäßig im Sommer 80, im Winter 60 Pferde im Stall gehalten. Er verfügte über »acht viersitzige Chaisen, drei Felleisenkarren und drei Estaffettentaschen«.[72] Durch den Ausbau der Eisenbahn mußte die Pferdehaltung von Jahr zu Jahr verringert werden, bis Sedlmayr schließlich die restlichen Tiere und Wagen verkaufte, um die Gläubiger befriedigen zu können.

Viele Postmeister sahen in den Bahningenieuren feindliche Eindringlinge, die sie erbittert bekämpften; manche aber – wiederum ist der »Elefant« zu Brixen beispielhaft – wußten aus den neuen Verhältnissen Gewinn zu schöpfen und sogar ihren Betrieb zu vergrößern.

Der Aufschwung des Bahnverkehrs, des Wirtschaftslebens und damit der Geschäftsreisen ließ einen ganz neuen Zweig des Gaststättengewerbes entstehen, das Hotel am Bahnhof. In ihm stehen die verschiedensten Arten der Gastlichkeit zu Diensten: die rasche Abspeisung, die einmalige Übernachtung vor der Weiterreise, das endgültige Einmieten am Zielort oder auch die Weiterbeförderung der Gäste.

96 Bahnhofsrestaurant an der russisch-deutschen Grenze. Nach einer Zeichnung von Fritzmann, 1884.

97 Ein Automatenausschank in Paris im Jahre 1892.

98 Pullman-Waggon in der Pacificbahn von New-York nach San Francisco, um 1870.

In den Anfangszeiten lagen nämlich die Bahnhöfe an den schnurgerade geführten Linien oft ein beträchtliches Stück von Dorf und Stadtzentrum entfernt, so daß dem Bahnhofswirt die alte Geleitpflicht zufiel.

Die transkontinentale Bahn durch Rußland, die Europa mit China verbindet, wurde von Anfang an mit teilweise ausgezeichneten Bahnhofsgaststätten versehen. Dies war ein Gebot der Notwendigkeit, da die Fahrt oft Wochen dauerte und die Stationen meist weit von den entsprechenden Ortschaften lagen. Im Parterre der Bahnhofswirtschaft waren große Aufenthaltsräume und ein Restaurant mit kaltem Buffet eingerichtet, im Obergeschoß befanden sich etliche Gastzimmer.

Was den Bahnhofsgasthöfen aller Länder fehlt, ist eine gewisse Behaglichkeit und Ruhe – alles ist auf Dynamik eingestellt: der ununterbrochene Verpflegungsbetrieb, die Flüchtigkeit der Reisenden, das Bekanntmachen der Ankunft und Abfahrt von Zügen. Es vermag sich kaum eine engere Beziehung zwischen Wirt und Gast einzustellen. Eine ähnliche Atmosphäre der Unverbindlichkeit herrscht in den Schnellimbißstuben, Stehtrinkhallen und Automatenrestaurants der modernen Großstadt. Eine nahezu weltanschauliche Barriere tut sich auf zwischen der rein zweckbestimmten Nahrungsaufnahme in diesen Lokalen und dem bewußt genossenen Mahl.

Heute ist das Bahnhofshotel in mancher Beziehung schon wieder überholt. Georg Pullmann hatte in Amerika, das die Zugfahrer über weite Strecken hin festhält, 1859 die ersten Schlafwagen eingerichtet. Gegen Ende des 19. Jahrhunderts folgte Europa dem Beispiel: die Linie Hamburg – Frankfurt stellte 1878 Schlaf- und Speisewagen ein, um 1900 war die Umstellung allgemein vollzogen. Das Hotel auf Schienen erspart nun dem Fernreisenden umständliche Zwischenaufenthalte; es hilft ihm Zeit und Energie zu rationieren.

Unabhängigkeit vom Schienennetz verschafft dem Reisenden eine Einrichtung, die sich in den letzten Jahren steigender Beliebtheit erfreut: »Das rollende Hotel«. Ein Reisebus mit Anhänger, der Schlafkabinen, Waschräume, WC und Küche einschließt, befördert die Gäste auch in entlegene Gebiete sämtlicher Länder. – Erwähnt sei auch die vorzügliche Gastlichkeit, die dem Reisenden heute im Schiffs- und im Flugverkehr zuteil wird.

Gasthäuser in geschlossenen Ortschaften

Wo der Zweck, Rast oder Unterkunft auf der Durchreise zu gewähren, es erfordert, treffen wir Gasthäuser frei in der Landschaft stehend an: die mansiones und mutationes der Römer, die Tampus der Inkas an staatlichen Fernstraßen, Hospize auf Gebirgspässen, Fuhrmannsgasthöfe an Chausseen und Kreuzungen, das Motel neben der Autobahn. In geschlossenen Orten erweisen sich diese Typen von Gaststätten – dem Pluralismus der städtischen Gesellschaft entsprechend – als noch vielgestalter und nach Bestimmungen differenzierter. Alle jene Lokale treten hinzu, die nicht nur Fremden Dach und Schutz bieten, sondern auch die Einheimischen zu Gast laden: Bierschenken und Weinstuben, Restaurants, Bars, Brauereien, Kellerwirtschaften, Cafés, Schnellimbiß-, Diät- und Spezialitätenlokale. Über die Lage der Gastbetriebe in größeren Städten läßt sich keine definitive Aussage machen: längst ist der Fuhrmannsausspann, einst vor der Stadt gelegen, mit der Vorstadt verwachsen; die Elendenherbergen, ehedem außerhalb der Stadtmauern errichtet, sind dem alten Kern zugeschmolzen. Hotels, die modernen Nachfahren der Gasthöfe, sind in allen Stadtteilen anzutreffen, an den Einfallstraßen ebenso wie im Zentrum. Ähnliches gilt von den verschiedenen Kategorien der Trinkstuben und Kaffeehäuser, bei denen man noch am ehesten eine Häufung in bestimmten Stadtvierteln beobachten kann.

Wesentlich klarer tritt uns die alte Ordnung im Gefüge des Dorfes und der Marktflecken entgegen. In der Regel finden wir das Wirtshaus neben oder doch in unmittelbarer Nähe der Kirche. Beide Institutionen haben als gesellschaftlicher Mittelpunkt der Gemeinde zu gelten. *»Die Pfarrangehörigen bedurften eines Ortes zum Ausruhen und zur Erfrischung, wenn sie, zum Teil sehr weit, zu den Gottesdiensten oder zu kirchlichen Handlungen wie Taufen, Trauungen, Beerdigungen usw. kamen.«* [73] In den letzten Jahren bzw. Jahrzehnten stellte sich das Dorfwirtshaus in Speisegewohnheit und Unterbringung langsam auf die Bedürfnisse Fremder ein. Bis dahin pflegte der Wirt – selbst Bauer und tagsüber in der Landwirtschaft tätig – nur am Feierabend auszuschenken. Leben aber kam in die Gaststube erst so recht am Wochenende; vor allem sonntags nach Amt und Predigt fanden sich die Bauern aus dem Dorf und den Einzelhöfen der Pfarrgemeinde ein. Sie ließen sich ein ums andere Mal einschenken, besprachen ihre Anliegen, steckten die Köpfe zusammen zum politischen Diskurs, spielten Karten. In abgelegenen Ortschaften kann man dieses jahrhundertealte Bild heute noch in der gleichen Farbigkeit wie einstens erblicken.

Der Teufel baut allzeit seine Kapell und Nobiskrug wo Gott seine Kirche hat.

In der überschaubaren Struktur des mittelalterlichen Gemeinwesens nahm der Gasthof immer den gleichen Platz ein: vor den Toren oder am Ortseingang die Unterkunft für die Fremden, im Zentrum des städtischen Lebens die Wirtschaft für die Eingesessenen und ihre Partner. Wenn der Bauer seine Produkte gegen die handwerklichen Erzeugnisse eingetauscht, wenn die Bürger ihre Geschäfte mit den auswärtigen Kaufleuten in den Läden rings um den Stadtplatz oder am Markt abgewickelt hatten, trafen sie sich dort zum geselligen Beisammensein. Neben dem Rathaus, der Kirche, eventuell dem Stadtpalais eines Herrn (in späterer Zeit), gehörte der Gasthof zu den großen repräsentativen Gebäuden jeder Ortschaft.

Schenkwirte spielten schon um 3500 v. Chr. eine Rolle in Vorderasien und Ägypten. Bei den Sumerern war das Bier außerordentlich geschätzt. Als ersten Wirtsnamen überliefert uns die Geschichte den einer Frau: die Wirtin Kubaha soll die Stadt Kisch (20 km nordwestlich Babylons), deren Stufentürme heute noch vorhanden sind, gegründet haben.[74]

Die Römer kannten nach Zwecken differenzierte gewerbliche Gaststätten: die Weinschenke, taberna, existierte nicht nur auf altrömischem Boden, sondern in allen der Pax Romana erschlossenen Gebieten. Man darf annehmen, daß die größeren Städte diese Form auch nach dem Ende des Imperiums beibehalten haben (s.S. 14f.).

99 Römischer Weinladen mit weinanbietender Händlerin. Saint-Germain-en-Laye, Musée Municipal

Eine – zumindest sprachliche – Kontinuität kommt auch der anderen Form römischer Gastlichkeit zu, der cauponia, einer Kombination von Speisehaus und Kramladen. Das Wort gelangte als frühes Lehnwort ins Germanische und hat sich in dem Begriff »Kaufmann«[75] erhalten. Das Vorhandensein solcher Gaststätten nach der Völkerwanderungszeit vor allem in den urbanen Zentren am Rhein beweisen zahlreiche Verordnungen kirchlicher Konzile und Synoden.[76]

Seit Beginn der Überlieferung tritt uns die städtische Gastwirtschaft also bereits in differenzierten Formen gegenüber. Im alten Rom gab es Tavernen für kleine Leute, in denen die große Masse des arbeitslosen Proletariats herumlungerte; das waren Leute, die teilweise nicht einmal einen eigenen Herd besaßen, sich in den öffentlichen Garküchen (popinae) verpflegten und oft auch dort am Boden schliefen. Voll Entrüstung wendet sich Juvenal gegen den Konsul Lateranus, der sich nicht für zu gut hält, in einer Popina der Hafenstadt Ostia einzukehren:

Ausgestreckt kannst du ihn finden zu Seiten des ruchlosen Mörders,
Unter Matrosen gemischt, im Haufen entlaufener Sklaven,
Neben Dieben und Henkern, dem Auswurf der Leichenbesorger,
Spielleuten schlafend und schnarchend, das ruhende Horn an der Seite.[77]

Schenken für das Proletariat, Hafenlokale und Soldatenkneipen, von denen allein in Pompeji nahe der Gladiatoren-Kaserne sechs nachgewiesen wurden, vertraten also die öffentliche Gastlichkeit neben den Straßengasthöfen, in denen auch vornehme Reisende ohne Schädigung ihres Rufes einkehren konnten. Es gab damals bereits die Unterscheidung zwischen Gasthof und Schankwirtschaft, zwischen – englischem Sprachgebrauch zufolge – »Inn« und »Tavern«: *»The inn belongs to the road, the tavern to the town.«*[78]

Die Differenzierung ergab sich in Mitteleuropa schon aus der historisch-rechtlichen Situation. Das Melzen und Brauen des Bieres sowie die Weinbereitung waren im frühen und teils bis zum späten Mittelalter ausgesprochene Hausindustrien. Viele Haushaltungen produzierten nun aber eine Menge an Bier und Wein, die über den eigenen Bedarf hinausging; man suchte das Getränk abzusetzen, und da die billigeren Weine wenig haltbar waren, mußten sie alljährlich weggetrunken bzw. der Rest weggeschüttet werden. Der Konkurrenz (mit den eigentlichen Wirtschaften) wegen konnte der Verkauf nicht ohne gesetzliche Regelung vor sich gehen: durch Weinrufer mußte der beabsichtigte Ausschank bekannt gemacht werden. Nach den Zeichen (Buschen, Reif, Strauß), die zur Zeit der Getränke-Abgabe vor das Haus gesteckt wurden, trug diese Art Schenken den Namen »Buschen- oder Straußenwirtschaft«. Viele Kommunen einigten sich dahingehend, daß jeweils *ein* Brauer oder *ein* Winzer für eine befristete Zeit ausschenkte, dann der nächste, und so reihum, bis alle ihre Produktion angeboten und eventuell abgesetzt hatten. Diesen Vorgang nannte man Reihenschank.[79]

In Weingegenden (Wachau, Rheinpfalz) gibt es diese Sitte heute noch. Vielfach sind aus den ehemaligen Straußenwirtschaften reguläre Gaststätten herausgewachsen. In Süddeutschland und Österreich nannte man den freien Ausschank der Getränke »leitgeben«, der Wirt war der »Leitgeb«. (Das alte Wort »Leit« bedeutet »Eingeschenktes, Ausgegossenes, geistiges Getränk«.) Der Sprachforscher Andreas Schmeller begegnete in München 1844 folgender Situation: Als öffentlichen Anschlag konnte man am 4. Mai auf den Straßen lesen: *»Bekanntmachung. Die hiesigen Bierbrauer haben erklärt das Sommerbier um den Schenkpreis von sechs Kreuzer die Maß verleit zu geben, welches hiermit zur allgemeinen Kenntniß gebracht wird.«* Drei Tage vorher sollte nämlich der Preis pro Maß um zwei Pfennige erhöht werden, was zu großen Unruhen und argen Zertrümmerungen in Wirtshäusern geführt hatte – und somit zurückgenommen wurde.[80]

A. Hertzog, der das elsässische Wirtshauswesen anhand von Urkunden erforscht hat, bezeugt für das späte Mittelalter: *»In Straßburg konnte jeder Bürger, der Wein im Keller hatte, sei es dass er denselben gekauft oder aus eigenen Rebstöcken gezogen hatte, Wein verzapfen, d.h. Wein in Krügen oder in Flaschen über die Gasse im Kleinen verkaufen. Der Verkauf ins Kleine konnte oft einträglicher sein als derjenige im Grossen: So aber ein Bürger Wein zum Zapfen verkaufen wollte, mußte er sich dafür bei dem Stadtrate anmelden, wurde er auf die Zapfnerordnung vereidigt und mußte dann den zu verkaufenden Wein verungelten. Er war während dieser Zeit so gehalten wie ein handwerksmässiger Weinzapfer, nur dass er nicht bei der Zunft der Weinleute... zu dienen brauchte, er behielt seine eigene Zunft bei und war nur zur Zahlung eines Beitrages in die Büchse der Weinleute angehalten...«*[81]

Es deutet sich dabei eine gewisse Konkurrenz zu den gewerblichen »Weinleuten«, zu Weinhändlern und Wirten an, die man durch Abgaben auszugleichen suchte. Auch der Grundherr meldete seine Rechte an, indem er versuchte, den freien Ausschank zu beschneiden. Er stellte den von ihm selbst produzierten Wein unter besonderen Schutz. Als sog. Bannwein mußte er zu gewissen Zeiten ausschließlich von den Wirten seiner Grundherrschaft verzapft werden. Die Grundherren bestanden meist auf dreimal vierzehn Tagen Ausschank, wobei sie sich vielfach die trinkfrohen Festzeiten vorbehielten.

Für die Herstellung und den Verkauf von Bier bedurfte es der vom Grundherrn (in manchen Fällen identisch mit dem Landesherrn) verliehenen Braugerechtigkeit, da die zum Brauen benötigten Pflanzen (Gerste, Weizen, Hopfen, Gewürze) auf seinem Grund wuchsen. Dieses sog. Grutrecht (germanisch grut=Korn) ist zwischen 800 und 1000 entstanden und hatte bis ins 15. Jahrhundert Gültigkeit.[82]

100 Speisewirtschaft im antiken Pompeji. Reisende mit dem charakteristischen Kapuzenmantel sitzen am Tisch. Antike Wandzeichnung.

101 Reifausstecken als Zeichen des Gebrauthabens. Holzschnitt aus dem 16. Jahrhundert.

102 Das »Eimbecksche Haus« in Hamburg. Kupferstich von Ladomin, um 1680.

Während in Bayern noch im 14./15. Jahrhundert der Gerstensaft teuerer als der Wein und sein Konsum gering war, lag das Schwergewicht der Bierwirtschaft damals im Raum Norddeutschland – Brabant – Flandern. Ab 1350 etwa kam der Amsterdamer Bierhandel in Schwung. Bekannt und beliebt waren die Biere von Bremen und Hamburg, das sein ehemaliges Rathaus »Eimbecksche Haus« nannte, nach dem dort lagernden Bier aus Einbeck. (In gleicher Weise erfolgte die Namengebung »Schweidnitzer Keller« für das Breslauer Rathaus.) Das »Ainpockisch Bier« wurde auch am Münchner Hof eingeführt, ja sogar einen Braumeister aus der norddeutschen Bierstadt stellte die bayerische Residenzstadt an. Durch Verballhornung des Wortes Einbeck (ein Bock) soll der Name Bockbier entstanden sein. – Die Königin der Biere war angeblich die »Braunschweiger Mumme«, die mehrere Mumme-Häuser im Gefolge hatte, so z. B. (ab 1630) Stegers Ausschank in der Bäckerkliut zu Braunschweig. Überhaupt rief der Aufschwung des Braugewerbes zahlreiche gastliche Häuser ins Leben: Braustuben, Brauhaus-Keller, Gartenwirtschaften.

Viel ist über das unmäßige Trinken der Deutschen geschrieben worden, die keine Gelegenheit vorbeigehen lassen, ohne tief ins Glas zu schauen. Boemus Aubanus läßt sich über die Saufleidenschaft der Sachsen (1536) aus: *»Zum Getränk brauchen die Sachsen Bier, welches sie so gierig und unmäßig einschlucken, daß man bei ihren Gastungen und Trinkgelagen, wenn die Trinkgesellen aus Gläsern und Kannen nimmer genug eingießen können, einen vollen Kübel aufstellt, eine Schale hineinlegt, und dann anmahnt, nach Belieben zu trinken. Es ist ganz unglaublich zu sagen, wieviel von diesem Getränk sie saufen, wie sie einander dazu ermuntern und zwingen. Bis zur Trunkenheit und zum Erbrechen getrunken zu haben, ist nicht genug; sondern wieder bis zur Nüchternheit, indem sie Tag und Nacht fortmachen. Wer alle übersäuft, trägt nicht nur Lob und Ruhm davon, sondern auch einen Kranz aus wohlriechenden Blumen und Rosen, oder sonst einen Preiß, um den sie gestritten... Kommt ein Gast oder eine andere Person an einen Ort, wo getrunken wird, so stehen alle Trinkgenossen auf, und bitten ihn, nach dargereichtem Becher, dienstwilligst zum Mittrinken. Schlägt er es, ohne vorgebrachte Ursache, etliche mal aus, so wird er für einen Feind gehalten...«* [83]

So sah der schlesische Literat Heinrich Laube *die Bayern 1834: »Als wir auf der Poststation ankamen, hatte ich gehörigen Hunger. In einem gut bayerischen Wirtshause ist aber nichts als Bier zu haben. Die schläfrige Magd kochte uns brummend ein Warmbier und wir aßen trockenes Brot dazu. Es ist unglaublich, wie abgeschlossen fertig die Bayern sind und wie wenig sie von der übrigen Welt verlangen. Wenn sie etwas sprechen, so betrifft es immer Bayern, sie sind ganz verwundert, daß hinter den Bergen auch Menschen wohnen. Sie sind ein streng abgesondertes Natiönchen, ihr Nationalheiligtum ist das Bier. Wenn der Bayer draußen in der großen Welt Heimweh empfindet, so ist das nichts als Durst, Durst nach bayrischem Bier. Man trinkt hier absolut, an sich, bloß um zu trinken, ohne störende Nebenzwecke.«* [85]

1730 wurde in London das Porter-Bier eingeführt (wegen seines großen Nährwertes besonders für »porter«, d.h. für schwer arbeitende Lastträger geeignet); dies und bedeutende technische Verbesserungen ließen Brauereiwirtschaften wie Maipilze aus der Erde schießen. Bayern entwickelte sich relativ spät zum Bierland: ab 1591 wurde zwar in einem eigenen herzoglichen »Hofbräuhaus« gebraut, aber erst seit 1700 durfte dort an die Allgemeinheit ausgeschenkt werden. Vollends ab 1804, als der gewerbliche Zwang gelockert wurde, als die Bannmeile entfiel und in Weihenstephan bei Freising wissenschaftlich fundierte Brauwirtschaft getrieben wurde, kam es zur eigentlichen Blüte des Biers in Bayern. Nun wurden die alten – relativ bescheidenen – Münchener Brauhäuser (Löwenbräu und Augustinerbräu vom 14. Jahrhundert an; Hackerbräu 1417 nachgewiesen; Lodererbräu 1411 gegründet; Pschorrbräu ab 1620 usw.) großzügig erweitert und meistens aus dem Zentrum an den Rand der Stadt verlegt, wo sie die »Kultur« der Biergärten hervorriefen. Um 1800 besaß das 40000 Einwohner zählende München 55 Brauereien.[84]

Bei ländlichen Betrieben ist die Kombination Brauhaus – Landwirtschaft – Gaststätte sehr alt und bewährt. Noch im Jahr 1951 gab es in Deutschland 1986 Brauereien mit eigener Landwirtschaft. Wer kennt sie nicht, diese behäbigen Brauerei-Gasthöfe, von denen die meisten Selbstversorger sind: »Zur Geiß« in Straubing (Ndb.) mit dem mittelalterlichen Giebel (Dietlbräu); die malerische Baugruppe der Brauerei Herndl in Rotthalmünster (Ndb.), deren Fassade eine schöne Rokoko-Plastik des hl. Florian schmückt; den stattlichen Barockbau der Brauerei Wiedemann in Altomünster (Obb.); den Rodinger Gasthof am Marktplatz, der sich reizvoll dem Ortsbild einfügt, ebenso wie die zinnenbesetzte »Krone« in Cham (Ndb.).[86] Auch der vielzitierte »Elefant« von Brixen erlebte seinen großen Aufschwung erst, als er das uralte, ihm benachbarte Kargengut inkorporieren und alles Nötige selbst erzeugen konnte.[87]

Vom 16. Jahrhundert an gab es mehr und mehr gräfliche und fürstliche Brauereien, die nicht nur mit den privaten und städtischen, sondern auch mit den viel älteren Klosterbrauereien in Konkurrenz traten; wir kommen noch darauf zurück.

Die Städte legten ursprünglich größten Wert darauf, daß die Schenkwirte innerhalb der »Meile« (Bann- oder Biermeile) nur einheimisches Bier ausschenkten und nur Maße des Stadtmagistrats verwendeten. Das Recht, fremde Biere und Weine einzuführen und auszugeben behielt sich der Stadtrat vor. Große Keller befanden sich – wo es nicht eigene städtische Bier- und Weinhäuser im Zentrum gab – meist unter den Rathäusern. Man kann sie etwa vom 13. Jahrhundert an nachweisen. Sie unterstanden entweder einem Ratsherrn oder einem vom Rat bestimmten Pächter. In diesen Kellern wurde außer einem kalten Imbiß kein Essen verabreicht. Dieses bereitete man in eigenen Garküchen, die oft vor den Kellereingängen in Holzbuden eingerichtet waren. Als Ausnahme kann der Ratskeller in Meißen (Sachsen) gelten, der zugleich Garküche für die Bürger war.

Von einigen traditionsreichen Ratskellern wollen wir ausführlicher sprechen:

Ratskeller zu Breslau war seit 1328 der sog. Schweidnitzer Keller; diesen Namen führte er, weil dort neben anderen auswärtigen Bieren auch das besonders beliebte Schweidnitzer geführt wurde. Im Jahre 1392 kam es zum sog. Pfaffenkrieg, da die Stadt das vom Domkapitel bestellte Schweidnitzer Bier beschlagnahmen ließ: es sei Monopol des Ratskellers, dieses auszugeben. Für ihre Hartnäckigkeit in der Verteidigung des Herkommens mußte die Stadt zeitweise sogar den Kirchenbann in Kauf nehmen.

Die Ratskeller verloren im Laufe der Jahrhunderte ihre anfängliche Exklusivität und wurden zu allgemeinen Gaststätten. So erging es dem meistgerühmten unter seinen Brüdern, dem Ratskeller zu Bremen. Dem spätgotischen Prachtbau hat die Renaissance an der Westseite ihre Stilmerkmale aufgeprägt; unter einem Renaissancefenster führt der vergleichsweise schlichte Eingang nach unten in die Kellerräume, die teilweise der Erbauungszeit entstammen (1404). Vom 14. Jahrhundert ab lag das absolute Weinmonopol beim Stadtrat, der mit den Erträgen (vor allem der erstklassigen Rheinweine) seine Kasse füllte. Etwa 500 Sorten sind noch heute eingelagert, darunter in den sorgfältig verschlossenen Rose- und Apostelkellern die ältesten deutschen Faßweine überhaupt (z.B. ein Rüdesheimer 1653). – Während in unseren Tagen neben lokalen Fisch-Spezialitäten wie dem eingemachten Neunauge internationale Küche geboten wird, durften früher nur *»gewisse consistente trockene und zum Wein passende sowie zum Trinken reizende Esswaren vorräthig gehalten«* werden (18. Jahrhundert).[88]

Der Hauptraum des Bremer Ratskellers ist die dreischiffige gewölbte Halle. Etwa zwanzig Generationen sind hier zechend um die Eichentische gesessen zu Füßen mächtiger Weinfässer. Dichter und Maler vermochte der genius loci zu beflügeln. Wilhelm Hauff hat sich mit seinen »Phantasien im Bremer Ratskeller« (1826) über die Grenzen Deutschlands hinaus berühmt gemacht: ein junger Mann läßt sich nachts im Keller einschließen, um beim Wein sein Liebesleid zu vergessen. Der Maler Max Slevogt hat in einem eleganten Wandfresko den Dichter verewigt, wie er gerade die Treppe zum Keller hinabsteigt.

»Glücklich der Mann, der den Hafen erreicht hat und hinter sich ließ das Meer und die Stürme, und jetzt warm und ruhig sitzt im guten Ratskeller zu Bremen.«
(Heinrich Heine, 1843)

103 Der Bremer Ratskeller, Stahlstich um 1820. Privatbesitz

»Der Stadtrat erwies Herrn von Estissac und Herrn von Montaigne die Ehre, ihnen vierzehn große, mit einheimischem Wein gefüllte Krüge zu übersenden, und zwar durch sieben Stadtsoldaten in Livree und einen Ehrenoffizier, den sie zum Essen einluden. So will es der Brauch... Der Offizier, der mit ihnen speiste, sagte Herrn von Montaigne, sie seien zu dritt in der Stadt mit dem Amte betraut, den Fremden von Stand aufzuwarten, und sie haben sich nach ihrem Rang zu erkundigen, um dementsprechend die gebührenden Formen einzuhalten. Man bekommt je nach dem mehr oder weniger Wein. Einem Herzog überreicht ihn einer der Bürgermeister...«
(Montaigne 1580 in Augsburg, S. 61)

Das erste Haus am Platze hatte nicht nur die Funktion, gesellschaftlicher und politischer Mittelpunkt des Gemeinwesens zu sein, sondern diente auch der Repräsentation beim Empfang vornehmer Gäste. Bereits im Mittelalter war es üblich geworden, durchreisenden Edelleuten als Ehrengaben Wein und Hafer für die Pferde zuzusenden oder sie im Rathaus zu empfangen. So weiß Leo Rozmital von Blanta, der mit vierzig Reisigen eines politischen Auftrags wegen nach Frankfurt kam (1465), zu berichten: *»Am dritten Tag wurde unser Herr von den Bürgern und Kaufleuten in das Rathaus geladen. Sie haben nämlich hier die Sitte, vornehme Reisende, die in ihre Stadt kommen, auf das Rathaus zu bitten, wo sie ihnen reichlich Speise und Trank vorsetzen.«* [89] Schon dieser öffentlichen Verpflichtungen wegen mußten genügend Vorratsräume vorhanden sein.
Unsere alten Rathäuser stammen aus einer Zeit (Spätgotik – Renaissance – Barock), in der sich der Stadtrat bereits konstituiert und seine Rechte gegenüber den Grundherren durchgesetzt hatte. Dazu gehörte, wie gesagt, auch das Privileg der Bannmeile, so daß beim Bau gleich von vorneherein entsprechende Kellerräume eingeplant wurden. Auch die Verleihung des Braurechtes lag zu dieser Zeit meist schon beim städtischen Magistrat. Regensburg beispielsweise, das zu Beginn des 13. Jahrhunderts weitgehend die Reichsfreiheit erlangt hatte, erhielt 1230 von Kaiser Friedrich II. u.a. auch das Privileg des Bierbrauens und gab die Konzession dann weiter an Gastwirte.
Es lag in der Luft, daß die städtischen Interessen mit jenen der geistlichen Grundherren, insbesondere der Klöster, in Konflikt geraten mußten. Durch fromme Stiftungen und kluges Haushalten war den Klöstern eine Fülle von Gütern zugewachsen. Für das eigene Klostervolk – Bier durfte auch in der Fastenzeit genossen werden, denn »was flüchtig ist, bricht kein Fasten« –, zur Versorgung von Pilgern, Armen und Kranken mußte das Kloster auch materiell leistungsfähig sein. Mehr als alle anderen Einrichtungen hatte es die Möglichkeit, eine Anzahl geeigneter Personen für eine bestimmte Aufgabe abzustellen und auszubilden. So erzielte es oft im Weinbau und in der Bierbrauerei größere Erfolge als die Konkurrenz. Das überschüssige Getränk durfte verkauft oder in eigener Regie ausgeschenkt werden.
Das Benediktinerkloster St. Gallen bewirtschaftete bereits im 9. Jahrhundert so ausgedehnte, ertragreiche Besitzungen, daß es drei Braustätten unterhalten konnte. Die Klöster Niederaltaich und Metten erhielten 1221 von den niederbayerischen Herzögen Heinrich und Otto die Erlaubnis, ihr Bier an mehreren Orten zu verkaufen. Dem Kloster Andechs wurde im 15. Jahrhundert vom bayerischen Herzog Albrecht das Zapf- und Tavernrecht bestätigt. Auf dem Kreuzberg in der Rhön verzapften die Franziskanermönche ihr eigenes Bier.
Wie der Ausschank selbstgebrauten Bieres führte auch der Weinbau im klösterlichen Bereich zur Anlage geeigneter Gasträume. Die »Klosterschänke« von Eberbach im Rheingau befindet sich im ehemaligen Klosterpfortenhaus (17. Jh.); einst mag dieses Gebäude nach monastischer Sitte der Aufnahme von Gästen gedient haben. Der Mainzer Erzbischof hatte 1116 das Kloster gegründet, 1131 war es von den Zisterziensern übernommen worden – und immer schon standen Weinbau und Weinhandel an erster Stelle in der klösterlichen Einnahme. In Köln gab es sogar ein eigenes Kellerhaus der Eberbacher. Heute finden auf der staatlichen Domäne Kloster Eberbach berühmte Weinversteigerungen und Prämierungen der Spitzenweine statt.
In allen Landstrichen Europas gibt es »Stiftskeller« von besonderem Ruf: den Salzburger Peterskeller, die Stiftskeller in St. Florian, Melk, Admont, St. Odilie (Vogesen). Bei den Bischofskirchen wurden Wein und Bier aus bischöflichen oder domherrlichen Besitzungen eingelagert und abgegeben: in Chur, in Bamberg, Regensburg u.a. Orten. Die ruhmreiche »Domherrnschenke« von Hildesheim ist seit dem 19. Jahrhundert (König Jérome) in profanen Händen. Bei der Gründung des Domes 872 hatte Bischof Altfried eine »cella vinaria« anlegen lassen, die ein Domkleriker verwaltete. Der zunehmende Wohlstand des Domkapitels erforderte eine Vergrößerung dieser Anlage. Als man 1572 den (in wesentlichen Teilen noch erhaltenen) Neubau errichtete, wurden große Wirtsstuben und ein sog. Tanzsaal miteingeplant. Ein vertrauenswürdiger Mann vertrat das Domkapitel in den Wirtsgeschäften; denn längst wurde auch an die Allgemeinheit Wein abgegeben.[90]
Ursprünglich waren die Keller nur Lagerräume für Getränke und Nahrungsvorräte. Fässer mit teilweise prächtig geschnitzten Böden reihten sich aneinander. Dazu gab es die üblichen Geräte des Kellermeisters: Faßbohrer, Zapfen, Trichter, Weinheber, Seile, Zangen und allerhand Meßgeschirr. Schon früh scheint es üblich gewesen zu sein, im Keller eine Probierecke, ja eine Trinkstube einzurichten. Eine Göttweiger Urkunde von 1286 spricht schon vom Ausschank im Keller. In Krems hat man in einem Riesenfaß von 11890 Litern ein kleines Kellerstüberl eingerichtet.[91]

Bekanntlich war der Klerus im Mittelalter steuerfrei; er brauchte also für seine Schenken kein »Ungelt« zu entrichten und befand sich dadurch dem Gewerbe gegenüber im Vorteil. Zwistigkeiten waren an der Tagesordnung. Auch der weltliche Klerus ließ die Gelegenheit, sein oft mageres Einkommen durch Wein- oder Bierschank aufzubessern, nicht ungenutzt.

Der Wormser Stadtrat hatte mehrmals versucht, die Geistlichkeit zu besteuern; diese verließ daraufhin die Stadt und veranlaßte den Papst, die Bürgerschaft zu exkommunizieren (1360, 1407), was für fromme Christenmenschen ein untragbarer Zustand bedeutete.

Der schlesische Stadtpfarrer und Magister Schaffheim zu Görlitz führte vom Jahr 1474 an einen beharrlichen Kampf gegen den Magistrat der Stadt. Er war nicht nur als geschäftstüchtiger Bierschenk eine unliebsame Erscheinung für die Wirte, sondern auch ein moralisches Ärgernis für die Bürgerschaft: im Pfarrhaus ginge es zu wie in einer üblen Taverne, hieß es; Geistliche beteiligten sich an Trinkgelagen, sähen beim Karten- und Würfelspielen zu und gingen so ihrer Autorität verlustig. Der Klagefall kam vor den Bischof und König, er beschäftigte sogar die Kurie in Rom. Erst 1498 gelang ein Vergleich.

Ähnliche Konfliktsituationen ergaben sich in Köln, Mainz, Regensburg und anderen Städten. Ein Beispiel noch aus dem süddeutschen Raum: Das Kloster Bebenhausen bei Tübingen zeigte große Geschäftsgewandtheit im Weinverkauf. 1292 erwarb es ein Weinhaus in der Kramgasse zu Ulm und errichtete eine Zapfwirtschaft. 1299 erhielt es auch noch die Weinzoll-Freiheit auf der wichtigen Straße Ulm–Geislingen und war nun eine schwere Konkurrenz für das Wirtsgewerbe. Der erbitterte Streit endigte 1350, als die Stadt dem Kloster die Weingebäude abkaufte und sie niederreißen ließ; ein Teil des Platzes wurde dann zum Münsterbau verwendet.[92]

Nach der Säkularisation (1803) gingen die meisten Klosterbrauereien und die mit ihnen verbundenen Wirtshäuser in staatliche oder private Hand über, wenn sie sich nicht ganz auflösten. Nur wenige Fälle geistlicher Gastbetreuung haben sich bis in unsere Tage erhalten können.

Eine Umwandlung alter Rechts- und Zweckbestimmungen läßt sich vielfach auch im Bereich der profanen Gastbetreuung konstatieren. Es gibt zahlreiche Beispiele dafür, daß Gasthöfe aus Bürgerhäusern erwuchsen, daß also die Bausubstanz älter ist als das Gastungsrecht. Daneben haben wir natürlich auch den umgekehrten Prozeß, daß Häuser, die als Herbergen oder Schenken gebaut sind, anderen Verwendungszwecken zugeführt wurden.

Verdeutlichen wir uns die Entwicklung vom Bürgerhaus zum Gasthof anhand einiger exemplarischer Fälle. Die Geschichte der »Drei Mohren« von Augsburg wurde bei der Darstellung der Fürstenherbergen (s. S. 22) schon kurz umrissen: An einem zentral gelegenen Handelsplatz der freien Reichsstadt ist der Fuggerkomplex entstanden, den das nachmalige Hotel »Drei Mohren« umfaßte. Nach einem Brand des Fugger-Palais' im Jahre 1714 ließ nämlich der wohlhabende Gastwirt und Senator Andreas Wahl einen die Grundmauern verschiedener alter Patrizierhäuser umschließenden Neubau errichten: der Baumeister Johann Georg Gunetsrhainer schuf ein Hotel von vornehmer Eleganz. Die Fassade war durch Pilaster, einen stuckverzierten Giebel, durch dezente Balkongitter und Plastiken gegliedert. Dieses Gebäude fiel dem 2. Weltkrieg zum Opfer. Der in den 50er Jahren angestrengte Wiederaufbau suchte der Noblesse der Tradition gerecht zu werden. Die Drei-Mohren-Terrakotten (1722) prangen wieder über dem Eingang als Zeichen der Gastlichkeit.[93]

In Heidelberg entging der prachtvolle Renaissancebau des heutigen Hotels »Ritter« der großen Stadtvernichtung von 1683–1693. Das im Jahre 1592 von Charles Berlier errichtete Bürgerhaus sah in seinen Mauern zehn Jahre lang – vor der Fertigstellung des neuen Rathauses – die Ratssitzungen. Ein Gang durch das Haus mit seinen verwinkelten Korridoren und Aufgängen, seinen Gewölben und Stilmöbeln vermittelt den Eindruck einer Jahrhunderte währenden kulturellen Weitergabe und Anpassung. Erst in den letzten Jahren sind bei Restaurierungsarbeiten im ersten Stock farbenfrohe Renaissancefresken zutage getreten. Das Vordergebäude (mit dem Empfang und dem »Rittersaal«) besaß einst eine stattliche Einfahrt, durch die schon Götz von Berlichingen – seine Stammburg liegt im nahen Jagstfeld – geritten sein soll. Der ehemalige Wirtschaftshof ist heute überbaut; doch hat man bei Ausschachtungen etwa einen Meter unter dem Saalniveau noch die alte Hofpflasterung entdeckt.

Rothenburg o. T. nahm als freie Reichsstadt um 1370 einen ungeahnten Aufschwung, den es vor allem der überragenden Persönlichkeit des Heinrich Toppler zu danken hat: er war Feldherr, Staatsmann und Städtebauer in einem. Sein frühgotisches Wohnhaus besaß gewaltige Keller mit Weinvorräten, die auch kaiserliche Besuche nicht zu scheuen brauchten. Das in der Renaissance umgebaute Toppler-Haus wurde als »Gasthof zum Greifen« vom Wirtsgewerbe übernommen. Auch das renommierte

»Hotel Eisenhut« in Rothenburg ob der Tauber ging ursprünglich aus einem gotischen Patrizierhaus hervor.

Ob der uralte »Gasthof zum Bären« in Freiburg – ebenso wie der »Barbarossa« in Konstanz (s.S. 20) oder die »Goldene Rose« in Dinkelsbühl – aus einem alten Patrizierhaus erwachsen ist, läßt sich nicht mit Sicherheit sagen. Am 25. Oktober 1390 wird dort bereits in einer Gerichtsurkunde ein Hammon Bienger als »wirt zem Rotenbern« bezeichnet; die Bauzeit der ausgedehnten Kellereien scheint aber noch wesentlich früher gelegen zu haben.

Die »Krone« im hessischen Homberg präsentiert sich als spätgotischer Fachwerkbau von herrlicher Auszier: ein reicher Wollhändler hat ihn 1480 errichtet, als das Städtchen, an der alten Handelsstraße nach Thüringen, dem »Langen Hessen«, gelegen, ein bedeutendes Sammel- und Handelszentrum der einheimischen Schafzucht war. Nach wechselnden Bestimmungen wurde das alte Haus schließlich (1721) als Gaststätte mit Posthalterei eingerichtet: 250 Jahre also währt dieser Status bis zum heutigen Tag.

An den Gästen man spürt,
wie der Wirt seinen Handel führt.

Auch in England entwickelte sich gelegentlich aus einem Großbürgerhaus oder einem adeligen Stadthaus ein »inn«. So war z. B. das prachtvolle »Bear and Billet« in Chester einst »town house« des Earl of Shrewsbury; später, als Chester in Groß-London aufging, wurde es an einen Wirt verpachtet mit der Auflage, für die Familie stets Zimmer bereitzuhalten.

In ein völlig andersartiges Wohnviertel – auch in ein konträres Milieu – müssen wir uns begeben, wenn wir uns den Schenken und Unterkünften jener Berufsgruppen zuwenden, die von der Härte der Arbeit und den rauhen Sitten ihrer Gemeinschaft geprägt sind.

Sidonius Apollinaris (5. Jahrhundert n. Chr.) schildert mit großer Anschaulichkeit das Treiben in einer spätantiken Hafenkneipe Bordeaux', aus der heisere Lieder Trunkener kommen, wo Küchenqualm, die Geräusche des Topfrückens und das Gebrutzel der Speisen den Raum erfüllen, wo Thymiangeruch die Eßlust reizt.[94]

Die Lokale der Hafenstädte, in denen nur Seeleute verkehren, die also ganz auf die spezifischen Bedürfnisse und Gewohnheiten dieser Menschen abgestimmt sind, lassen in allen Ländern und Epochen den gleichen Zuschnitt erkennen. Sie haben im antiken Ostia nicht viel anders ausgesehen wie im Marseille oder Shanghai um 1900.

Bei den Seeleuten, die im fremden Hafen Zwischenstation machten oder in den Heimathafen zurückkehrten, hatten sich zwei Dinge vor allem angestaut: das sauer verdiente Geld, das sich auf See nicht ausgeben ließ, und der Heißhunger nach »Leben«. Eine gefährliche Kombination, die viel Explosionsstoff in sich barg und unredlichen Manipulationen Tür und Tor öffnete! Dazu kam, daß die meisten Matrosen nicht viel vertragen konnten, da es auf Fahrt selten Alkohol gab.

104 In der Seemannsschenke »Wasserkant« in Hamburg. Zeichnung von E. Limmer, 1896.

Der gute Stern dieser in gewissem Sinn schutzlosen »Landjäger« waren alte, erfahrene Seemänner, die – ähnlich so manchen Fuhrleuten – ihren Lebensabend damit ausfüllten, die jungen Kumpel gastlich zu betreuen. Bei ihnen fanden die Matrosen Verständnis für ihre Anliegen, für ihr Betragen und ihre Sehnsüchte, aber auch eine energische Hand, die sie vor manchem Unglück bewahrte oder sie wieder in die rechte Bahn lenkte. Oft fungierte der Wirt zugleich als Makler für Schiffskapitäne: die »Schlafbaas«, wie man in Hamburg die Seemannsunterkunft nannte, war dann zugleich »Heuerbaas«. Nicht immer arbeitete man beim Anheuern mit redlichen Werbemitteln, oft wurde die Trunkenheit oder die finanzielle Misere der Matrosen ausgenützt. Deshalb mußte der Seefahrer wissen, wem er sich in jedem Zustand anvertrauen konnte. Da gab es einige bekannte Hafenkneipen, denen er von Mal zu Mal die Treue bewahrte wie z. B. die »Köhminseln«, der »Flegenwirt« oder »Kreuger« in Hamburg. Der Engländer H. Smith schildert bis ins Detail, wie es bei so einem beliebten »Schlafbaas« an der Nordseeküste (1855) aussah: *»Der Schlafbaas ist der Herbergsvater der Matrosen. In einer der Seitenstraßen, die von dem Hafendamm auslaufen, steht ein bescheidenes Haus. Gewöhnlich ist es im holländischen Styl gebaut. Die kleinen Fensterscheiben sind hell durchsichtig. Die Rahmen, welche sie halten, sowie die Tür sind lichtgrün und die Klinke an letzterer ist von schimmerndem Messing. An jeder Seite der Türschwelle ist ein Fußkratzer und jenseits derselben liegt eine breite Matte. Sie ist ein Geflecht von Tauendchen, das kunstreiche Werk eines Seemanns, der hier gewöhnlich seine Herberge nimmt... Der Flur ist blendend weiß. Die hohen Schränke an den Wänden umschließen einen reichen Vorrath an Wäsche, sowie die Sonntagskleider der auf fernen Reisen befindlichen Matrosen... Am Ende des Flurs führt eine Treppe hinauf zu den einzelnen Kammern der Mannschaften... Die Gaststube hat in der Regel vier einfache weiße Wände. Zwei hölzerne, braunroth angestrichene Bänke laufen längs derselben hin. Zwei lange Tische von gleichem Anstrich stehen davor. Einige Stühle von demselben Material*

ergänzen die einfachen Bequemlichkeiten. Auf jedem der beiden Tische steht eine stets gefüllte Tabaksdose, und daneben ein hellschimmerndes Messingbecken mit der glimmenden Torfkohle, woran das Volk sich mit niederländischem Behagen die Pfeife anbrennt. Zwischen den beiden Fenstern hängt ein langer, schmaler Spiegel, von oben bis unten mit bunten Vogelfedern aus allen Hemisphären, mit Muscheln und Korallen eingerahmt. Unter der Decke schwebt das völlig aufgetakelte Modell eines Schiffes... Im Hintergrunde, dem Spiegel gegenüber, steht ein Möbel, halb Schrank, halb Tisch, von unaussprechbaren Formen, welches hier die Stelle des Büffets vertritt. Es ist alles darauf und darin zu finden, was eines Seemanns Herz begehrt... Ein Kranz von vollen Flaschen der verschiedensten Füllungen krönt das mittlere Gesimse und daneben hängt eine Schiefertafel mit den Namen der säumigen Zahler. Sie ist sehr voll. Den Schluß der Ausstattung dieser Gaststube macht eine hellschlagende Wanduhr in einem nußbraunen Gehäuse; oben auf derselben schwebt ein Schiff mit vollen Segeln auf der Spitze einer sich aufrollenden Welle, das nach dem Takte des Perpendikels unaufhörlich auf und nieder tanzt.« [95]

In Hafenstädten, die von Matrosen überschwemmt wurden, gab es sehr primitive Nächtigungen: Alte Hamburger haben es noch mit eigenen Augen gesehen, wie die Seeleute in solchen Massenquartieren überm Tau hängend schliefen; Daumiers eindrucksvolle Graphik bezeugt es ebenfalls.

Welche Variationsbreite den Stätten des Ausschanks zukommt, drückt sich schon in der Verbalisierung aus: der neutrale Begriff »Schenke« oder »Trinkstube« steht neben dem auf rauhere Formen hinweisenden der »Kneipe« oder dem schon etwas abwertend gemeinten »Kaschemme«, das mit Sentiment ausstaffierte »Beisl« neben der durch Geld und Eleganz gekennzeichneten »Bar«. Differenzierung bringt auch die Spezialisierung auf bestimmte Getränke: Weinstuben, Bierkeller, Schankstätten für scharfe Schnäpse usw. Eine Sonderheit der Ostsee – vor allem Kiels – waren die Grogschenken, in denen nur heißer Grog verabreicht wurde.

In England kam etwa zu Beginn des 19. Jahrhunderts ein besonderer Typ von Stehkneipen auf, das »Public house«, unter der etwas burschikos klingenden Abkürzung »Pub« bekannt. Im Laufe der Zeit hat man als Zugeständnis an sitzfreudige Trinker ein paar einfache Tische und Stühle aufgestellt. Diese Art von Schenken gab es auch im nördlichen und östlichen Deutschland; sie wurden meist von der körperlich arbeitenden Bevölkerungsschicht aufgesucht. Man erwartet keine Gemütlichkeit, man will nur rasch am Weg von oder zur Arbeit etwas Scharfes zu sich nehmen, oder ein Bier, einen Schnaps »hinter die Binde« gießen, ein paar Witze aufschnappen, ein bißchen Schlagermusik. In den Zentren großer Städte findet man diese »Pubs« an Straßenecken, in Arbeitervierteln. In Frankreich entspricht diesem Typ das »Bistro« oder das mit »Bar-Café« bezeichnete anspruchslose Lokal. Es ist nicht dasselbe, was man in Deutschland oder Österreich unter diesem Begriff versteht, also weder Nachtbar noch Kaffeehaus, sondern eben eine Tagesschenke, wo man oft schon am Morgen ein Glas Rotwein, einen Anis oder ein anderes Lokalgetränk einnimmt, auch einen »Café noir«. Der Begriff »Auberge« bezeichnet häufig die gleiche Art von Lokalen und bietet selten Übernachtung oder Restauration. Die Stehkneipen-Praxis wird in den letzten Jahrzehnten mehr und mehr auf die Speisegepflogenheit ausgedehnt: die hektische Arbeitswelt, die dem Menschen kaum noch Muße zu einer genußvollen Mahl-Zeit gönnt – sei es zuhause oder im Gasthof –, hat sich die Schnellimbiß-Stube und die Selbstbedienungskantine geschaffen. Für Millionen Berufstätiger sind sie zum notwendigen Übel geworden.

In eigenen Studentenlokalen trifft sich – ähnlich wie in den Seemannskneipen oder den Handwerkerstuben früherer Jahrhunderte – ein Berufsstand zu exklusiver Geselligkeit. Als Stimulans wirken Hunderte von trinkfrohen Liedern, die im 19. Jahrhundert in Kommersbüchern gesammelt wurden. In seliger Weinlaune preist bereits Archipoeta (1161) das Studentenleben:

Meum est propositum in taberna mori
ut sunt vina proxima morientis ori.
Tunc cantabunt laetius angelorum chori:
Sit deus propitius huic potatori!
(Ich will in der Schenke sterben,
damit der Wein ganz nah dem Mund des Sterbenden ist.
Um so fröhlicher werden dann die Chöre der Engel singen:
Herr, sei diesem Zecher gnädig!)

Wie in den Hafenstädten, so gab es auch in den Universitätsstädten beides, Logisstätten und reine Kneipen (vgl. S. 32).

105 Obdachlose schlafen in einer Herberge über einem gespannten Seil. Holzschnitt von Daumier, Mitte 19. Jahrhundert.

»Zum Schluß aber geht's noch einmal in die ›Wurstkuchl‹, die genau so ihre 800 Jahre alt ist wie die Steinerne Brücke daneben. Manzt auf dem hölzernen Bänkchen draußen vor der Tür des Häuschens, der Duft des Röstens hängt in der Luft, und während der Gaumen sich ergötzt, klingt im Ohr noch der Gesang der ›Domspatzen‹ nach...«
(Herbert Günther, Franken und die Bayrische Ostmark, 1936)

106 Titelseite einer Speisekarte. Seit 1820 ist die historische Wurstküche an der Steinernen Brücke zu Regensburg in den Händen der Familie Schricker. Einheimische und Fremde verzehren hier die berühmten Rostbratwürste.

107 Studenten preisen den Wein. Miniatur der »Carmina burana« aus dem Kloster Benediktbeuern zu dem Lied Potadores (Die Zecher), um 1225.
München, Bayer. Staatsbibliothek

108 »In Auerbachs Keller«, Gemälde von Eduard Grützner, Ende 19. Jahrhundert.

Die Universitäten erhielten vom Landesherrn das Recht, Getränke steuerfrei einzukaufen und an Studenten auszuschenken. Manche Professoren machten aus dem Schankrecht ein Nebengewerbe. Der in Leipzig als akademischer Lehrer wirkende Dr. Stromer von Auerbach betrieb einen öffentlichen Keller (laut Eintrag ins Weinsteuerregister von 1525), der in seinen großen Gewölben nicht nur zahlreiche Kaufleute zur Messe sah, sondern jahrhundertelang auch ein beliebter Aufenthalt der Studenten war. Goethe wurde durch seine Atmosphäre zu den Studentenszenen »In Auerbachs Keller« (Faust I) angeregt.

Das Lehrer-Schüler-Verhältnis beschränkte sich nicht nur auf geistige Bereiche. Humorig schildert der Erfurter Professor C.F. Bahrdt, wie er vor den Vorlesungen noch für das leibliche Wohl seiner Studenten zu sorgen hatte: *»Ich beschloß, Tischgänger anzunehmen in Hoffnung, dadurch meinen Tisch wenigstens frei zu haben. Ich war, obgleich unverheiratet, zu dieser Unternehmung völlig geschickt, und es fehlte mir bloß die Kleinigkeit einer richtigen Berechnung. Meine ersten Tischgenossen wurden Herr Meusel, Herel und verschiedene junge Leute, welche sämtlich gestehen mußten, daß man bei mir für sein Geld herrlich bewirtet wurde. Denn ich war selbst ein vollkommener Koch. Ehe meine Kollegien angingen, gab ich meiner Köchin heraus, ordnete an, wie und wenn alles beigesetzt, ob es bei gelindem oder starkem Feuer gekocht werden sollte, u. dgl. und wann sie um 11 Uhr beendigt waren, legte ich eine Schürze an und machte die Hauptsachen, die Schmelzung der Gemüse, die Zubereitung der Saucen usw. selbst, um alles recht schmackhaft zu haben.«* [96]

Mißstände konnten bei dieser Art von Betreuung nicht ausbleiben. In Jena z.B. beschwerte sich im Jahr 1618 die Bürgerschaft, daß die jungen Leute von den Professoren zur Sauferei und Völlerei verführt würden.

Zu einträchtigem Nebeneinander kam es zwischen Studenten und ihren Lehrern im »Schwarzen Bären« zu Göttingen. Das gotische Fachwerkhaus, um 1500 errichtet, war zunächst eine Ausspannwirtschaft mit Garküche gewesen. Den Studenten wurde, als man um 1600 den vorkragenden Oberbau aufsetzte, einige Zimmer vorbehalten. Erst als nach 1848 freier Ausschank aller Getränke – auch des bayerischen Bieres! – gestattet war, entwickelte sich das Haus zu einer richtigen Studentenkneipe. Ihr guter Geist war zu dieser Zeit die rührige »Bärenmutter« Dorothea Schepeler. Die Corporationen der Friesen, der Holzminda und der Lüneburger »tagten« hier; diese nahmen aus Anhänglichkeit zu dem Lokal den Bären sogar in ihr Wappen auf. Ab 1857 bestand der »Bären-Klub«, eine Stammtischgesellschaft von beachtlichem Niveau, der mehrere Universitätsprofessoren angehörten. Die Abende wurden mit einem gelehrten Vortrag eingeleitet, und erst im inoffiziellen Teil ließ man sich Getränke und saftige Rinds- und Gänsebraten munden.

So wie das Verhältnis Lehrer–Schüler zu dieser Zeit ein patriarchalisches war, so bestand auch zwischen Wirt (oder Wirtin) einer Studentenkneipe und deren Stammkunden eine fast familiäre Bindung. »Samuel hilf!« erklang es häufig vor den Mauern der Gaststätte in der Rudelsburg zu Jena: der studentenfreundliche Wirt Gottlieb Wagner – nach der bekannten Gestalt in Webers »Freischütz« Samuel genannt – war ein Original, das gut in die romantische Zeitströmung paßte. 1826 dichtete der Kunsthistoriker Franz Kugler im Burghof das viel gesungene Lied »An der Saale hellem Strande...«.

In Jena zeichnete sich außerdem der Wirt Carolus Kämmerer (1854–1908) als Freund und Förderer armer Studenten aus; er stiftete ihnen mehrere Freitische. Die Studenten ernannten ihn zum »Dr. med. im IV. Semester«. An festlichen Kneipabenden verschickte er lateinisch abgefaßte Einladungen:

»Aula Vimariensis Jenensis!
Ad diem academicum die V. mens II,
huius anni solemniter humideque celebrandum commilitones invitat
Kämmerer Carolus
Dr. med. IV. Semester« [97]

109 Studentenkneipe in Heidelberg. Lithographie um 1850.

Zahlreiche Schilderungen studentischen Lebens in Kneipen bewahrt die Memoirenliteratur. In alten Universitätsstädten haben sich noch Lokale erhalten, deren Wände gepflastert sind mit Erinnerungszeichen an glorreiche Tage und Nächte einer ausgelassenen Jugend: Liedtexte, Gruppenfotos von Feiern und Ausflügen, Pokale, Fahnen und Degen, aller möglicher Ulk wie die hintersinnigen Schilder im Heidelberger »Seppl«. Wie sehr der Gerstensaft geschätzt wurde, davon künden eigene Bierorden und Lobgesänge auf den sagenhaften Bier-Heiligen Gambrinus.

Die vom Alkohol beflügelte Phantasie hat nicht nur legendäre Gestalten aus dem Nichts erstehen lassen, sie vermochte auch nebulöse Gebäude für die unermüdlichen Zecher zu errichten: außerhalb der geschlossenen Orte, also jeder behördlichen, rationellen Kontrolle entzogen, liegen die Nobiskrüge. Spukhaft tauchen sie auf in Wald und Heide; meist liegen sie in Grenznähe, und der Ruch des Unheimlichen haftet ihnen an. Die Herkunft des Namens ist dunkel.[98]

Bezeichnenderweise beschränkt sich das Auftreten der Nobiskrüge auf die von nebeligen Mooren und einsamen Geestlandschaften durchsetzte Gebiete zwischen Ostpreußen und dem Niederrhein. Die Erscheinung als solche war auch weiter südlich bekannt. In Luthers Tischreden z.B. wird die Redewendung »in den Nobiskrug fahren« gleichbedeutend mit »zur Hölle fahren« verwendet. Ein Antwerpener Holzschnitt von 1487 zeigt neben der Hölle einen Mann mit Krug, über dem die Inschrift *Nobis* zu lesen ist. Seit dem 16. Jahrhundert haftet einem Wirtshaus zwischen Hamburg und Altona, das seinerzeit an einen ausgedienten Ratsdiener verpachtet war, der Name Nobiskrug an. In der Volksmeinung war so ein Haus der Treffpunkt düsterer Gestalten, von Dämonen und Verstorbenen, die der Weltlust noch nicht entraten konnten: man gab sich wüsten Gelagen und verrufenen Glücksspielen hin; der »Hellewirt« (=Teufel) mit seinen Helfershelfern bediente. Börries von Münchhausen hat in seiner Ballade »Der Nobiskrug« den Stimmungsgehalt, der in der Volksphantasie so einem Krug zukommt, trefflich eingefangen:

Im Dämmerdunst und Heiderauch,
Im leichenkalten Herbsteshauch,
Am letzten Ende dieser Welt
Liegt niedrigbreit und trüberhellt
die graue Nobisschenke,
die Toten, die man gut begrub,
die füllen hier die Bänke.

Den liebsten Buhlen, den ich han,
er leit beim Wirt im Keller,
er hat ein hölzins Röcklein an
und heißt der Muskateller.
Er hat mich nächten trunken gmacht
und fröhlich heut den ganzen Tag,
Gott geb ihm heint ein gute Nacht!
(16. Jh., Süddeutschland)

110 Nobiskrug, Ausschnitt aus einer Spielerszene. Holzschnitt, 1553.
Zürich, Zentralbibliothek

Die Hand, die dort den Hunden pfiff,
Und die am Webstuhl blank sich schliff,
Und die von Schmiedeglut verbrannt,
Die eignen Schwielen kaum umspannt,
sie greifen hier zum Kruge,
ein Schalk, ein Gauch, ein Narr, ein Schelm,
die dudeln dazu eine Fuge.

Wie fiedelt die Fiedel, wie gunkst der Gauch,
der die Kalbshaut haut auf der Pauke Bauch,
ein Gelächter springt auf, das wie Weinen klingt,
ein Schrei, der wie eine Glocke zerspringt:
– Zum letzten Mal mit andern!
Denn morgen heißt's zur Einsamkeit,
Zur ewigen zu wandern.

Die gewaltige Trinkleidenschaft vor allem des 16. und 17. Jahrhunderts ebbte in der Folgezeit ab: Weit mehr als alle Verordnungen, Strafen, moralischer Abscheu und Warnungen vor gesundheitlichen Schädigungen bewirkte dieses Nachlassen die Einführung dreier fremdländischer Getränke, nämlich von Kaffee, Tee und Kakao. Sie kam – wenn wir all die neuen Einrichtungen, Geschirre, Sitten und gesellschaftlichen Folgen bedenken – einer Kulturrevolution gleich. Der um natürliche Heilmittel bemühte Arzt Ossiander stellt zu Beginn des 19. Jahrhunderts klar heraus, daß zu den vornehmlichsten Gegenmitteln gegen Trunksucht die Gewöhnung an Kaffee gehöre: *»Menschen, die im Kaffeetrinken und der gelinden Exzitation, die er bewirkt, Genuß finden, sind selten Schnaps- und Weintrinker von Profession; und es ist unleugbar, daß seit die Sitte, Kaffee zu trinken allgemein geworden ist, die Lust am unmäßigen Weintrinken sehr abgenommen hat.«* [99] – *»Das Kaffeehaus brach die Vorherrschaft der Trinkstube«*, formuliert Günther Schiedlausky (1961) dieses Phänomen. [100]
Durch Reiseberichte war die Existenz von Tee, Kaffee und Schokolade spätestens im 16. Jahrhundert in Europa bekannt; ihren Einzug nahmen die Getränke auf dem gewohnten Weg kulinarischer Neuheiten von der Medizin zum Luxusgetränk für erste Gesellschaftskreise weiter zum Genußmittel breiter Schichten. Gegen Mitte des 17. Jahrhunderts war es so weit: zunächst wurden Kaffeehäuser in den Hafen- und Handelsstädten gegründet (Venedig 1645, London 1652, Marseille 1654, Hamburg 1671), dann bahnten Café-Haus-Gründungen in ganz Europa dem Getränk den Siegeszug.
Wien, dem zu Unrecht der Ruf der frühesten Kaffeestadt anhaftet, kam erst langsam auf den Geschmack nach der Befreiung von den Türken (1683), die erhebliche Mengen ungebrannten Kaffees zurücklassen mußten. Einige Serben und Griechen wußten die Gunst der Stunde zu nutzen und errichteten die ersten Cafés. Ein Jahrhundert später besaß die Stadt etwa zwei Dutzend dieser Einrichtungen,

111 Die »Conditorei Sprüngli« in Zürich. Holzschnitt, 19. Jahrhundert.

während es in Paris bereits 900 gab. Ab 1800 allerdings entwickelte sich das Wiener Kaffeehaus zu einem den Lebensstil prägenden Element. Politisch und literarisch Interessierte suchte man durch das Auflegen möglichst vieler Zeitungen anzulocken; besonders das Café Kramer und das Neunersche Kaffeehaus bildeten sich zu reinen Literatenlokalen aus. Gegen Ende des Jahrhunderts vertrat diesen Typ das »Griensteidl«, wo Schriftsteller wie Anzengruber, Schnitzler, Hofmannsthal, Bahr mit anderen Künstlern und fortschrittlichen Politikern verkehrten.

Diese neue Form der Gastlichkeit traf man nach 1800 in allen geistigen Zentren des Abendlandes an. Das weltbekannteste Künstlercafé ist wohl das Café Greco in Rom; die Gespräche, die hier im Laufe von 200 Jahren über Kunstprobleme geführt wurden, gäben zusammengefaßt in Buchform einen unschätzbaren Beitrag zur europäischen Kulturgeschichte!

Zürichs letztes klassisches »Wiener Caféhaus« (im Jugendstil), das Grand-Café Odeon am Bellevue zwischen See und Altstadt, mußte im Frühjahr 1972 schließen. Aus dem Begegnungsort in Theater- und Museumsnähe, dem Treffpunkt weltberühmter Intellektueller, der Oase gepflegten Müßiggangs, war ein Quartier jugendlicher Raudis und Rauschgifthändler geworden, bedingt durch die schleichende Umstrukturierung des ganzen Stadtviertels. Aber wie die Münchener Bürgerinitiative sich gegen die Zweckentfremdung des Literatencafés »Annast« erhob, so wandten sich 7000 Bürger Zürichs energisch gegen solchen Ausverkauf der guten Tradition: ein kleiner Machtkampf mit großem geistigen Hintergrund!

In Südeuropa, vor allem im Südosten, hat das Café bis heute seine gesellschaftliche Rolle bewahrt. Josef Stehle schreibt 1926: »*Noch mehr als Wien ist Budapest die eigentliche Stadt der Kaffeehauskultur. Das Gebotene ist vorzüglich, die Bedienung aufmerksam. Eines jeden Stammgastes Gewohnheiten kennt der Kellner genau. Ohne zu fragen bringt er den Kaffee in der Form, wie dieser ihn zu nehmen pflegt, ohne Milch, mit viel Milch, mit wenig Milch usw., legt stillschweigend die von dem Gaste regelmäßig gelesenen Zeitungen vor ihn hin. Ist der Kaffee ausgetrunken, so stellt er ebenso stillschweigend ein Glas Wasser hin zum Zeichen, daß der Gast schon etwas konsumiert habe. Dieser kann nun, ohne anderes zu verzehren, beliebig lange im Kaffee bleiben. Abends spielt in fast allen diesen Lokalen eine Zigeunerkapelle.*« [101]

Auf dem Balkan spielt das Café vor allem im geschäftlichen Bereich eine wichtige Rolle. Nicht nur mündliche Absprachen mit Partnern und Kollegen werden hier getroffen, auch die schriftliche Korrespondenz kann wie in einem Kontor erledigt werden. Ziehen sich die Verhandlungen in die Nacht hinein, so macht man das Lokal auch zur provisorischen Herberge.

Ähnliche Gepflogenheiten – auf etwas anderem Niveau allerdings – werden von Johanna Schopenhauer 1803 aus London gemeldet: »*Viele Herren besuchen bald nach dem Frühstück ihr gewohntes Kaffeehaus, wo sie einen großen Teil ihrer Geschäfte abtun, eine Menge Briefe aus der Stadt und andere Bestellungen harren schon ihrer; dorthin verlegen sie auch gewöhnlich ihre Zusammenkünfte mit Freunden, um über wichtige Dinge sich mündlich zu besprechen und Verabredungen zu treffen. Die Wirtin des Hauses nimmt auf ihrem erhöhten Sitz unten am Eingange alles an und bestellt es mit pünktlicher Treue an ihre Kunden, die sie alle persönlich kennt, weil sie es fast nie verfehlen, sich zur nämlichen Stunde einzustellen… eine Menge unnützer Gänge und viel sonst verlorene Zeit werden dadurch erspart.*« [103]

Ein weiterer Typ des Caféhauses schälte sich, von Norddeutschland ausgehend, im Laufe des 19. Jahrhunderts heraus: das Konditorei-Café. Hatten sich zu Beginn die Kaffeehäuser auf das Verabreichen der puren Getränke Kaffee, Tee oder Kakao beschränkt, die höchstens durch Milchbeigabe, Zucker und Zitrone bereichert waren, so trat zunächst als Nebenausschank noch der von Likören und bestimmten Schnäpsen hinzu. Die Gewohnheit, dazu kleine Biskuits zu reichen, wurde von den Damen bald auf allerlei anderes Gebäck ausgedehnt. Cafétiers nahmen die Chance wahr, ließen diese Zugaben anschwellen, bis schließlich Zuckerzeug, Kuchen und Torten fast zur Hauptsache wurden.

Diese Art des Kaffee-Konsumierens entsprach insbesondere der Neigung des weiblichen Geschlechts, das nun einer gewissen geselligen Blüte zustrebte: dem Kaffeekranz, der als Pendant zum männlichen Stammtisch gelten kann. Noch mehr als dort wurde auf Standesgleichheit, auf das »unter uns« geachtet, während die Gesprächsthemen weit über die Grenzen dieses Zirkels hinauswogten. In bezug auf Frauenemanzipation bedeutete diese bürgerliche Form weiblicher Gesellschaft eher einen Rückschritt. Zu Beginn der Kaffee-Epoche hatte die Frau nämlich als Herz des »Salons« einen bedeutenden geistigen Aufschwung genommen. Nicht immer trugen diese Zusammenkünfte rein privaten Charakter; sie waren gelegentlich auch in öffentlichen Kaffeehäusern etabliert. Diese Salons »*beförderten die*

»Sind mehr Gäste im Hause als Betten vorhanden sind, dann ist dies noch durchaus kein Grund, die überschüssigen Gäste zurückzuweisen. Diese machen es sich dann auf dem Fußboden bequem. Es gibt in der türkischen Hauptstadt ›Geschäftsleute‹, die weder ein Geschäftslokal noch eine Wohnung haben. Sie besitzen eine alte wollene Decke, einen Karton mit Briefbögen, die wunderbar klingende, mehrsprachige Titel als Briefkopf führen und sind außerdem auf ein Postschließfach abonniert… Im griechischen Gasthaus, in dem sie ›wohnen‹, rollen sie morgens ihre Decke, in die eingehüllt sie die Nacht auf dem Boden zugebracht, zusammen, holen von der Post ihre Korrespondenz ab und erledigen dann bei einer Tasse Kaffee, die sie zu stundenlangem Aufenthalt berechtigt, die Antworten an einem der Marmortischchen im Kaffeehaus…« [102]

◀ 112 »Hallo Thomas, zwei Tee und ein Brandy gehen über den Zaun!«, Karrikatur eines englischen Tee-Gartens von W. Heath, 1830.

114 »Die Eiskonditorei«, Stich um 1820.

Entstehung einer von Geist und Bildung getragenen Geselligkeit, an der Männer und Frauen gleichberechtigt teilnahmen... Der Salon bot ihr (der Frau) nun Gelegenheit zur Entfaltung der Persönlichkeit. Hier konnte sie... den Gang der Konversation bestimmend, an den geistigen und künstlerischen Strömungen ihrer Zeit teilnehmen. Die Befreiung der Frau aus ihrem Winkel ist... die größte Leistung der Aufklärung, der Toleranz und des Kaffees«.[104]

Diesem Charakter des privaten Salons entsprach von Anfang an die Ausstattung des Kaffeehauses. Kleine Marmortische mit einem bis vier zierlichen Sesseln boten dem einzelnen die Möglichkeit, sich in seine Gedanken oder Zeitungen einzuspinnen, sie boten aber auch kleinen Gruppen die Gelegenheit zu individuellem Gespräch. Die Runde wurde nach Bedarf erweitert, indem man noch Sitzgelegenheiten hinzurückte oder, im Kreis stehend, das Thema aufnahm. Dabei wurden die Täßchen in der Hand gehalten oder auf den Tischen abgestellt. Auf die interessante Entwicklung des Porzellangeschirrs, überhaupt des Kaffee- und Teeservices, kann hier nicht eingegangen werden.[105]

Da solche Zusammenkünfte sich hinzudehnen pflegten, waren die Cafétiers darauf bedacht, die Sitzgelegenheiten so anziehend wie möglich zu gestalten: aus harten Bänken oder Stühlen wurden bequeme Sessel, Chaiselonges, Polsterecken. Tappisserien, Kristallüster, Spiegel, tauchten die vornehmen Lokalitäten – wie das richtungweisende »Procope« in Paris – in eine Atmosphäre stimmungsvoller Eleganz.

Im Anschluß an die Ostasien-Mode des 18. Jahrhunderts entstanden in gehobenen Kreisen vor allem Englands auch Teestuben; sie verbürgerten allmählich zu volkstümlichen Einrichtungen. Ein gastliches Niveau von der kulturellen Bedeutung etwa des japanischen Teehauses wurde dabei nie angestrebt.

Erholungsstätten

Größere Reisen unternahmen bis zum Beginn der Neuzeit nur Personen, die aus militärischen, politischen oder beruflichen Gründen dazu gezwungen waren: Soldaten, Fürsten und ihre Beamten, Kaufleute, Wissenschaftler. Seit Albrecht Dürer etwa, der in Italien künstlerische Anregungen und Informationen suchte, begaben sich neben den genannten Personen auch schöpferisch begabte Menschen

◀ 113 In einem Café in Berlin, Zeichnung von Max Richter, 1904.

auf Reisen. Diesen »Bildungsreisen« galten in der Folgezeit zahlreiche literarische Darstellungen, denken wir an »Wilhelm Meister« von Goethe oder den »Grünen Heinrich« von Gottfried Keller. Der Durchschnittsbürger scheute das Reisen schon der Anstrengungen wegen; auch war ihm der Begriff des Ausspannens oder der Ferien fremd: es wäre ihm nicht eingefallen, ohne konkreten Anlaß die vertraute Umgebung zu verlassen. Seine Naturliebe beschränkte sich auf die heimatlichen Gefilde. Erst der geistige Wandel, den die Aufklärung im Verhältnis zur freien Natur brachte, bewirkte eine Belebung des Dranges nach »Welt-Erfahrung«. Der Schweizer Schriftsteller Albrecht von Haller stellte die erhabene Natur der Bergwelt in seinem Werk »Die Alpen« emphatisch heraus. – Als frühen Vorläufer der Gebirgsbegeisterung könnte man Petrarca nennen, der wohl als erster einen Alpengipfel zu seinem persönlichen Vergnügen bestiegen hat, den Mont Vendoux in der Haute Provence.

Um die Wende des 18. zum 19. Jahrhundert mehrte sich die aufklärende und bildende Reiseliteratur. Carl Baedeker (1800-1856) gab 1832 die »Rheinreise von Mainz bis Köln« und 1846 das »Handbuch für Reisende in Deutschland und dem österreichischen Kaiserstaate« heraus. Diese Schriften – letztere erwähnt bereits Eisenbahnen und bringt auch schon Urteile über Gasthöfe – waren der Beginn einer verlegerischen Tätigkeit, die sich speziell dem Reisebuch widmete.

Zum Vergnügen konnte das Reisen erst werden, als sich die Straßenverhältnisse gebessert hatten, als größere Sicherheit und auch mehr Bequemlichkeit geboten wurden. Die harten Reisewagen waren im Lauf des 18. Jahrhunderts durch die gefederten, in Riemen hängenden Kutschen ersetzt worden. Postkutschensehnsucht, Lieder fahrender Handwerksburschen und Studenten sind Ausdrucksmittel der romantischen Bewegung, die sich um 1800 von dem Lebensgefühl der Aufklärung und Klassik abzusetzen begann. Die Menschen strömten in Scharen hinaus in die Täler und Berge, zu Naturschönheiten und neuentdeckten Kunstwerken. Wanderleben und Wirtshauspoesie gingen Hand in Hand.

Nun war es sicher nicht mit den Umständen und Gepflogenheiten aller Stände zu vereinbaren, ein ungebundenes Wanderleben auf das Papier zu schreiben. Das vornehme Patriziat huldigte dem neuen Trend nach »Sommerfrische«, indem es alte Landgüter und Burgen der näheren Umgebung aufkaufte und für einen Aufenthalt der Familie im Grünen einrichten ließ. Diese Erscheinung kennen wir von Hamburg, Bremen, Riga, Nürnberg und zahlreichen anderen größeren Städten. Der Sommersitz des Frankfurter Senators Jakob von Willemer beispielsweise war die später zur Gaststätte ausgebaute Gerbermühle, in deren ländlicher Idylle auch Goethe mehrmals weilte und Anregung zu seiner Suleika-Lyrik fand.

115 Engländer auf Reisen in Deutschland. Lithographie um 1852.

116 »Abschied von den Ferien«, nach einem Gemälde von L. Blume-Siebert, Ende 19. Jahrhundert.

117 Sonntagnachmittag in einem Berliner Sommertheater. Zeichnung von W. Winck, 1898.

118 Bad Plombières in Frankreich. Holzschnitt, 1553.

»Und wie das Amen dem Gebet, folgte ein Raufhandel dem Tanz. Auf der Meldung im Polizeirevier an der Kazmairstraße hieß es: ›Schutzmann Brand und Köppel in' Friedenheimer Garten, raffa teans wieder‹. Die Schutzleute, beide Oberfranken und von kleiderkastenmäßiger Statur, trabten gemütlich der Stätte ihres allsonntäglichen Wirkens zu, schoben sich, Rücken an Rücken in den Knäuel der Raufenden und trieben die Erhitzten mit Püffen und Remplern zur Wirtshaustüre hinaus. Gesprochen wurde kein Wort, es lief alles ganz reibungslos ab, wenn das Wort hier gestattet ist. Die überschüssige Kraft war abgelassen: ›San ma wieder guat!‹« [107]

Im Laufe des 19. Jahrhunderts wurde es allgemeine Sitte der oberen und mittleren Bürgerschichten, mit Sack und Pack, Kindern und dienstbaren Geistern die hochbeladene Kutsche zu besteigen und für einige Wochen »aufs Land« zu fahren. Wenn man nicht Verwandte mit seinem Besuch beehren konnte, erholte man sich in ländlichen Gasthöfen und genoß die ganz andere Lebensweise. Ab 1850 etwa wurde auch die jährliche Badekur üblich; bei diesen Aufenthalten in Baden-Baden, Pyrmont, Bad Gastein, Karlsbad usw. fielen Zweck (Gesundung) und Vergnügen zusammen.

Nur der Wohlsituierte konnte sich diesen Luxus leisten. Der weniger finanzkräftige Bürger begnügte sich mit Tagesausflügen in die Umgebung. Weit kam man ohnehin nicht in der knapp bemessenen Freizeit, die bei kleinen Leuten oft nur einen Sonntagnachmittag ausmachte. Man zog in die »Lustgärten« oder Bierkeller. Viele Brauereien waren, wie gesagt, aus den Zentren hinaus an den Rand der Städte verzogen, wo sich schon vorher die großen Lagerhallen (zur Nachgärung) befanden. Sie richteten neben dem Brauhaus einen Gasthof oder zumindest eine schattige Sommerwirtschaft ein. 22 solcher Bierkeller gab es vor dem 1. Weltkrieg allein um Bayerns Hauptstadt. Auf liebenswürdige Weise schildert Karl Spengler das Wochenendtreiben der biedermeierlichen Ausflugsstätten rings um München: *»Nah lagen die Ausflugsziele. Zur ›Villa Flora‹ etwa an der Hansastraße mit ihrem prächtig verwilderten Park, den Kegelbahnen und vor allem den knusprigen Kücheln und Kirchweihnudeln der Wirtin Hagmayr; zum ›Zanker-Gütl‹, einer Schafzüchterei halbwegs nach Holzapfelskreuth, wo freilich das sauerste Bier vom abgestandenen Banzen lief. Wer weiter hinausstrebte, drehte sich um ein Fünferl beim Gärtner Gerzer eigenhändig einen Rettich aus dem Beet und holte sich auf dem sonnendurchglühten Weg zum ›Fichtl‹ oder zum ›Waldschlößl‹ in Holzapfelskreuth den gehörigen Durst dazu. Bei sinkender Sonne bot die äußere Westendstraße... den Anblick einer wahren Völkerwanderung von kinderwagenschiebenden Müttern, mit Vätern, die sich den schlafenden Wiggerl oder Micherl aufgepackt hatten, während die ältere ›Schossy‹ mit aufgeweichten Stopsellocken und in Zeugstieferln schon recht damenhaft heimwärtsschwebte.«* [106]

Nicht jeder gelangte in Familienobhut zum heimatlichen Hafen; mancher war seßhaft geworden und tat des Guten zuviel. Gegen Mitternacht kam es in den Biergärten oft zu einer handfesten Rauferei – ein Wort, eine mißdeutete Bewegung genügte, um die erhitzten Gemüter aufzubringen. Meistens geschah es »zum Gschpaß«, wie der Bayer sagt, war mehr ein Kraftmessen, eine sportliche Übung. Wer aber glaubt, die Wirtshausrauferei sei eine altbayerische Angelegenheit, der möge sich die Gerichtsprotokolle verschiedener Zeiten und Länder vornehmen. Folgendes geschah beispielsweise in einem mittelfränkischen Landgasthaus (Titting) 1654: *»So seyens in drunkenheit mit straichen aneinander geraten und Wanger ihm cläger ein stickle von der nasen gebissen...«* Auf diese Anklage antwortet der Partner vor dem Richter: *»Wann er ihme nit selber in backen gebissen, so hätt er ihne auch nit in die nasen gebissen.«* – In einem Bericht der Klosterverwaltung Heilsbronn (Mfr.) von 1711 über eine Wirtshausrauferei steht, es sei zunächst zu einem Wortwechsel gekommen, *»darauf langet der Seger gleich nach mir und schlägt mich ins gesicht und auf das aug, darauf sein wir von dem tüsch hervor und aneinander kommen, und ich hab mich seiner nicht erwehren können, und hat mich in die stuben ge-*

worfen und auf mich gekniet und stets auf mich geschlagen und den kopf aufgehoben und zu boden gestoßen, bis endlich mein gevatter Hans Megenhoff darzu kommen und den Seger heruntergerissen...« [108]

Solche Intermezzi aber konnten den Drang zum Wochenendvergnügen in keiner Weise beeinträchtigen. Wenn man sich in Wien wie auf dem Lande fühlen wollte, wanderte man hinaus zum »Eckl« in der Sieveringerstraße, ins Au-Restaurant, zur Alten Mühle im Park des Schlosses Laudon oder zur Nikolauszeche in Purbach, einem ehemaligen (1550 errichteten) Pfarrhof. – Für die Frankfurter war u.a. das »Frankfurter Haus« bei Neu-Isenburg ein beliebtes Ausflugsziel; es hatte ab 1680 als Forsthaus gedient und erhielt 1704 das Schankrecht.

Für die Beliebtheit der ländlichen Gasthäuser bei den Städtern gab es noch andere Gründe: Die Verordnungen über die Gaststätten innerhalb der Stadtmauern waren so streng und einengend, daß der Bürger auf die Wirtschaften der umliegenden Dörfer auswich und dort seine sonntägliche Zeche machte. So mußte sich z.B. der Stadtrat von Ulm mehrmals mit der Sachlage beschäftigen, daß die vor den Toren und auf den Höhen ringsum liegenden Gartenwirtschaften wochenends überfüllt waren, während die städtischen Wirte über schlechte Geschäfte klagten. Junge Fischer z.B. bauten sich draußen in einem Garten eine Kegelbahn (1780) und suchten um Erlaubnis zum Ausschank nach. In dem Garten des Wirtes Müller zum Hohentwiel kamen an die zwei Dutzend Bürgersleute zusammen, kauften ein Faß Bier und unterhielten sich bei Kegel- oder Kartenspiel. Sie gründeten 1793 den Verein »Gesellschaftsgarten«.[109]

So gab und gibt es um jede Stadt herum mehr oder weniger anspruchsvolle Ausflugs- und Wanderziele mit viel Lokalkolorit. Der Trend zum Aufnehmen frischer Luft, zum Sich-gesund-Wandern, zur Ausgleichsbewegung, verhilft heute wieder der Dorfwirtschaft und der eigens für Erholungszwecke angelegten Raststätte im Grünen zu einer ungeahnten Blüte.

Gerade das ungeheure Anwachsen der Städte, die Zusammenballung der Menschen auf engem Raum unter stetig sich verschlechternden Arbeits- und Umweltbedingungen hatte im Laufe des 19. Jahrhunderts der sportlichen Betätigung eine große Chance gebracht: Turnvereine, Wanderclubs und alle möglichen Spezialdisziplinen erwarben ihre eigenen Grundstücke, Häuser und Lokale mit mehr oder weniger öffentlicher Bewirtung.

An Englands Südküste entstand in Folkestone ein allen Sportlern wohlbekannter Gasthof, »The True Briton«. Weltklasse-Boxer wie Larry Gaius, Tancy Lee oder Johny Summers schlugen hier ihr Quartier auf; die Kanalschwimmer sahen im »True Briton« ihre Ausgangs- und Endstation.[110] Ein kleines Haus an der Ostküste, wie ein flaches Boot ins Land hineingeschmiegt (»an honorary flat -bottomed boat«) ist »The Pleasure Boat of Hickling«.[111] Es ist seit langem Zentrum des Schlittschuh- und Eishockey-Sportes.

Die Alpenvereine bieten in einfachen Schutzhütten und in den großen Häusern alpiner Zentren ihren Angehörigen – aber auch Nichtmitgliedern nach Möglichkeit – Nachtlager und gastliche Betreuung bis in die höchsten Bergregionen.

Sportbegeisterte Engländer überfluteten als erste die Schweiz, die umgehend dem Gebot der Stunde Rechnung trug und Hotels und Berghäuser im englischen Stil errichtete (»Bristol«, »Palace«, »Metropol« usw.).

In Deutschland führte der Harz die frühe Fremdenverkehrswelle an. Schon 1800 wurde eine Unterkunft auf dem Brocken errichtet.

»Das Wirtshaus, mitten auf dem Brocken, eins der höchstliegenden Häuser in Deutschland, wurde im Jahre 1800 vom jetzt regierenden Grafen Friedrich von Wernigerode erbaut. Es heißt nach ihm ›Friedrichshöhe‹, ist 130 Fuß lang und 30 tief. Seine Mauern sind 5 Fuß dick. Man kann darin so bequem, als es auf einer solchen Höhe nur zu verlangen ist, logiren, auch mit Pferden unterkommen. In der Regel erhält man kein Bette, sondern nur eine Art von Sopha nebst wollner Decke zum Lager. Wer aber Betten darauf verlangt, kann sie erhalten... An Victualien aller Art, selbst an luxuriösen, ist kein Mangel, und hat man daher nicht nöthig, sich damit zu belasten. Wer es bedenkt, was die Hinaufschaffung derselben für Mühe und Kosten verursachen, wird seine Zeche nie hoch finden...« [112]

Auf den Höhen von Riesen-, Erz- und Fichtelgebirge standen »Bauden« den Wanderern zur Verfügung. Oft waren sie so primitiv wie mittelalterliche Herbergen mit Bänken oder einer Heuschütte als Liegestatt; aber den Natur- und Wanderbegeisterten boten sie willkommene Oasen in den unwegsamen Mittelgebirgen. Der Wirt der Baude auf der Schneekoppe schrieb an: *»Die kalte Küche wird ein jeder mitte bringen, weil ich den Garkoch nicht kann auf die Berge ziehen, doch wart ich jedem auf for Geld bei welcher Not mit Butter, Käse, Milch, mit Branntwein, Bier und Brot...«* [113]

Den vergleichsweise spärlichen »Scharen« von Sportlern zur Zeit unserer Urgroßeltern genügten solch einfache Refugien; heute sind an ihre Stelle oft gewaltige Sporthotels mit Hallenbädern, hauseigenen Skilifts, Tennis- und Golfplätzen u.a. getreten. Je populärer der Sport wurde, desto größer wurden die Ansprüche, die man an Gerätschaften, Übungsgelände und Unterkünfte stellte. Heute muß sich ein Gastgeber viel einfallen lassen, um das verwöhnte Publikum zu befriedigen. Verschiedene Hotelgesellschaften preisen als Ferienidee im Zeichen der »Trimm-dich-Bewegung« ein individuelles Aktivitätsprogramm an.

V Gasthof Adler in Großholzleute bei Isny (Allgäu). Erbaut um 1400.

Gasthof Adler
Erbaut um 1400

119 121 ▼

120 122 ▼

119 Alter Gasthof an der Verkehrsstraße in Atzwa, Südtirol (Italien).

120 Alter Gasthof »Dettl« an der Inntalstraße (Österreich).

121 Gasthaus Baldauf in Pettnau, unmittelbar an der Straße nach Innsbruck. Das Bild des St. Christophorus als Patron, der die Reisenden vor einem jähen Tod schützen soll. Daneben ein Fuhrmannszug als Zeichen, daß hier Mann und Roß Unterkunft finden.

122 Gasthof an einer Verkehrsstraße in Müllheim/Baden.

123 Gasthof »Zum Gröbernhof« bei Zell-Harmersbach (Schwarzwald).

124 Gasthof »Zum Sternen« an der Straße nach Menziken (Schweiz).

125 Yard des alten Gasthofes »The White Bear Inn« in Piccadilly (England). Zeichnung um 1820.

126 »The Angel and Royal Hotel« in Grantham, eines der traditionsreichen Gasthäuser in England. Es diente bereits im Mittelalter als Quartier für Fürsten. Durch den Torbogen hindurch ging es früher zu den Stallungen.

125

127 ▼

126

128 ▼

127 »The George Hotel« in Huntingdon (England), Hof mit Außentreppe und Galerie.

128 »The Bear and Billet Inn« in Chester (England). Das Haus wurde 1664 erbaut.

129 »The George Inn« in Norton St. Philip (England), um 1400 als Kartäuserkloster gegründet. Es nahm ursprünglich die Kaufleute des Wochenmarktes und der Textilmesse auf.

130 »Ye Oldes Beverlie« in Canterbury (England).

131 »Landschaft mit Dorfschenke an einer Landstraße«, Gemälde von Jan Brueghel d. Ä. (1568-1625). München, Bayer. Staatsgemäldesammlungen

132 Das Kassubische Wirtshaus bei Wutzkow. Zeichnung von Daniel Chodowiecki, 1773.
133 »Der Pferdestall« von Philips Wouwerman, Mitte 17. Jahrhundert.
Amsterdam, Galerie Six
134 »Zwei Pferde an der Stalltür«, Gemälde von Théodore Géricault, um 1820/22.
Paris, Musée du Louvre

135 Der Fuhrmann von Flammerspach. Kupferstich von Jost Amann, 1577.

136 Fuhrmannsgasthof »Sternhof« in Nürnberg. Photo um 1870. Das Haus steht nicht mehr.

137 Ausspanngasthof »Goldene Weintraube« in Leipzig. Photo um 1910. Das Gebäude steht nicht mehr.

138 Das »Rothe Ross« in Nürnberg, ein berühmter Fuhrmannsgasthof. Photo vor 1909, das Haus existiert nicht mehr.

139 »Historisches Doktor-Faust-Haus«, Weinrestaurant in Bad Kreuznach, 1492 erbaut.

140 Die »Hellerschenke« in Dresden. Photo um 1930/35, steht heute nicht mehr.

141 »Holländerei« in Meldorf (Holstein). Dieses Hotel besteht seit 1731 und war häufig Rastziel dänischer und schwedischer Könige.

142 Gasthof »Zur Post« in Altenmarkt/Chiemgau mit zwiebelbekröntem Erkervorbau, um 1630 erbaut.

143 Hotel »Post« in Nagold, ein 400 Jahre altes Gasthaus (Ausleger s. Tafel XI).

144 »Ankunft der Schnellpost«, Gemälde von L.L. Boilly, 1803.
Paris, Musée du Louvre

145 Hotel »Parry House« an den Highland Falls (USA). Zeichnung, 1875.

146 Flößerwirtschaft »Grüner Baum« an der Isar vor München. Kupferstich von Franz Xaver Jungwirth, 1767.

147 Prospekt der Wirtschaft »Dutzendteich« bei Nürnberg. Stahlstich von J. L. Stahl, um 1790.

148 Gasthaus »Royal« an der Overtoom Gracht in Amsterdam. Stich aus dem 18. Jahrhundert.

149 »Wirtshaus zur Treib« am Vierwaldstättersee (Schweiz).

150 Schiffergasthaus in Treib am Vierwaldstättersee. Aquatinta von I. Hürlimann nach G. Lory fils, um 1830.

VI »Stammtisch in der Dorfschänke«, Gemälde von Adriaen van Ostade, 1660.
Dresden, Staatl. Kunstsammlungen

◀ 151 Im Vordergrund wahrscheinlich das Eimbecksche Haus, an der Pforte das Wirtepaar, den Gast empfangend; unter dem Fenster Streit unter den Gästen. Miniatur »van vorsate« aus der Bilderhandschrift des Hamburgischen Stadtrechts von 1497.
Hamburg, Staatsarchiv

152 Bierrufer in Erfuhrt, der in jedem Stadtviertel auszurufen hatte, wo und wann frisches Bier ausgeschenkt wurde. Zeichnung, 1685.
Erfuhrt, Stadtarchiv

153 »Bopp Bierhalle« in Marburg.

154 »Zum Roten Ochsen«, Gemälde von Adolf Schroedter, 1833. Berlin-Ost, Nationalgalerie

155 Der Bockkeller in München. Lithographie, koloriert, um 1820.

156 »Der Pantoffelheld«, Doppelplastik über dem Eingang des Schweidnitzer Kellers am Rathaus zu Breslau (Polen).

157 Zinnkrug aus dem 16. Jahrhundert. Düsseldorf, Kunstmuseum ▶

158 »Klosterbrauerei«, Gemälde von Eduard Grützner, 1868. ▼

159 Haus Kammerzell in Straßburg. Erdgeschoß mit Lauben von 1467, Obergeschoß mit Fachwerk von 1587.

160 Hotel »Goldener Adler« in Innsbruck, in dem viele berühmte Leute abgestiegen sind, gegründet 1390. Von einem Fenster des ersten Stockes hielt Andreas Hofer seine Freiheitsrede gegen Napoleon.

161 Gasthof »Zum Bären« in Meersburg am Bodensee, um 1650 erbaut. ▶

162 »Weinstadl« in München, ehem. Stadtschreiberhaus, erbaut 1550.

163 Der Bockkeller in München. Lithographie, koloriert, um 1820.
München, Stadtmuseum

164 Ratskeller in Bremen. Erbauungszeit Anfang 15. Jahrhundert. Hier lagern die ältesten deutschen Faßweine, die schon Generationen von Zechern beflügelten.

165 »Zum Roten Bären« in Freiburg/Breisgau. 1390 zum ersten Male als Gasthaus beurkundet. Die Bauzeit der Keller liegt wesentlich früher.

166 Kloster Andechs: die Brauerei der Benediktiner, die das seit Jahrhunderten berühmte Klosterbier herstellt.

VII Garten des Münchener Hofbräuhauses.

HOFBRÄUHAUS MÜNCHEN

167 Hotel »Deutsches Haus« in Dinkelsbühl, 1543 errichtet. Fassadenschmuck aus dem 17. Jahrhundert.

168 Gasthaus »Krone« in Homberg, spätgotisches Fachwerkhaus, ab 1721 Gaststätte mit Posthalterei.

169 Hotel »Krone« in Aßmannshausen am Rhein, berühmt durch den roten Aßmannshäuser Wein. Im Ecktürmchen hatte der Freiheitsdichter Ferdinand von Freiligrath sein Standquartier. ▶

Krone
Krone
Krone

PERSTA INVICTA VENUS
HOTEL RITTER
RESTAURANT

◀ 170 Hotel »Zum Ritter« in Heidelberg, 1592 als Bürgerhaus erbaut.

171 Weinrestaurant »Zur Hohen Lilie« in Erfurt (DDR), um 1540 errichteter Renaissancebau.

172 Gaststätte »Spitzen Gebel« in Bremen, um 1400 als Bürgerhaus erbaut.

173 Hotel »Eisenhut« in Rothenburg ob der Tauber. Vier mittelalterliche Patrizierhäuser konnten als Bau erhalten und zu einem modernen Hotel umgestaltet werden.

174 Weinhaus »Altes Haus« in Bacharach am Rhein. Fachwerkhaus von 1368.

175 Das »Paulaner Stüberl« im ehem. Kern-Haus in Wasserburg am Inn. Das Haus ist aus dem 16. Jahrhundert, die Stuckierung von Joh. Bapt. Zimmermann von 1738. ▶

Paulaner
Stüberl
Sinalco
P

176 »Den gamle Kro« (Zum alten Wirtshaus), ein originelles Restaurant in Odense (Dänemark).

177 »Die Schnellpost«, Gemälde von Jean Louis Demarne, um 1850.

178 Gasthof »Rössle« in Scheidegg (Allgäu), erbaut 1905.

179 Historisches Gasthaus »Engel« in Küßnacht a. Rigi (Schweiz), erbaut 1405.

180 Gasthaus »Zur Rose« in Ladis (Österreich). Die Außentreppe führt zu den Gast- und Wohnräumen, im Erdgeschoß waren ursprünglich Lagerräume. Die Fassadenmalerei (bez. 1590) zeigt schwere Fensterrahmung und Bilder aus dem Alten und Neuen Testament.

VIII Hotel »Sonne« in Stein am Rhein (Schweiz). Das Haus wurde Anfang 16. Jahrhundert erbaut, die Fassadenmalerei ist aus dem 19. Jahrhundert.

178

179 ▼

Gasthof zur Sonne

181 Malerisches Gäßchen mit Restaurants und Hotels in Klausen, Südtirol (Italien).

182 Spätbarocker Ausleger.

183 Das historische Hotel »Zum Elephanten« in Brixen, Südtirol (Italien). ▶

Zum Elephanten
1551 1630
1773 1869

184 »The Knights Inn«, ein altes englisches Gasthaus in Windsor, erbaut 1525.

185 Altenglischer Gasthof »The Rose and Crown« in Bainbridge, Yorkshire (England).

186 »The Crown Inn« in Chiddingfold, Surrey (England).

187 Hotel »The Fighting Cocks« in St. Albans, Hertfordshire (England).

Gegenüberliegende Seite:
188 Abendessen in der King's Hall, College Cambridge. Der erhöhte Tisch im Hintergrund ist für die Professoren reserviert.

185

186

187 ▼

189 Doktor Faust mit den Studenten in Auerbachs Keller. Wandgemälde in Auerbachs Keller in Leipzig, 17. Jahrhundert.

190 Das berühmte Studentenlokal »Zum Seppl« in Heidelberg.

191 Studentenlokal »Zum Roten Ochsen« in Heidelberg, erbaut 1703.

192 Studentenkneipe »Zum schwarzen Bären« in Göttingen, das Fachwerkhaus wurde um 1500 erbaut.

189

190 ▼

191

192 ▼

193 Studentenwirtin Aennchen Schumacher (1860–1935) im Alter von 17 Jahren, handkoloriertes Photo. Bonn-Bad Godesberg, Aennchen Museum

194 Studentenlokal »Zur Lindenwirtin Aennchen« in Bonn-Bad Godesberg. Das Lokal wurde 1971 abgebrochen, soll aber bis 1974 mit der originalgetreuen Nachbildung der Vorderfront wieder aufgebaut werden.

195 Göttinger Burschenschaftler in ihrem Lokal. Photo von 1900.

194

195 ▼

196 Kaffeemaschine aus dem 19. Jahrhundert.
Basel, Sammlung Braunschweig & Co.

197 Eiserne Kaffeemühle, Ende 18. Jahrhundert.
München, Fa. Eilles Kaffee – Tee

198 Kaffeehaus in Isfahan (Persien). Der Name ist irreführend, denn meist trinken die Perser Tee. Bänke gehören zur traditionellen Ausstattung. Am Tage kann der Kunde darauf hocken, nachts dienen sie als Betten.

199 Türkischer Kaffeeverkäufer. Lithographie von B. Tatikian, 19. Jahrhundert.
Basel, Sammlung Braunschweig & Co.

Oben:
200 Eine Freilicht-Teestube in Buchara, einem islamischen Gebiet der UDSSR.

201 »Kolschitzky's Caféhaus zu der Blauen Flaschen«, erstes Kaffeehaus in Wien. Gemälde von Franz Schams, 1683.

202 »Das Café dei Servi in Mailand«, Gemälde von Bisson, um 1835.
Rom, Coll. Mario Praz

203 Die Sitkassiererin vom »Silbernen Kaffeehaus« in Wien. Lithographie von V. Katzler, 1841.

204 Café Luitpold, um die Wende vom 19. zum 20. Jahrhundert Münchens größtes und vornehmstes Kaffeehaus. Zeichnung von Edwin Heine, um 1890. München, Stadtmuseum

205 Sommernachmittag im Münchner Hofgarten. Zeichnung von F. Guillern, 1898

206 Im Kaffeehaus nach der Redeschlacht im Parlament. Zeichnung von Friedrich Stahl, 1887.

207 »Im Café«, Gemälde von Arthur Kampf, Ende 19. Jahrhundert.

208 Ein kleiner Ausschnitt aus dem großen Komplex des Café Sacher in Wien.

209 Kuchenauswahl im Café Demel in Wien.

210 Café-shop im Hilton Hotel in Paris.

211 Caféterrasse in Wildbad (Württ.).

212 Das Literatencafé »Deux Magots« auf dem Boulevard St. Germain in Paris.

IX »Das Café Greco in Rom«, Gemälde von Ludwig Passini, um 1850.
Hamburg, Kunsthalle

ESPOSIZIONE
EXPOSITION
EXHIBITION

213 Zeitungsleser im Café Frech in München.

214 »Der Zeitungsleser im Kranzlereck in Berlin«, Lithographie von Th. Hosemann, 1848.

215 Café Annast in München.

216 Confiserie Sprüngli in Zürich.

213

215 ▼

214

216 ▼

217 Historisches Lokal »Kaffeebaum« in Leipzig, um 1694 erbaut. Portal mit Kaffee trinkenden Türken.

218 Das Café Tomaselli in Salzburg, 1703 gegründet.

219 Eingang zum berühmten Literatencafé Procope in Paris, gegründet 1686.

220 Das Literatencafé Flore in Paris.

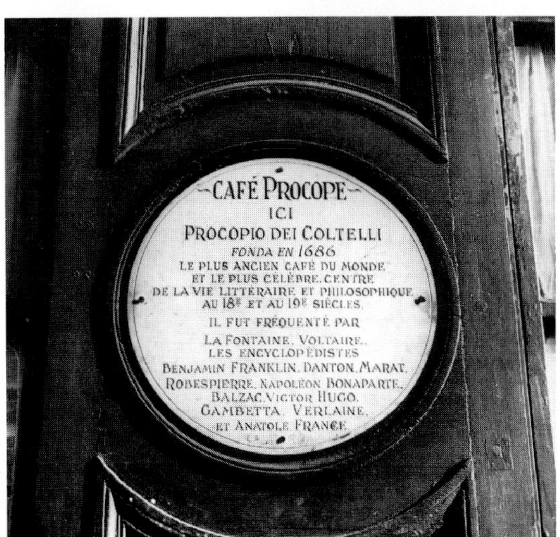

221 »Wirtshausgarten«, Gemälde von Jan Steen, um 1650. Berlin-West, Staatl. Museen Gemäldegalerie

222 »Ländliches Fest in der Schenke zum Halbmond«, Gobelin von Francesco und Antonio Galli-Bibiena, 1748/52. Wien, Redoutensaal

223 »Der Prater zu Wien«, Aquarell von Joh. Heinr. Ramberg, 1792. Hannover, Kestner-Museum

224 400-Jahres-Fest der Münchner Hochschule, das »Kellerfest am 2. August 1872«.

225 Die Marieninsel in Hannover, ein Etablissement mit Freilufttheater. Gemälde von Carl Grote, 1869.

226 Zusammenkunft der Berliner Liedertafel in einer Gartenwirtschaft. Photo von 1877.

Zur
guten Que

227 Café Robinson in Paris. Illustration von Jean-François Raffaëlli, 1870.

228 Sonntagnachmittag in einem Münchner Bierkeller. Xylographie, 1887.

229 Patzenhofer Brauerei in der Landsberger Straße in Berlin. Postkarte von 1904.

230 Sonntagsausflug in das Berliner Ausflugslokal Hasenheide. Zeichnung von Werner Zehmg, um 1890.

231 Tafel vor einem Wirtshaus in der Hasenheide.

232 »Auseinande sog I!«. Kolorierter Holzschnitt aus der Biedermeierzeit.

233 »Raufende Bauern in einem Landgasthof«, Detail aus einem Gemälde von Adriaen van Ostade, 1656.
München, Bayer. Staatsgemäldesammlungen

234 Rauferei in einer niederbayerischen Schenke. Genrebild 1872.

X »Wirtshausrauferei«, Gemälde von Karl v. Enhuber, 19. Jahrhundert.
München, Bayer. Staatsgemäldesammlungen ▶

232

234 ▼

◀ 235 Zwangloses Treiben in einem Badehaus der Renaissance. Miniatur des 15. Jahrhunderts.
Paris, Bibliothèque Nationale

236 Unterhaltung und Bewirtung Badender in Leukerbad. Kolorierter Umrißstich von A.S. v. Fischer, um 1780.

237 Das Gyrenbad mit Wirtshaus im Kanton Zürich. Kupferstich von Joh. Mejerum, 1703.

238 Küstenlandschaft bei Pratica, Gesellschaft am Strand. Gemälde von Philipp Hackert, 1780. Berlin-West, National Galerie

239 Die Rigi-Scheidegg-Bahn am Vierwaldstättersee (Schweiz) und Rigi-Hotel. Lithographie um 1875.

240 Kurhaus Mürren, im Hintergrund das Gspaltenhorn, Kt. Bern (Schweiz). Photo um 1900.

241 Hotel Glacier in Grindelwald (Schweiz). Photo von 1895.

242 Badehotel im Kurpark von Bad Wildungen.

243 Vor dem Kurhaus in Baden-Baden.

244 Kurhaus in Bad Ems.

245 Kurhaus in Bad Kreuznach.

246

248 ▼

247

249 ▼

246 Langefluhhütte mit Allalinhorn (Schweiz). Photo um 1900.

247 Das Brockenhaus, Stich von J.A. Darnstedt, um 1800. Museum der Stadt Goslar

248 Schneefernerhaus auf der Zugspitze, Hotel und Gaststätte.

249 Wirtshaus am Vereinigungspunkt der Pässe vom Stilfser- und Wormser Joch. Zeichnung um 1825.

Gegenüberliegende Seite:

250 Tibethütte auf der Paßhöhe des Stilfser-Jochs (Italien).

251 Moderner Berggasthof auf dem Sella-Paß in den Dolomiten, Südtirol (Italien).

TIBET
hütte
restaurant

PASSO DI SELLA
ALBERGO
MARIA FLORA

Anlage und Ausstattung

253 Buschenschenke. Holzschnitt, 1736.

254 Der Ritter pflanzt die Fahne am Rastplatz auf als Zeichen des Friedens. Zeichnung nach einer Handschrift des 15. Jahrhunderts.

◀ 252 Die Falkenhütte mit Laliderwand im Karwendel (Tirol).

Haus und Hof

Der Streuungsbreite in der Bestimmung des Gasthauses entspricht die unterschiedliche Art, Gäste anzulocken. Der Blick des Einkehrwilligen muß auf das Haus gelenkt werden; dazu dienen u.a. Zeichen und Schriften. Als ursprüngliche Sinnbilder geselliger Freuden und gastlicher Aufnahme gelten Bäumchen und grüne Äste, die man in einem Kübel mit Wasser vors Haus stellte oder, bereits verarbeitet zum »Maien« (Strauß) oder Kranz, an der Fassade aufhängte. Wo frisches Grün (Zeichen des Lebens) nicht zur Hand war, nahm man als Ersatz einen Strohbuschen oder Besen. Schon die Römer steckten Kränze und Buschen als Zeichen des Ausschanks vor die Tür; auch groteske Tiere und anzügliche Figuretten sollten die Aufmerksamkeit der Vorübergehenden anreizen. Efeu, das man als Mittel gegen Trunkenheit nahm, rankte an der Hauswand empor. (Seine belebende Wirkung wird heute noch medizinisch genutzt z.B. in der Arznei »Efatan«.)

Mancherorts herrscht die Sitte, daß Winzer oder Brauer, die eigene Getränke ausschenken, grünes Laub in Form von Buschen oder Kränzen aushängen. Um Wien und auch in der Rheinpfalz trifft man auf solche Straußen- oder Buschenwirtschaften (vgl. S. 78). Auch die Fahne als Friedenszeichen diente dazu, Herberge oder Ausschank anzuzeigen. Wenn in einem Gasthof oder in einer Metzgerei geschlachtet wurde, brachte man – in manchen Gegenden noch nach dem 1. Weltkrieg – eine Fahne, eine Schweinsblase oder eine blaue Schürze über dem Eingang an. In Thorn (ehem. Westpreußen, heute Polen) gab es ein berühmtes Gasthaus aus dem 15. Jahrhundert mit dem Namen »Die blaue Schürze«. Schild und Fahne pflegte man in alter Zeit an jedem Rastplatz aufzupflanzen oder, wie Siegfried es tat (Hundeshagener Handschrift des Nibelungenliedes, 15. Jahrhundert), in den Baum zu hängen: der Zweck war, die eigene Anwesenheit im Zeichen offen kundzutun und sich zugleich unter den Frieden dieses Symbols zu stellen.

Der alte Brauch hat sich erhalten in Bezeichnungen wie »Zum grünen Baum«, »Zum grünen Kranz«; häufig sieht man das eigentliche Hauszeichen mit einem Reif oder Kranz umgeben. *»Vor dem Fenster knarrte ein eiserner Reifen in einem Haken, und in dem Reifen schenkte eine blecherne Hand Rotwein aus einem Schöppchen in ein Glas. Überdies hing ein verdorrter Busch von Stechpalme über der Haustüre, was Manz alles mit in die Pacht bekam.«* So liest man es in der Beschreibung einer Winkelschenke von Seldwyla durch Gottfried Keller.

Das Signum der Gastlichkeit allein genügte nicht, besonders an Orten, wo es mehrere Wirtsstätten gab: man mußte diese unterscheiden können durch Namen und Wahrzeichen.

Im ganzen Bereich des Imperium Romanum trifft man auf Wirtshaus- und Ortsnamen, die antiken Ursprungs sind. So stammen das Schweizerische ›Tafers‹ sowie das in der Pfalz und im Elsaß allein und in Zusammensetzungen anzutreffende ›Zabern‹ vom lateinischen ›Tabernae‹. Auf das Wirtshaus ›Ad tabernam frigidam‹ geht der italienische Ort Frigido in der Toskana zurück. Auch zu den heute noch üblichen Wirtshausschildern mit dem Elefanten, dem Kamel, dem Hahn, dem Kranich usw. gibt es antike Entsprechungen. Das bei den Römern so beliebte Schachspiel soll sich in den Wirtshausschildern mit dem Schachbrett bewahrt haben, die man häufig in England antrifft (›Chequers‹).[114]

Möglicherweise gehen auch »Löwe« und »Adler« als Zeichen der Macht auf die Römer zurück; sie können sich aber auch von den Evangelistensymbolen herleiten. Häufig sind ja magische und religiöse Vorstellungen für die Zeichengebung bestimmend gewesen. Auf das Alte Testament beziehen sich Namen wie »Arche Noah«, »Löwengrube«, »Walfisch« (Jonas-Erzählung); die »Traube« ist jenes köstliche Exemplar, das die jüdischen Kundschafter aus dem gelobten Land anschleppten (gelegentlich wird sie in dieser Weise dargestellt). Für den »Riesen« kann die Davidgeschichte oder die Christopheruslegende maßgebend gewesen sein. Die biblischen Sinnbilder waren bis zur Neuzeit im Abendland so geläufig, daß man sie an sakralen Bauten als Erbauungs- und Unterrichtshilfe für das Volk anbrachte. Diese Bildersprache traf auch in der Form der Wirtshausaushänger auf jedermanns Verstehen und machte lange Zeit Beschriftungen überflüssig. Wer begriff nicht, daß der »Löwe« den Hl. Markus zum Schutzpatron ausersah, daß mit der »Goldenen Rose« die Liebe Mariens gemeint war, mit dem »Guten Hirten« und dem »Lamm« Christus selbst, daß »Krone« und »Stern« ein Attribut der »Heiligen Drei Könige« waren, die man auch in den Namen »Drei Könige«, »Drei Mohren« oder »Zum Mohren« versteckt antrifft. Mit der biblischen Assoziation verbindet sich hier die Symbolik der von fernher kommenden Reisenden (Überseehandel!), die in Gefahr schwebten und nun am Ziel angelangt sind. All diese Zeichen und Namen wollten den Schutz des Himmels auf die Raststätte der Erdenpilger herabflehen.

Die Aushänger der Gasthäuser kündigten wie die Zunftzeichen an den Fassaden der Handwerkerhäuser Friede und Geborgenheit in einer jedem Fremden zugänglichen Sprache.

Mehr und mehr lenkte sich der Blick des neuzeitlichen Menschen auf die rein irdischen Bezüge; die Wirtshauszeichen wurden nüchterner, anspruchsloser. Eine Motivgruppe nimmt die Lokalität als Anlaß zur Namensgebung, z.B. »Zum Einlaß«, »Brückenwirt«, »Zur schönen Aussicht«, »Lindenwirt«; eine andere erinnert an berühmte Gäste wie der »Kaiser«, der »Landgraf«, »Barbarossa«; wieder eine andere weist auf das Ziel der Einkehr hin: »Zur Kanne«, »Zum Faß«, »Zur Rast«. Während der Aufklärung kamen abstrakte Bezeichnungen aus dem Bereich moralischer und philanthrophischer Lebensdeutung in Mode: »Zur Eintracht«, »Zur Redlichkeit«, »Zur Bürgertugend«, »Zur Toleranz«, der »Paritätswirt« (Augsburg).

Seit dem 19. Jahrhundert beschränken sich die Bezeichnungen häufig auf den Namen des Besitzers oder auf nationale bzw. geographische (Russischer-, Englischer-, Alpen-Hof, Hotel Bristol).[115]

Da die Schilder von rechtlicher (s.S. 178) und repräsentativer Bedeutung waren, ging man schon früh dazu über, sie dauerhaft und wertvoll zu gestalten: der grüne Kranz wurde in Blech getrieben, der Baum oder Zweig in geschmiedeter Ausführung wiedergegeben oder im Zierat des Schildarmes angedeutet. Vom 15. bis ins 19. Jahrhundert erfand die Phantasie der Wirte und Handwerker immer neue Zeichen und Formen; dann wurde die Handarbeit durch Gußware verdrängt, Bemalung und Beschriftung der Hausfront als Werbemittel eingesetzt, zuletzt noch die klischeegebundene Leuchtreklame. So ist die maßvolle Werbung in anständiger handwerklicher Machart heute weitgehend groben, aufdringlichen Medien gewichen.

Die Gestaltung der Schilder war natürlich von Hochstilen geprägt; vielfach – vor allem auf dem Land – hinkte die Formgebung beträchtlich der Kunstrichtung der Epoche nach. Zwei Haupttypen lassen sich unterscheiden: 1. Beim sogenannten Ausleger springt ein Arm, in den ein Großteil des Schmuckwertes miteinfließt, aus der Front vor; an seinem sich meist verjüngenden Ende ist das eigentliche Wirtshaussymbol angebracht. Es ergibt sich besonders bei barocken Formen eine reiche Silhouette. – 2. Die andere Grundform besteht in einer waagrecht ausgesteckten Stange, von der standartenähnlich

»Das Wirtshausschild prangt am Haus, es ist ein Schmuck, nicht unähnlich den Blüten am Stengel der Pflanze, die die Bienen, Mücken, Hummeln, Libellen und Fliegen locken, um ihnen im Innern der Kelche den Nektar zu reichen. Tag und Nacht hängt es draußen... winkt als verlängerter Arm des Wirtes, den Hungrigen und Durstigen... Wirtshausschilder sind lieblich und gefährlich. Die schönen Gestalten locken und versprechen, sie singen und betören. Wir wissen keinen Vergleich, der besser dartun könnte, der es schalkhafter sagte, was das Wirtshausschild ist: ein Sirene.«[116]

255 Straße mit Firmenschildern und Gasthausauslegern in London. Kupferstich von Thomas Bowles, 1752.

256 Wirtshausschild »Zum Affenwagen«, Holz bemalt, 1624.
Zürich, Schweizerisches Landesmuseum

das Schild herabhängt. Hierbei liegt der Gestaltungsakzent auf der Bemalung oder plastischen Zier des »Fahnentuches«. Diesen Typ gibt sehr schön das alte Holzschild »Zum Affenwagen« (um 1600, Zürich, Landesmuseum) wieder.

Auf die kunstgeschichtliche Bedeutung der Schilder kann hier nicht eingegangen werden. Es sei aber vermerkt, daß nicht nur kostbare Handwerkerarbeiten darunter zu finden sind, sondern daß auch namhafte Künstler ihre Zeche manchesmal in Form von Wirtshausschildern beglichen haben: bekannt sind die Arbeiten von Holbein, Caravaggio, Chardin, Watteau, Gericault. Das historische Museum in Nyon (Kt. Waadt/Schweiz) bewahrt eine Verifizierung des Symbols »Gasthaus zur Sonne« von Courbet (1877) auf.[117]

Das größte Schild, das je hergestellt wurde, war vermutlich jener sagenhafte Ausleger von Scole in Norfolk (England): er spannte sich von der Hauswand des Gasthofes »White Hart« (Zum weißen Herz) wie ein Triumphbogen über die Straße, wo er am gegenüberliegenden Haus befestigt war. Er wies 24 Felder auf und soll 1057 Pfd. Sterling gekostet haben.[118]

257 »Schoale Inn White Hard« in der Nähe von Norwich (England). Der »Weiße Hirsch« soll den größten Ausleger Europas besessen haben. Stich von John Fessey, 1740.
Norwich, Castle Museum

Was die Gesamtanlage des Gasthofes betrifft, so ist es nicht möglich, ein Grundschema für die bauliche Konzeption aufzureißen: zu sehr variiert diese je nach Bestimmung, örtlicher Gegebenheit, klimatisch- oder landschaftsbedingter Prägung. Es sollen lediglich einige temporal und lokal bedingte Erscheinungsformen herausgegriffen werden.

Die im Kommunalbereich benötigten Stätten der Bewirtung – Trinkstube, Restaurant, Café usw. – tauchen mehr oder weniger ins architektonische Ortsgefüge ein und unterscheiden sich, von den Werbeformen an der Fassade abgesehen, nach außen hin kaum von gewöhnlichen Bürgerhäusern. Anders steht es um die zur Übernachtung eingerichteten Häuser: sie müssen neben den Gaststuben im Erdgeschoß die Schlafräume in den oberen Stockwerken unterbringen, was eine gewisse Geräumigkeit des Gebäudes voraussetzt. Außerdem – die Gäste langten früher in der Regel mit Roß und Wagen an – mußte eine große Einfahrt vorhanden sein sowie Unterbringungsmöglichkeit für Tier und Gepäck. Alte Gasthöfe erkennt man daher schon an den wuchtigen Torbogen, die in eine gewölbte Halle führten und durch diese in den Hofraum. Manches Mal war der karreeförmige Hof auch über eine seitliche oder rückwärts gelegene Einfahrt zu erreichen. Fuhrmannsgasthöfe vor allem und Posthaltereien besaßen dort ihre Wirtschaftsgebäude zum Be- und Entladen, zur Pflege und Fütterung der Tiere, eventuell zur Stationierung der Wagen, der Kutscher und Pferdeknechte.

Das Frachtgut, oft hochversichert, mußte sorgsam untergebracht und bewacht werden. In ausgesprochenen Lade-Städten gab es besondere Wagenplätze mit Wächtern und Hunden. In der »Krone« zu Homberg in Hessen (vgl. S. 83) ist eine Erkerstube in einem Zwischengeschoß über den ehemaligen

Stallungen erhalten, von der aus die Fuhrleute – auf vorgeschobenem Posten sozusagen – ihre vor dem Haus am Marktplatz stehenden Wagen beobachten konnten.

In manchen Orten war es auch Sitte, daß das Frachtgut von Knechten zusammengeholt und im Gasthof verpackt wurde. Der Typ des Ausspanngasthauses mit großem Hof und ausgedehnten Wirtschaftsgebäuden war im östlichen Mitteleuropa stark entwickelt (vgl. S. 70f.). In diesen dünn besiedelten Ländern gab es wenig städtische Zentren. Die Entfernung, die der Marktbesucher zurücklegen mußte, waren groß, die Fuhr daher stark beladen. Friedrich Rauers weiß von seiner Heimatstadt Bremen zu berichten, daß dort noch zu Beginn des 19. Jahrhunderts 22 Fuhrmannsgasthöfe zur Verfügung standen.[119] Meistens brachte der Fuhrmann selbst Tränkeimer, Striegel und Decken mit; Wasser und Futter stellte der Wirt. Es mußte also eine Scheune oder ein Stadel für den Futtervorrat (Heu, Hafer) und die Einstreu vorhanden sein. Je nach Größe des Unternehmens schlossen die Stallungen den Hof auf einer oder zwei Seiten ab. In der Hofmitte befand sich in der Regel ein Brunnen, eine Tränke fürs Vieh zusätzlich an der Wand oder im Innern des Stalles.

Einzig schöne Höfe – »Yards« – muß es literarischen und bildlichen Beschreibungen zufolge in Alt-England gegeben haben. In Niederbayern und in den benachbarten österreichischen Donaulanden kennt man italienisch anmutende Hofanlagen mit Lauben. Die meisten der schönen Laubenhöfe sind bereits der Modernisierungswelle zum Opfer gefallen; im besten Falle hat man sie zu Garagen umgebaut, um den Pferdestärken unserer Zeit Rechnung zu tragen.

Überhaupt sind Häuser, die Jahrhunderte hindurch die Gastwirtstradition und das alte Aussehen bewahren konnten, selten geworden. Nördlich der Alpen trifft man sie noch häufiger an als im Süden, in Deutschland eher als in Frankreich, in England in besserem Erhaltungszustand als in Deutschland. Der Romane, gewohnt viel im Freien zu leben, auf strada und piazza hin orientiert, hat ein anderes Verhältnis zum Gasthaus als der Bewohner nördlicher Regionen, der auf das Bergende angewiesen ist.

Schatzhüter des alten Gasthofes bleibt England, das sowohl in künstlerischen Darstellungen als auch in der Lebenspraxis seine Liebe zu den alten Häusern erweist. Chaucer, Shakespeare, Swift, Dickens u.a. haben das Thema immer wieder aufgegriffen. Was ist es, was den Gast verlockt einzutreten, was den erfahrenen Reisenden verheißungsvoll stimmt? Charles Dickens läßt es den Handelsreisenden erkennen, der eines stürmischen Abends am Rande der Straße ein altes Gasthaus entdeckt: *»Tom warf einen schnellen Blick auf den oberen Teil des Hauses, während er dem Stallknecht die Zügel hinwarf und die Peitsche in den Halter steckte. Es war ein seltsames, altes Gebäude, errichtet aus einer Art von flachen Steinen, verstärkt, wie es schien, durch Querbalken, mit spitzgiebligen Fenstern, die über die ganze Einfahrt herausragten, und einer niedrigen Tür mit einem dunklen Eingang und zwei hohen Stufen, die hinunter in das Haus führten, anstatt eines halben Dutzends flacher Stufen, die nach oben führen, wie es heute der Brauch ist. Das Haus sah jedoch gemütlich aus, denn da war ein helles, freundliches Licht im Fenster der Schankstube, das einen kräftigen Strahl über die Straße warf und sogar noch die Hecke auf der anderen Seite beschien; da war auch ein roter, flackernder Schein im gegenüberliegenden Fenster bald kaum wahrnehmbar, bald deutlich durch die zugezogenen Vorhänge leuchtend, was anzeigte, daß ein lebhaftes Feuer innen brannte. Indem er mit den Augen eines erfahrenen Reisenden diese kleinen Zeichen wahrnahm, stieg Tom ab, so schnell es seine halb erfrorenen Glieder erlaubten, und betrat das Haus.«* [120]

Diesem Bild eines ländlichen Gasthauses von charakteristischer Eigenheit könnte man entsprechende Schilderungen aus allen Teilen der Welt folgen lassen, was hier jedoch den Rahmen sprengen würde. Das einheimische Baumaterial und die überlieferte Baugewohnheit bestimmen zu gleichen Teilen den Stil des Gasthauses. Ob es sich um die massiven, dunklen Granithäuser der Auvergne oder der Bretagne, um Fachwerkgefüge verschiedener Art, um Häuser aus hellem Kalkbruchstein, wie sie im Jura oder auch in Mittelmeerländern in Erscheinung treten, ob es sich um Stein, Lehm, Schilf oder Holz als Baumaterial handelt: Immer prägen Raum und Zeit die Bauausführung und den besonderen Habitus der Ausstattung.

Drei Typen lassen sich dabei unterscheiden: 1. Alte Gasthöfe mit zweckmäßig für die Bewirtung und Beherbergung angelegten Räumen. – 2. Historisierende Gaststätten, in deren Mauern das Wirtsgewerbe möglicherweise recht jung ist, deren Bausubstanz und Ausstattung aber Vergangenheit atmen. Der Stimmungswert von Schlössern, Klöstern, Mühlen, Stadtbefestigungen u.a. alten Gebäulichkeiten wird häufig für die »Vergastung« genutzt. – 3. Moderne Anlagen, mit oder ohne Konzessionen an die Vergangenheit.

»Das stattliche Wirtshaus des bayerischen Hochlandes beeindruckt durch sein weitvorspringendes Dach, meistens auch durch einen behäbigen Erker und oft durch Fassadenmalerei.« [121]

Gaststube

Der Hauptraum jedes Wirtshauses, die Gaststube, paßte sich in Ausstattung und Komfort ungefähr dem jeweils gültigen Standard der Privathaushalte an. In alter Zeit war die Gaststube ein Einheits- und Allzweckraum, der zum Wärmen, Speisen, zur Unterhaltung, mancherorts auch zum Kochen, Schlafen und Tanzen diente. Der Fußboden bestand aus gestampftem Lehm, aus Steinpflaster oder Brettern. Von den mittelalterlichen Wirtsstuben Englands wird berichtet: *»They had stone or earthen floors strewn with rushes. In the main room a number of mattrasses were laid around the walls, and here the guests slept...«* [122] Die Grundausstattung setzte sich aus Tischen, Bänken und Hockern zusammen. Die blankgescheuerten Tischplatten waren von den Holzböcken, auf denen sie ruhten, abzuheben (daher der Ausdruck: »die Tafel aufheben«). Rasch zur Seite geräumt waren gleichfalls die Stühle und Bänke, wenn getanzt werden sollte oder wenn das Nachtquartier zugerichtet wurde. Meist gab es lange Tische für das gemeinschaftliche Essen, aber auch kleine Einzeltische sieht man auf Abbildungen alter Gaststuben.

258 Gaststube der »Goldenen Gans« in Nürnberg. Kupferstich, 17. Jahrhundert.

In Ländern, die sich erst spät dem Reiseverkehr erschlossen haben, erhielt sich diese Frühstufe bis zum Beginn unseres Jahrhunderts. So gibt es aus Spanien zahlreiche Berichte, die von ländlichen Wirtshäusern sprechen, in denen es weder Heizung noch verschließbare Fensteröffnungen gab, wo Mensch und Tier in einem Raum hausten. *»Common habitations for men and beasts; the same smoky, filthy holes; not one decent house have I seen from Coruna«*, notiert ein reisender Amerikaner 1780 in sein Tagebuch. [123]

Im allgemeinen hat sich in Europa das Bild der Gaststube Jahrhunderte lang wenig geändert. Der Schankraum in den Tavernen Italiens ist heute nicht viel anders als in den Tavernen der ausgegrabenen Stadt Pompeji: in einen gekrümmten Bartisch, der mit Marmorplatten verkleidet ist, sind Wein- und Ölgefäße eingelassen. An der Wand befindet sich ein treppenförmiger Aufsatz für Trinkgefäße. In einigen antiken Schenken laufen gemauerte Bänke an den Wänden entlang, Tische, Stühle, Sofas laden die Gäste zum Platznehmen ein. Seitlich ist ein kleiner Herd aufgestellt, der zum Wärmen der Speisen dient. Als Wandschmuck findet man Inschriften, Fresken, Statuetten und Blumen. Mosaikfußböden oder Steinplatten entsprechen den klimatischen Verhältnissen und sind leicht zu reinigen.

In nördlichen Breiten rückt der Ofen bzw. der offene Herd in den Mittelpunkt des geselligen Zusammenseins in der Gaststube. Er ist das Zeichen des behüteten Lebens. Neben dem flackernden Kaminfeuer geben am Abend Öllampen, Wachs- und Talgkerzen Licht und Wärme von sich. Freilich hört man auch die Klage, daß des Guten zuviel getan wird, daß die Gaststube überhitzt und ungelüftet ist. Der Renaissance-Gelehrte Erasmus von Rotterdam scheint bei seinen Reisen durch Deutschland nur trübe Erfahrungen gemacht zu haben; in den muffigen Gasträumen seien oft bis zu 90 Menschen zusammengepfercht, und je größer die Zahl der Gäste sei, um so kräftiger werde geheizt. *»Einer kämmt sich, der andere wischt sich den Schweiß ab, ein dritter säubert seine Schuhe oder seine Reitstiefel und wieder einer rülpst knoblauchduftend...«* [124]

Etwa 300 Jahre später beklagt sich Franz Xaver Bronner (1793) über ähnliche Zustände: *»Ich ging mit ihm (dem Wirt) in die rauchige Stube, in der an allen Tischen Soldaten sassen, tranken, assen und schmauchten... Es war mir vom Gehen warm geworden und die dämpfige Stube war heiss, wie ein Schweissbad.«* [125]

Wohlige Wärme – ohne die Beigabe der Unsauberkeit und der verbrauchten Luft – wird meistens als durchaus angenehm empfunden. In englischen Landgasthäusern, wie sie u. a. Henry Fielding so liebevoll geschildert hat, scharte sich bei feucht-kaltem Wetter die Gemeinschaft der Gäste um den Kamin des Einheitsraumes, der zugleich Küche und Eßzimmer war. Wärme, Reinlichkeit, eine aufmerksame Bedienung, verführerische Flaschen über dem Schanktisch und vielleicht ein leichter, würziger Duft nach Speisen versäumen nicht die Wirkung auf den Eintretenden.

»In weniger als fünf Minuten saß Tom behaglich in dem Zimmer gegenüber der Schankstube... Das war behaglich – aber es war nicht alles, denn ein hübsch gekleidetes Mädchen mit hellen Augen und einem zierlichen Fuß legte ein sehr sauberes weißes Tuch auf den Tisch; und als Tom da saß, die in Pantoffeln steckenden Füße auf dem Kamingitter und den Rücken zur offenen Tür gekehrt, da hatte er in dem Spiegel über dem Kamin eine herrliche Aussicht auf die Schankstube, mit den wunderbaren Reihen von grünen Flaschen und goldenen Etiketten, zusammen mit Gläsern von Gepökeltem und Eingemachtem, Käse, gekochtem Schinken und Rinderkeulen, in der köstlichsten und verführerischsten Weise auf Regalen angeordnet...« [126]

Flaschen, Krüge, Becher und Gläser sind in vielen alten Wirtschaften nicht nur über dem Schanktisch anzutreffen, sondern auch im Gastraum selbst auf Wandbrettern und Gesimsen. Die mehrstöckigen »Kandelbretter« waren früher oft mit Erinnerungsmalen und allerhand kuriosen Gefäßen vollgestellt: gläserne Stiefel und Tiere, Warzen- und Nuppenbecher, lange enghalsige »Guterolfen«, Flaschen mit gewundenen Enghälsen (=Angster) oder verborgenen Ausgüssen, Humpen mit Hochzeitstänzern, prächtig verzierte Willkommpokale. Das Willkommtrinken, das Zutrinken und Wetttrinken – ohne Erfolg immer wieder verboten – könnte man als Wirtshausunterhaltung (s. S. 197) buchen. J. Fischart schildert es in der saftigen Sprache seiner Zeit: *»Da het einer wunder gesehen wie da die Gleser, Becher und allerley Trinckgeschirr vmbgiengen, wie man allda die kandel übet, ...da stachen sie einander die Pocal auff die Prust, ...da soffen je zween und zween auß doppleten: die man von einander bricht, ja sie soffen auß gestifleten krügen, da stürzt man die Pott, da schwang man die Gutruff, da trähet man den Angster, da riß und schält man den wein auß Potten, auß Pinten, auß Kelchen, Napffen...«* [127]

Die Würzburger Domherren und ihre Gäste, die allherbstlich nach Ochsenfurt kamen, um den Zehnten einzutreiben, mußten einen Kauz-Pokal von drei halben Litern auf einen Zug leeren. Ein »Kauzenbuch« (Willkomm- bzw. Gästebuch) wurde angelegt, in dem spaßige Jammer- und Lobestiraden zu finden sind: *»O Kauz, du bist ein arges Thier, / Du thust die Köpfe erhitzen, / Wer sich nit fleißig hüt vor Dir, / Kann bei Dir bleiben sitzen«* (1731). Und 1734: *»Wenn dieser Kauz ein Käuzchen wäre, / ich tränk ihn leer bei meiner Ehre.«*

In neuerer Zeit haben sachliche Glasformen, oft mit Reklamezeichen einer Brauerei bemalt, die alten Schmuckgefäße ersetzt. Während moderne Gasthausstuben sich schon durch das fabrikmäßig hergestellte Mobiliar mehr und mehr ähneln, findet man in Häusern alten Stils oder in historischen Beschreibungen phantasievolle Ausstattung und Lokalkolorit. – Was für ein Schmuckkästchen ist beispielsweise die Stube eines alten Holländerhauses! Nicht nur die sprichwörtliche Sauberkeit fällt ins Auge, sondern auch die reizvolle Auszier: *»Die allgemeine Gaststube blinkt von frischgeputztem Messing und Glas. Blütenweiße Vorhänge entziehen dem Straßenpassanten den Blick ins Innere. Gehäkelte und gestickte Decken und Deckchen überall; bunte Teppiche bedecken den Boden. Die räumlichen Verhältnisse sind äußerst beschränkt. Kaum wagt der deutsche Gast sich umzudrehen aus Furcht irgend eines der Tischchen, Stühlchen oder eines der Nippes oder holländisch-indischen Kuriositäten umzustoßen oder zu beschädigen. Ein Puppenheim, oder noch besser ein Vogelbauer dünkt uns das Ganze. Und in der Tat fehlt auch fast nie das gelbglänzende Gestänge an der Zimmerdecke, das einem hellschmetternden Kanarienvogel zur Wohnung dient. Diese kleinen Sänger vervollständigen erst das friedlich heitere, so urbürgerliche Bild des holländischen Gasthauses.«* [128]

Von den einfacheren Wirtsstuben im Norden und Osten Deutschlands weiß Josef Stehle zu berichten: *»Es fehlt durchaus an einem eigenen Gaststubenstil. Von einem bürgerlichen Wohnzimmer unterscheidet sich der Gastraum meist nur durch die Zahl der Tische. Diese sind selbst in den einfachen Häusern weiß gedeckt, die Fenster tragen weiße Gardinen, mitunter sogar noch farbige Stores. Nicht selten sind*

259 Silbernes Trinkgefäß in Form eines Kauzes von H.B. Koch, 1590.
Basel, Historisches Museum

260 Berliner Weißbierstube. Nach einer Zeichnung von L. Löffler, um 1845.

Polstermöbel und Sofas, wie man sie anderwärts nur in Privatwohnungen antrifft, vorhanden. Immerhin ist diese Art altmodischer Gasthofseinrichtungen im Aussterben...« [129]

Dieser eigenartige Stil der ländlichen Gaststube ist heute noch in manchen Landstrichen Skandinaviens anzutreffen. In Dänemark und Schleswig-Holstein nennt man diese Schankwirtschaften »Kro« (=Krug). Es sind schlichte, aber wohlhabende Häuser am Straßenrand in Streusiedlungen, die auf jede Werbung verzichten. Der Gast bekommt sein »Smörebröd« in der anheimelnden Wohnstube am großen runden Tisch mit der Familie.

In Mittel- und Nordeuropa sind die Wände vielfach ganz oder bis auf halbe Höhe mit Holzbrettern verschalt. Diese jahrhundertealte Ausstattungsart ist bis heute in vielen Landgasthöfen als zweckmäßig beibehalten worden. Schon Montaigne spricht in seinen Reiseeindrücken 1580 davon: *»Auf unserer ganzen Reise durch Deutschland haben wir kein Schlafzimmer und keinen Speisesaal gesehen, der nicht getäfelt gewesen wäre, und niedrige Decken gehabt hätte.«* [130]

Vom »Gasthof zur Krone« in Lindau erzählt er: *»Wir wohnten in dem schönen Gasthof zur Krone. Zu Möbeln und Getäfel wird Tannenholz verwendet, die gewöhnliche Holzart ihrer Wälder. Aber sie färben und firnissen es sorgfältig und reinigen Bänke und Tische mit besonderen Bürsten.«* [131]

In Kempten fiel Montaigne folgendes auf: *»Auf die Sessel werden hierzuland überall Kissen gelegt, und ihre getäfelten Decken sind meist halbmondförmig gewölbt, was sehr anmutig aussieht.«* [132]

Gottfried Keller beschreibt eine Winkelschenke in Seldwyla: *»Dieser Gasthof bestand aber in einer trübseligen Winkelschenke in einem abgelegenen schmalen Gäßchen... Das Wirtschaftsmobiliar, das aus einem Dutzend weißen geringen Flaschen, ebensoviel Gläsern und einigen tannenen Tischen und Bänken bestand, welche einst blutrot angestrichen gewesen und jetzt vielfältig abgescheuert waren.«* [133]

Das unverwechselbare Gesicht wächst den Gaststuben oft aus dem Milieu der in ihr verkehrenden Gäste zu (vgl. S. 77ff.). Burke, der 1931 die Gasthöfe Englands beschrieben hat, brachte noch eine beträchtliche Zahl zusammen, die irgendeinem »Spleen« huldigten. Zu den Schenken von Charakter zählte er z.B. jenes von einem alten Seebären geführte »Ship Ahoy« (London), das nach Art eines Schiffes mit »Lawer Deck«, »Upper Deck«, »Cabins« usw. eingerichtet war. Häufig findet man in Hafenkneipen (vgl. S. 83f.) die Wände der Theke mit bunten Muscheln besteckt; anstelle einer Stange zum Einhalten beim Besteigen des Barhockers läuft hier ein Seemannstau rings um den Bartisch.

So wie die Seeleute es taten, haben auch die anderen Berufs- oder Gesellschaftsgruppen ihre Symbole und Erinnerungszeichen in der Gaststube angebracht. Bei jenen hingen Schiffe von den Decken, bei diesen Zunftzeichen. Manchesmal standen diese Symbole auch auf dem Stammtisch der entsprechenden Zunft: die Brezel für die Bäcker, die Schere für die Schneider usw. Die Fuhrleute schmückten ihren Platz mit einer geschnitzten oder bemalten Tafel, auf der Roß und Wagen zu sehen waren. In der Segerschen Schenke zu Straßburg soll es eine große Anzahl solcher Fuhrmannszeichen gegeben haben.

Manche Lokale geben sich ein eigenes Gepräge, indem sie die Wände mit Künstler-Porträts über und über behängen, wieder andere tapezieren sie mit Tausenden von Briefmarken oder mit »Bauchbinden« von Zigarren. Die größte Autographensammlung (alle von berühmten Gästen) verhilft den Räumen der »Lindenwirtin« in Godesberg zu einer persönlichen Note.

Zunft-, Standes- oder Erinnerungszeichen schmückten nicht nur Decke und Wände der Gaststube, manches Mal zeigten sie sich auch im schimmernden Glanz der Fenster. Hochgestellte Persönlichkeiten ließen, falls sie zu ihrer Zufriedenheit bewirtet worden waren, ihr Wappen zurück oder stifteten ein Fenster mit ihrem Signum (s.S. 18).

»In Pisa ließ ich mein Wappen herstellen, vergoldet und in schönen lebhaften Farben. Es kostete anderthalb französische Taler. Im Bad ließ ich es auf ein Brett kleben, es war auf Leinwand gemalt. Dieses Brett ließ ich sorgfältig an die Wand meines Zimmers nageln unter der Bedingung, daß es dem Zimmer und nicht dem Eigentümer gehöre, und daß es unter keinen Umständen weggenommen dürfe, was auch aus dem Hause werden möge.« Der Stifter war in diesem Falle Montaigne.

Die Sitte, Wappen zurückzulassen, hatte ihn schon in Deutschland angesprochen: *»Die Deutschen lieben die Wappen sehr; in allen Gasthöfen findet man sie massenhaft an den Wänden, die durchreisenden Edelleute haben sie dagelassen; auch alle Fensterscheiben sind damit versehen.«* [134]

In frühester Zeit war nur ein Gastraum zur allgemeinen Benützung vorgesehen; im Laufe der Zeit ging man dazu über, vornehme Leute vom gemeinen Volk abzusondern. Der Große Kurfürst von Preußen (1620–1688), der planmäßig in seinem Territorium längs der Straßen Gasthöfe errichten ließ, ordnete an, daß diese zwei Stuben haben sollten, für die bessere und für die niedere Gesellschaftsschicht.

Schlafräume

Die augenfälligste Entwicklung im Bereich der Gastronomie haben Schlafgelegenheit, Wasch- und Toilettenanlagen mitgemacht. Noch im ausgehenden Mittelalter war ein einziger großer Schlafraum für alle Herbergsuchenden die Regel, ähnlich der Gepflogenheit in Spitälern und Elendenherbergen. Vielfach diente die Gaststube zugleich als Nächtigungsraum: der Boden wurde »eingestreut«, d.h. mit Stroh oder Häcksel belegt. Zugluft, aber auch schlechte Luft, wo viele Reisende beisammen schliefen, boten Anlaß zur Beschwerde.

261 Nachtlager auf dem Stroh. Zeichnung um 1880.

Standespersonen pflegten nur selten allgemeine Gaststätten aufzusuchen; sie übernachteten meistens bei ihresgleichen (vgl. S. 30). Waren sie jedoch einmal dazu gezwungen, in einem Wirtshaus Quartier zu nehmen, so mußten sie sich mit denselben Gegebenheiten abfinden wie Händler und Fuhrleute. Die Zimmernsche Chronik erzählt von einem derartigen Vorkommnis: Der Herr von Zimmern schlief in einer elsässischen Gaststube am Boden auf einer Strohschütte, während sein Begleiter, Graf Eberstain, sich auf eine Bank legte und die Zugluft vom Fenster her in Kauf nahm.[135]

Auch Unsauberkeit und Ungeziefer konnten die Bleibe verleiden. Wohlhabendere Leute pflegten für solche Fälle eine Kalbfelldecke mit sich zu führen, die sie schützend über das Stroh warfen. Daß es in dem mit gemischtem Volk belegten Schlafsaal nicht ratsam war, Wertsachen oder auch nur gute Kleider liegen zu lassen, leuchtet ein. Am besten gab man sie dem Wirt in Verwahrung (vgl. S. 181). Wo Bettkästen vorhanden waren, fand man sie meist mit einem Strohsack ausgestattet; in guten Häusern waren diese mit einem reinlichen Tuch bezogen. Eine Wolldecke oder ein Federbett diente als Zudecke. Auch darüber verteilen sich Lob und Tadel gleichmäßig was Sauberkeit, Form (zu kurze Betten) Wärme und Gewicht (zu schwere, pralle Federbetten) betrifft. Oft waren die Betten so breit veranlagt, daß man sie mit zwei Personen belegen konnte. Es gibt einige bildliche Zeugnisse dieser Art. Des Lobes voll sind die Reisenden über die Betten in Norwegen: sie sind gefüllt mit allerfeinsten Daunen von Eiderenten, die zu Tausenden in den Schären nisten. Wegen der störenden Mitternachtssonne sind dort die Fenster auch im Sommer mit dicken Wollvorhängen abgedunkelt.

Über die französischen »duvets« gehen die Meinungen auseinander: den einen sind sie willkommen, da sie gegen Zugluft schützen, den anderen – vor allem den Deutschen – bedeuten die in die Matratzen

262 Hotelzimmer mit Gast und Zimmermädchen, das eine Heizpfanne bringt. Lithographie um 1840.

263 Annonce für eine Zimmerdusche um 1860.

eingesteckten Decken und Tücher allzugroße Beengung. Lange Zeit war in Frankreich das »geschlossene Bett« üblich. Der Diener des Herrn von Montaigne muß denn auch bei einem Aufenthalt in Süddeutschland (1580) sogleich Bettvorhänge kaufen.[136]

In der Frühzeit scheinen neben Bett und Stuhl selten noch andere Möbel vorhanden gewesen zu sein. Als man im Laufe des 16. Jahrhunderts an manchen Stätten für vornehme Leute eigene Räume mit nur wenigen Bettstellen einrichtete oder sogar Separatzimmer mit abgetrenntem Logis für die »Domestiken«, versah man die Zimmer auch mit verschiedenem Mobiliar wie Tisch, Truhe, später auch Schrank. In erstrangigen Lokalen gab es bereits im 16./17. Jahrhundert Wandtäfelung oder auch Tapeten aus gepreßtem Leder und Brokat. Als Wärmespender dienten offene Kamine oder Kachelöfen, unter denen sich wahre Schmuckstücke befanden. Creux berichtet über Einrichtungen in der Schweiz: *»Die berühmten Kachelöfen, Meisterwerke der Töpferkunst und des Behagens, bewahrten dort eine sanfte, lebendige Wärme, und das zur größten Freude französischer Reisender, die gewöhnt waren, in den Zimmern der Herbergen ihres Landes zu frieren oder sich in den Kaminecken die Stiefel zu verbrennen und das Gesicht einzuräuchern.«*[137]

Daneben gab es seit eh und je tragbare Wärmeöfchen oder Wärmepfannen, die bei Bedarf in den unheizbaren Zimmern aufgestellt wurden: in der Schweiz hießen sie »Gluthund«, im Niederdeutschen »Feuergieke« oder auch »Stove, Stöfken«. Diese Wärmegeräte waren aus Messing, Kupfer oder Eisenblech gefertigt, von runder oder eckiger Form, an der Oberseite durchbrochen. Mit Hilfe eines Stieles, Henkels oder Tragbügels konnte man ihren Standort beliebig verändern. Ein Einsatz aus Eisen nahm die glühenden Kohlen auf. Diese Öfchen wurden besonders gern von Frauen benützt, nicht nur im Haus, sondern auch in Kirchen, auf dem Markt usw. Es wird berichtet, daß die Wirte oft duftende Essenzen in diese Wärmespender gaben; vermutlich war dies dringend nötig, um die aus den Stallungen und Aborten heraufdringenden Gerüche zu verdrängen.

Auch das warme Wasser, das der Wirt seinen vornehmen Kunden aufs Zimmer bringen ließ, versetzte er mit wohlriechenden Kräutern. Zum Waschen wurde wunschgemäß ein Becken oder sogar ein hölzerner Bottich ins Schlafgemach geschafft. Das Wasser für ein derart exklusives Bad mußte in Kesseln erhitzt und dann ausgeschöpft werden. – Einfacheren Gästen hatte das eiskalte Wasser aus dem Brunnen im Hof oder im unteren Hausgang zu genügen.

Um in der kalten Jahreszeit die klammen Betten zu wärmen, bediente man sich verschiedener Vorrichtungen: Eine weit zurückreichende Tradition kommt dem heißen Ziegelstein zu, der – in ein mit vielen Löchern versehenes Gefäß gelegt – lange warm hielt. Bereits im 12. Jahrhundert ist dieses Gerät unter dem Namen »cistula« bezeugt. War ein Ziegel nicht vorhanden, wurde es mit heißen Kohlen oder Kieselsteinen gefüllt. Daneben gab es dicke Schläuche, in die man heißes Öl oder Wasser goß. Auch verzinkte Gefäße mit Schraubendeckel – unseren Feldflaschen ähnlich – und ovale Wärmeflaschen mit Schraubverschluß und Henkel standen zur Verfügung. Sie faßten zwei bis fünf Liter und hielten die ganze Nacht warm.[138]

In manchen Ländern scheint es Sitte gewesen zu sein, daß die Bedienung die Bettücher vor dem Schlafengehen und die Kleider am Morgen vor dem Anziehen wärmte. Montaigne wundert sich (1580), daß man in Süddeutschland dieser Gewohnheit ohne alles Verständnis gegenüberstand: *»Es ist dort nicht der Brauch, die Bettücher vor Schlafengehen und die Kleider vor dem Aufstehen zu wärmen. Sie nehmen es übel, wenn man zu diesem Zweck in der Küche Feuer anmacht oder auch nur das Küchenfeuer dazu benützt. Darüber hatte es am meisten Streit in unsern Gasthöfen gegeben. Selbst da, inmitten von Bergen und Wäldern, wo zehntausend Fuß Tannenholz keine fünfzig Sous kosten, wollten sie nicht erlauben – so wenig wie anderswo –, daß wir Feuer anmachten.«*[139]

Eine andere Merkwürdigkeit fiel dem mit ungemein wachem Blick reisenden Edelmann auf: Man pflegte die Stiegen und auch die Wände neben dem Bett vor Verunreinigung mit Tüchern zu schützen. *»Was uns zuerst auffiel – ein Zeichen ihrer Reinlichkeit –, war, daß die Stufen der Wendeltreppe unseres Gasthauses ganz mit Leinenzeug belegt waren, über das wir gehen mußten, um nicht die Stufen der Treppe zu beschmutzen, die man eben, wie alle Sonnabende, gewaschen und gebohnert hatte. Nie haben wir Spinnweben oder Schmutz in diesen Gasthäusern bemerkt, in einigen gibt es auch Vorhänge, die man nach Belieben vor die Fensterscheiben ziehen kann. Tische gibt es nicht in den Zimmern, außer denen, die am Fuß der Bettstelle angebracht sind und in Scharnieren hängen, so daß man sie nach Belieben auf- und zuklappen kann. Die Bettfüße ragen oft zwei bis drei Fuß über das Bettgestell hinaus und sind oft so hoch wie die Kopfkissen... Oft beziehen sie die Wand neben den Betten mit Leinwand und Vorhängen zum Schutz der Wand gegen das Spucken.«*[140]

Leute, die viel auszuspucken pflegten, hatten ihre liebe Not, da es ja kein Becken mit fließendem Wasser gab. Man stellte für sie hölzerne Kästchen neben das Bett, die mit Deckel versehen und mit Sägemehl gefüllt waren. Auf Straßen und Hinterhöfen Alt-Münchens war hin und wieder der Ruf der Verkäufer zu hören: »Sägleim, Sägleim zum Einispeim!« Im Münchener Stadtmuseum kann man einen sorgfältig in Kirschbaumholz ausgeführten Spuckkasten bewundern; er ist mit einem Stab zum Öffnen der Klappe versehen. Weniger vornehm ist das fichtene Kästchen im Bauernmuseum zu Illerbäuern, das am Kopfende eines Bettes steht. Im 19. Jahrhundert ging man dazu über, Spucknäpfe aus Metall (emailliertes Blech) aufzustellen.

Ein eigener Abort war den Schlafzimmern selten beigegeben. Für dieses »heimlich gemach«, »geheimgemach« – auch »secret« genannt – nützte man gern den dunklen Winkel unterm Treppenaufgang, wenn nicht – wie auf Bauernhöfen allgemein üblich – dafür ein eigenes Bretterhäuschen, das »Örtchen«, im Hof stand. Daher war es von größter Wichtigkeit, daß der Gast unter seinem Bett ein Nachtgeschirr vorfand. Bereits in der antiken Literatur werden als unbedingt nötige Einrichtungsgegenstände einer Schlafstube Bettstelle, Lampe und Nachttopf (matella) gefordert. Fehlte dieser, so wurde das dem Wirt schwer angekreidet, gelegentlich sogar im buchstäblichen Sinn wie im ausgegrabenen Pompeji, wo an einer Wirtshauswand zu lesen stand:

Miximus in lecto, fateor, peccanimus, hospes
si dices quare: nulla matella fuit.
(Harnten ins Bett wir, so sei's dir offen gestanden, o Gastwirt,
fragst du uns nach dem Grund: Nachtgeschirr fehlte uns sehr.) [141]

Natürlich gab es auch in der Antike schon feinere Gasthöfe mit diskreten Anlagen; solche sind vor allem für Ägypten überliefert, wo Strabo zufolge, der raffinierte Luxus dieser »Hotels« der landesüblichen Lebensweise einer Oberschicht entsprach.[142]

In Mitteleuropa sprechen die Quellen des späten Mittelalters und der folgenden Jahrhunderte von »Kammerscherben« oder »Brunzkacheln«, also von irdenen Bedürfnisgefäßen. Selten gab es diese in einen Stuhl eingebaut, der bei höchstem Komfort in einem separaten »Occasionsgemach« stand. In der Folgezeit wurden die Tongefäße durch solche aus Steingut oder Porzellan abgelöst, von welchen wahre Prunkstücke – oft vom selben Dekor wie das Waschgeschirr – erhalten sind. Seit dem 19. Jahrhundert gab es auch emaillierte Blechnachttöpfe. All diese irgendwie liebenswürdigen, nach neuerem Maßstab recht unhygienischen Hygiene-Gegenstände alter Zeit sind längst modernen Bade- und Toiletteneinrichtungen gewichen, deren größte Errungenschaft wohl das fließende Wasser ist.

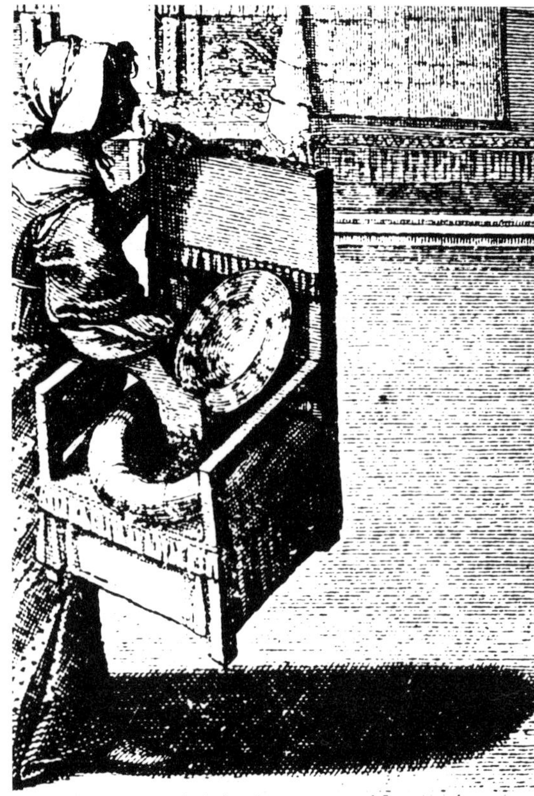

264 Toilettenstuhl, Detail aus einem Kupferstich von Abraham Bosse, 17. Jahrhundert.

Äußerungen von Reisenden aus verschiedenen Jahrhunderten:

Die Klage über unbequeme Betten, die statt mit Federn mit Binsen gefüllt sind, kennen wir schon aus der Antike. Plinius d. Ä. spricht außerdem von sommerlichen Tierchen, »*cauponarium aestima animalia*« – Flöhe, Spinnen, Eidechsen –, die dem Gast zur Qual werden.[143]

Einem Reisebericht des Kardinals Luigi d'Aragon (1517) zufolge, findet man in den Ober- und Unterbetten der deutschen Gasthöfe – erstaunlicherweise! – weder Flöhe noch Wanzen. »*Per tutto se allegia commodamente.*« Bedauerlich sei lediglich, daß zu viele Betten in einem Zimmer stünden.[144]

Dagegen steht das Erfahrungswissen des Wiener Hofpredigers Abraham a Santa Clara, der selbst aus einem Gastwirtsbetrieb stammt (1688): »*Man führte sie endlich in das Bett, in welchem fast nichts als lateinisch Lob zu finden gewest (Laus), die Leillach so sauber, wie ein indianischer Marmel, in denen allerlei Farben zu sehen...*«[145]

Der holländische Humanist Arnoldus Buschelius belobigt einen aufmerksamen Gastgeber: »*Wenn der Wirt einen sieht, der von der Reise ermüdet ist, so läßt er ihm abends ein Waschbecken mit warmem Wasser auf sein Schlafzimmer bringen; in diesem sind Kräuter gekocht, die zur Stärkung der Füße gut sind...*«[146]

Im 16. Jahrhundert gibt es bereits eine Art unterhaltsamer und auch moralisierender Reiseliteratur in Gestalt der Rollwagen- und Wege-Büchlein. In einem solchen »Wegebüchlein durch gantz Teutschland« (1590) wird nicht nur dem Wirt ins Gewissen geredet, auch der Reisende erhält Ratschläge für sein Verhalten:

»Eins ich ihn noch vermahnen will,
Daß er sich niendort überfüll;
Auch find't man manchen Gast der fragt,
Ob der Wirth han' eine schöne Magd.

265 Frühes Wasserklosett mit Teufelsdarstellung. Holzschnitt aus England, 16. Jahrhundert.

Ein Gast der soll begnüget sein,
wenn er hat gutte Speis und Wein.
Wiewohl ein Gast auch sehr wohl thut,
Wann das Bettg'wand ist rein und gut.
Wo aber keins vorhanden ist,
Zum Schlaff' er auf der Bank sich rüst'.
Ein frommer Gast ist etwa froh,
Wenn er kann schlaffen auff dem Stroh.« [147]

In südlichen Ländern leiden die Gäste heute wie vor ein paar Jahrhunderten unter der nächtlichen Unruhe auf den Straßen und im Hofraum (patio) der Herberge: *»Das Zimmer ist meist geräumig und hoch. Es ist auch möbliert und zwar mit allem möglichen, was der Reisende nicht brauchen kann, während das, was nach mitteleuropäischen Gewohnheiten da sein müßte, meist fehlt. Das Bett schmückt ein Betthimmel mit Vorhängen aus Seide, kleine Rokokostühlchen und Tischchen mit goldenen Beinchen, ein vor Fliegenschmutz halb erblindeter Spiegel mit geschnitztem Rahmen und sonstige Staubfänger geben dem ganzen das Salonartige, das der stolze Spanier für nötig hält. Auf einem kleinen Waschtischchen steht ein winziger Wasserkrug und eine kleine Schale, in denen man sich allenfalls die Fingerspitzen waschen kann, was nach spanischer Auffassung ja auch genügt... Beklagt man sich über die mangelnde Sauberkeit des Bettes und über dessen braune Bewohner, dann holt der Wirt ein blütenweißes, womöglich mit Spitzen geziertes Tuch und deckt es über die schmutzigen Kissen. Damit glaubt er allen Forderungen der Reinlichkeit Genüge getan zu haben. Daß der Zustand der unentbehrlichen geheimen Örtlichkeiten meist ein unbeschreiblicher ist, sei als fast selbstverständlich nur nebenbei erwähnt. In Aufregung kann ein Gast das ganze Personal eines spanischen Gasthauses durch das Verlangen ein Bad zu nehmen, versetzen. Selbst in Madrid galt bis vor nicht langer Zeit ein solches Begehren als etwas Außergewöhnliches... Die Bauart der Häuser stammt noch aus der arabischen Zeit. Der wichtigste Raum eines südspanischen Hauses ist der Patio, der Hof, um den sich alles andere gruppiert. In mehreren Stockwerken laufen Gallerien um diesen Hof herum, und auf diese Gallerien münden die einzelnen Gastzimmer, Glastüren lassen das nötige Licht herein. Der Patio ist nun nicht ein Hof in unserm Sinn, sondern ist ausgestattet wie ein Gesellschaftsraum und dient auch als solcher... Wo Menschen durch verwandtschaftliche Bande aneinander gefesselt sind, da ist das Patiosystem am Platz. Es wird aber zur Qual, wenn ein solches als Gaststätte dient und eine große Anzahl von Einzelgästen beherbergt, denen an Abgeschlossenheit auch nur das Geringste gelegen ist. Schließt ein Gast sein Fenster oder vielmehr seine Balkontür, dann erstickt er fast, öffnet er sie, dann tönt ihm noch bis lange nach Mitternacht Guitarren- oder Klaviergeklimper und laute Unterhaltung ins Ohr und hindert ihn im Schlafe, denn im Patio ist bis in die späte Nacht ›Betrieb‹. Auch ist der Gast bei den intimsten Dingen nicht vor indiskreter Beobachtung sicher...«* [148]

Von Montaigne bis Goethe reißen die Klagen über die Unwirtlichkeit der Schlafzimmer in Italien nicht ab. Erst das 20. Jahrhundert bringt die Anpassung an den in Mitteleuropa üblichen Komfort. Obwohl Montaigne und seine Gefährten relativ gut untergebracht waren, hatten sie *»doch weder einen Kamin, noch Fensterrahmen, noch Fensterscheiben in meinem Zimmer. Das zeigt, daß man in Italien nicht so häufig Stürme hat wie bei uns; mit bloßen Holzfenstern könnten wir es nicht aushalten. Ihre Betten sind kleine, elende Gerüste, auf die sie Bretter legen, darauf einen Strohsack und eine Matratze; und da ist man erst recht gut untergebracht, wenn man dazu einen Betthimmel hat.«* [149]

Dieselbe Feststellung trifft Goethe 200 Jahre später: auch in dem »ansehnlichen Gasthof« von St. Agatha (nördlich Neapel) war die »Stube kalt, keine Fenster, nur Läden«.[150] Auch in Neapel selbst muß Goethe zu Behelfsmaßnahmen greifen. Er bewohnt ein prächtig dekoriertes Zimmer mit interessantem Ausblick. *»Das wäre nun alles schön und gut, aber keine Feuerstätte, kein Kamin ist zu bemerken, und der Februar übt denn doch auch hier seine Rechte. Ich sehne mich nach einiger Erwärmung. Man brachte mir einen Dreifuß, von der Erde dergestalt erhöht, daß man die Hände bequem darüber halten konnte. Auf demselben war ein flaches Becken befestigt, dieses enthielt ganz zarte glühende Kohlen, gar glatt mit Asche bedeckt. Hier gilt es nun haushältig sein, wie wir es in Rom schon gelernt. Mit dem Ohr eines Schlüssels zieht man von Zeit zu Zeit die oberflächliche Asche behutsam weg, so daß von den Kohlen wieder etwas an die freie Luft gelangen. Wollte man jedoch ungeduldig die Glut aufwühlen, so würde man einen Augenblick größere Wärme spüren, aber sehr bald die ganze Glut erschöpft haben, da denn das Becken abermals gegen Erlegung einer gewissen Summe zu füllen wäre. Ich befand mich nicht ganz wohl und hätte freilich mehr Bequemlichkeit gewünscht. Eine Schilfmatte* *diente gegen die Einflüsse des Estrichs; Pelze sind nicht gewöhnlich, und ich entschloß mich, eine Schifferkutte, die wir aus Scherz mitgenommen hatten, anzuziehen, die mir gute Dienste leistete, besonders nachdem ich sie mit einem Kofferstrick um den Leib befestigt hatte, da ich mir denn als Mittelding zwischen Matrose und Kapuziner sehr komisch vorkommen mußte. Tischbein, der von Besuchen bei Freunden zurückkehrte, konnte sich des Lachens nicht enthalten.«* (26. Febr. 1787)

»In der Nacht begegnete mir ein eignes Abenteuer. Wir hatten uns in einem freilich nicht sehr zierlichen Lokal sehr müde auf die Betten geworfen, zu Mitternacht wach' ich auf und erblicke über mir die angenehmste Erscheinung: einen Stern, so schön, als ich ihn nie glaubte gesehen zu haben... Bei Tagesanbruch bemerkte ich erst die Veranlassung dieses Wunders; es war eine Lücke im Dach...« (21. April 1787)

Quartier in Caltanisetta 1787: *»...wo wir jedoch abermals vergeblich um eine leidliche Herberge bemüht waren. Die Maultiere stehen in prächtig gewölbten Ställen, die Knechte schlafen auf dem Klee, der den Tieren bestimmt ist, der Fremde aber muß seine Haushaltung von vorn anfangen. Ein allenfalls zu beziehendes Zimmer muß erst gereinigt werden. Stühle und Bänke gibt es nicht, man sitzt auf niedrigen Böcken von starkem Holz, Tische sind auch nicht zu finden. Will man jene Böcke in Bettfüße verwandeln, so geht man zum Tischler und borgt so viel Bretter, als nötig sind, gegen eine gewisse Miete. Der große Juchtensack, den uns Hackert geliehen, kam diesmal sehr zugute und ward vorläufig mit Häckerling angefüllt...«* (28. April 1787)

In der Nähe von Laibach im heutigen Jugoslawien trifft der Fußwanderer J.G. Seumes 1802 (»Spaziergang nach Syrakus«) auf *»ein Wirthshaus, das klein und erbärmlich genug im Mondschein dort*

266 Bosnisches Wirtshaus, nach einer Zeichnung von Zverina, um 1879.

stand. Sehr ermüdet und etwas durchfroren trat ich ein... Endlich kam der Wirth, der etwas deutsch radebrechte: dieser gab mir freundlich Brot, Wurst und Wein, und ein Kopfkissen auf das Stroh. Ich war sehr froh, daß man mir kein Bett anbot; denn mein Lager war unstreitig das beste im ganzen Hause. Es war mir lieb, bei dieser Gelegenheit eine gewöhnliche krainische Wirthschaft zu sehen, die dem Ansehen nach noch nicht die schlechteste war, und die doch nicht viel besser schien, als man sie bei den Letten und Esthen in Kurland und Liefland findet. Gleiche Ursachen bringen gleiche Wirkungen.« [151]

In Sizilien: *»Den Ort meines Nachtlagers habe ich vergessen, aber die Art nicht... Man gab mir aus Höflichkeit die beste Schlafstelle: diese war auf einem steinernen Absatze neben der Krippe; die anderen Herren legten sich unten zu den Schweinen. Mein Mauleseltreiber trug zärtliche Sorge für mich und gab mir seine Kaputze, und man begriff überhaupt nicht, wie ich es habe wagen können, ohne Kaputze zu reisen.«* [152]

Terra Nuova (Sizilien): *»In der Stadt im Wirthshause gab man mir ein Zimmer, worin kein Bett, kein Tisch und kein Stuhl war, und sagte dabei, ich würde in der ganzen Stadt kein besseres finden. Ich warf mich auf einen Haufen Haferspreu, der in einem Winkel aufgeschüttet war, und schlief ein.«* Nach einer Stunde wird er wach, eine Menge Leute sind in seinem Zimmer und versuchen ihn auszufragen... *»Den Abend, nachdem ich bei einigen Seefischen sehr gut gefastet hatte, brachte man mir Heu, und ein gutmüthiger Tabuletkrämer aus Katanien gab mir zur Decke einen großen Schafpelz, welcher mir lieber war als ein Bett, das man nicht haben konnte.«* [153]
Johann Georg Keyßler, der Mitte des 18. Jahrhunderts durch Ungarn kommt, berichtet, daß man *»... oft kaum Stroh zum Nachtlager bekommen kann. Wenn man auch noch Betten findet, so sind selbige so kurz, daß ich nicht anders als mutmaßen kann, als daß die Ungarn auf die Art, wie sie zu Pferde sitzen, auch in ihren Betten liegen müssen.«* [154]
In Böhmen bewundert Keyßler zwar die Fülle der Lebensmittel, *»die Nachtlager aber sind nicht bequem, und man muß gemeiniglich auf der Erde über ausgebreitetem Strohe und mit einem Kopfküssen fürlieb nehmen«*. Die Bauern stiegen oft auf einer Leiter zu ihrem gewohnten Schlafplatz auf dem Ofen. [155]
F.X. Bronner, der in den unruhigen Jahren nach der Französischen Revolution im Osten Frankreichs unterwegs war, zeichnet folgende Wirtshauserlebnisse auf: *»Ich verlangte zu Bette; er (der Wirt) führte mich in eine offene Kammer, wo einige Bettstellen voll Soldaten lagen. Sorgfältig visitierte ich mein Bett, fand zwar alles reinlich und frisch überzogen, aber es ekelte mir doch ein wenig; desswegen kleidete ich mich nur zur Hälfte aus, verwahrte meine Sachen, so gut ich konnte, zwischen dem Strohsack und dem Unterbette und streckte mich in Gottes Namen unter die Decke. Die Müdigkeit machte, dass ich besser schlief, als ich gehofft hatte.«* [156]
Nicht überall macht Bronner mit der Reinlichkeit der Gastzimmer so gute Erfahrungen; die Angst vor Ungeziefer scheint berechtigt gewesen zu sein: *»Als mich der Wirth in die Schlafkammer führte, hob ich in seiner Gegenwart die Bettdecke weg und sah sogleich, dass die Betten nicht reinlich überzogen waren. Bey der Menge Soldaten, die hier täglich übernachteten, und wovon einige ganz unverholen gestanden, dass sie in ihren Hemden ganz unangenehme Einquartierungen hätten, ward mir bange, ich möchte hier eben dieselbe Plage erben. Die Bosheit der frechen Magd liess mich befürchten, sie könnte mich absichtlich zum Nachfolger eines so reichbegabten Sans-Culotten gemacht haben. Ich bat also den Wirth: ›Lassen Sie mir das Bett frisch überziehen; ich gebe ihnen gern über die Zeche aus, noch einen halben Gulden zum Besten.‹ – Das Angebot gefiel ihm, er rief die Magd und befahl ihr, das ganze Bett frisch zu überziehn. Murrend, spottend und zankend that sie es. Mich kümmerte das wenig. Sorgfältig verbarg ich meine Kleider zwischen dem Strocksack und dem Unterbette und schlief ruhig die ganze Nacht hindurch.«* [157]
Ein Loblied der englischen Schlafzimmer singt Johanna Schopenhauer 1803: *»Zimmer, Betten, Bedienung, Reinlichkeit übertreffen alles, was man in anderen Ländern in dieser Art antrifft, aber wir möchten fast behaupten, daß die guten Gasthöfe auf dem Lande wieder die in den Städten in dem Maße übertreffen wie jene die deutschen... Das Logis ist nicht teuer. Für das Zimmer, in welchen man speist und den Tag zubringt, wird, auch bei längerem Aufenthalt, gewöhnlich nichts gerechnet, es sei denn, daß man nur im Hause wohne und immer auswärts speise. Im Schlafzimmer zahlt man nur das Bette, und dieses kostet selten mehr als einen Schilling die Nacht. Und welch ein Bett! Die schönsten Matratzen, die feinsten Bettücher und Decken. Schöne Vorhänge umgeben das Bett, ein hübscher kleiner Teppich liegt davor, eine feine weiße Nachtmütze und ein Paar Pantoffeln fehlen auch nie dabei, deren sich reisende Engländer, die immer wenig Gepäcke mit sich führen, ohne alle Scheu bedienen.«* [158]
Ganz anders dagegen Josef Stehle, der an den Schlafzimmern der englischen Gasthöfe kein gutes Haar läßt: *»Minderwertig sind fast überall die Schlafzimmer. Die Betten sind breit, aber ohne jedes Federbett. Zwei wollene ›blankets‹ (Decken) in kunstvoller Weise um die Matratze geschlungen, sind alles, was zur Erwärmung dient. Wie in eine Tasche muß man beim Zubettgehen zwischen Matratze und Blanketts hineinkriechen und sich sorgfältig hüten, die letzteren nicht loszulösen, weil man bei dem meist kühlen und nebligen Wetter in dem niemals geheizten Zimmer erbärmlich friert.«* [159]
Zu phantastischen Träumereien wird Thomas Smart (Charles Dickens, »The two tales of the bagman«) durch die kuriose Einrichtung seines Schlafgemachs angeregt. Man hatte ihn über ein Gewirr von Gängen dorthin geleitet: *»Es war ein schönes, geräumiges Zimmer mit großen Wandschränken und einem Bett, das für ein ganzes Internat gereicht hätte, nicht zu reden von zwei Eichenkästen, die*

das Gepäck einer kleinen Armee hätten fassen können; was aber Toms Einbildungskraft am meisten anregte, war ein seltsamer, grimmig dreinsehender hochlehniger Stuhl, der mit äußerst phantastischen Schnitzereien versehen war, mit einem geblümten Damastpolster...« [160]

Es sei ausdrücklich darauf hingewiesen, daß sich alles, was bisher über die Gasthof-Ausstattung im allgemeinen und die Einrichtung der für besondere Zwecke bestimmten Häuser gesagt wurde, auf Formen der Gastlichkeit im europäischen Raum und in den von Europäern besiedelten Teilen anderer Kontinente bezieht. Die weltweiteste Verbreitung fand der Stil des englischen Hotel-Gasthofes. So wurde z.B. in Japan unmittelbar bei den bedeutenden Tempel- und Klosteranlagen von Navara bei Osaka (Provinz Yamoto) ein Hotel errichtet, ganz in der Art älterer englischer Häuser mit dining-, drawing-, smoking-room, mit Billard und offenem Kamin. An den Standort erinnert nur der Blick durchs Fenster über den Naturpark und die buddhistischen Bauten des 8. Jahrhunderts. Neben solchen Adaptionen europäischer Bewirtungsgewohnheiten behauptet sich – vor allem auf dem Land und in Kleinstädten – die alteinheimische Tradition, die wir im Fall Japan exemplarisch neben die übernommenen Formen stellen wollen:

Kommt der Reisende staubig und müde zu dem Gasthaus seines Bestimmungsortes, so legt er beim Eingang die Schuhe ab, die man für ihn bis zum Verlassen des Hauses aufbewahrt. Sogleich werden ihm die Füße gewaschen, oder er bekommt zumindest ein Gefäß mit Wasser zur eigenen Bedienung. Eine Tasse Tee wird zur ersten Erfrischung gereicht, und dann erst führt man den Neuankömmling in sein Zimmer, das meistens im Obergeschoß liegt.

Die Einrichtung des Zimmers ist spärlich, Möbel fehlen fast ganz. In einem Wandschrank wird das Bettzeug aufbewahrt, das abends mit einer Matte auf den Boden gelegt wird. Eine Nische mit einem schönen Ikebana-Strauß, eventuell ein Bild und der Ausblick in die Landschaft oder auf einen gepflegten Garten: dies genügt zum Wohlbefinden des japanischen Gastes.

Nun meldet – vor dem Essen – ein Mädchen, daß das Bad bereitet ist. Von altersher gilt die Wasserbehandlung als heiligste Pflicht jedes Wirtes; das Bad ist nahezu der Mittelpunkt des Gasthofes, der häufig an einem Gewässer, nicht selten an heißen Quellen liegt. Die Japaner lieben es, sehr heiß zu baden und sich anschließend zu pflegen. In fast jedem japanischen Gasthof kann man sich massieren lassen.

Vor dem Essen wird Reiswein gereicht. Mehreren Gängen aus Fisch-, Fleisch- und Gemüsegerichten folgt der obligate Reis mit Salat und Suppe; dazu wird häufig, besonders von den Männern, Reiswein genossen. Nach dem Essen pflegt man grünen Tee zu sich zu nehmen. Bei diesem lange währenden Mahl kann man sich auch von Mädchen durch Musik, Tanz und Gespräche unterhalten lassen. Diese Art der Gastlichkeit findet man in konservativen japanischen Hotels heute noch. Die individuelle Gastbetreuung ist geblieben, während sich äußere Formen der Zeit angepaßt haben. So kann z.B. die Fußwaschung beim Eintritt entfallen, da die Japaner nicht mehr wie einst Strohschuhe, sondern moderne Lederschuhe und Strümpfe tragen. [161]

Leben im Gasthof

267 Der Wein- und Bierschenk in der Gaststube. Kupferstich von Christoph Weigel, 1698.

Die Wirte haben Christus die List abgelernt, aus Wasser Wein zu machen.

268 Amtliche Bierbeschau: Das Bier klebte am Hosenboden und hat somit die richtige Konsistenz. Lithographie, 19. Jahrhundert.

Rechtliche Bestimmungen

Bisher war die Rede von der Ausstattung verschiedenartiger Gasthaustypen. Es bleibt zu fragen, wie diese Räume mit Leben erfüllt wurden, welche Annehmlichkeiten den Gast erwarteten, welche Schrecken ihm widerfahren konnten, was ihm erlaubt und was verboten war, welche Rechte und Pflichten dem Wirt und seinen Helfern zustanden: die ganze Palette der Wechselbeziehungen von Menschen im Gasthof gilt es – wenigstens andeutungsweise – aufzuzeigen.

Herbergen und Wirtschaften waren von jeher Einrichtungen des öffentlichen Interesses, von der Obrigkeit mit wachem Auge erfaßt, durch zahllose Verordnungen gefördert und in ihre Schranken verwiesen. Jeder Gastwirt bedurfte zunächst einmal einer Konzession, die ihm der Grundherr gegen bestimmte Leistungen gewährte. Diese Abgaben erfolgten in frühester Zeit in Form von Naturalien, später in Geld.

Die weiteren Steuerverpflichtungen der Gastwirte bezogen sich vor allem auf die Getränkeabgabe: das »Ungeld« – später »Akzise« – war also eine Umsatzsteuer. Es durfte zunächst nur eine Sorte von Wein oder Bier, also auch nur eine Getränkeart verabreicht werden; die Bestimmung galt bis etwa 1700, dann traten Übergangsregelungen in Kraft. Branntwein, anfangs nur in Apotheken erhältlich, gab es ab Mitte des 16. Jahrhunderts in Schenken. Die Preise waren ebenfalls behördlich geregelt. Sie mußten jedem sichtbar im Lokal oder an der Tür angeschlagen werden.

In England trat die staatliche Aufsicht über Maße, Gewichte, Preise usw. vergleichsweise früh ein: Zur Zeit des großen Staatsrechtwerkes der Magna Charta (1250) gab es bereits Ordnungen für die öffentlichen Gasthäuser, die für das ganze Land Geltung hatten. – Am Kontinent bestanden eine Unmenge lokal unterschiedlicher Bestimmungen, die zu häufigen Beschwerden sowohl der Wirte als auch der Gäste führten. Eine Besserung suchte das Rahmengesetz für das ganze Reich (Augsburg 1530) zu erreichen, die »Reformation guter Polizey«. Danach mußten innerhalb eines halben Jahres in allen Territorien Wirtshausordnungen erlassen werden. Diese behaupteten vielerorts bis ins 19. Jahrhundert ihre Gültigkeit. Die Obrigkeit setzte »geschworene« Fachleute ein, die zu überwachen hatten, ob sich Wirte und Gäste an die Vorschriften hielten.

In manchen Gegenden durften der Wirt und seine Helfer den Wein nicht selber ausmessen, sondern mußte dies von einem Weinmesser besorgen lassen, der auch andere Kellerarbeiten übernahm. Das Recht, den Eicheimer (überhaupt geeichte Gefäße) zu halten und sämtliche Maße zu kontrollieren, lag ursprünglich beim König, der es gegen Steuern weiterverlieh. So hat z. B. Rudolf von Habsburg 1288 dieses Recht in seiner Reichsstadt Ulm um 20 Mark Silber an den Patrizier Otto Amann verpfändet, in dessen Familie es bis 1348 verblieb. Einmal im Jahr sollte er die von den Wirten benützten Gefäße unvermutet überprüfen.[162] Die Schankgefäße mußten amtlich markiert sein und durften nur offen auf dem Schanktisch gehandhabt werden. Art und Umfang der verabreichten Speisen – auch zu Fasten- und Hochzeiten – wurden durch eine »Zehrordnung« festgelegt. Die Getränke unterlagen einer Qualitätsprüfung, wobei man sich oft recht origineller Methoden bediente. Die »Bierkoster« z. B. ordneten an, daß man Bier auf die Bank schütte, auf der sie sich für geraume Zeit niederzulassen gedachten (mit ledernen Hosen!); klebten sie an, so war das Bier richtig.

Anscheinend konnten die Kontrolleure Bier- und Weinpantschereien nicht völlig verhindern. Es gab immer unerlaubte Zusätze von Wasser, Eiern, Milch, Salz, Honig, Gewürzen, Rüben, Stengeln von Weinbeeren; ja sogar Leim, Schwefel, Kalk u. a. wurden untermischt. Hin und wieder kann man lesen, daß Weinfälscher ausgepeitscht und aus der Stadt vertrieben wurden.

Im ältesten Augsburger Stadtrecht von 1156 steht folgende Verordnung: *»So oft der Wirt schlechtes Bier oder falsches Maß gibt, soll er mit einer Geldstrafe büßen und das Bier soll vernichtet werden oder gratis den Armen gegeben werden.«* [163] Im 17. Jahrhundert erhob der Wiener Hofprediger Abraham a Santa Clara seine mächtige Stimme, um gegen die unredlichen Wirte zu wettern: *»Her Vinantius von*

Kandelberg, wohl meritirter Weinschenk und Gastgeber beim gläsernen Becher, der Herr reist alleweil auf das Land, und kauft Wein ein, aber diese edle Gab Gottes tut der Herr gar sehr verfälschen, macht ein Superstratum, allerhand Mischgemasch; der gar zu vielfältige Einschlag verursacht den Gästen nur Krankheiten und Kopfweh, dahero taugte der Herr zu des Teufels Mundschenk, als welcher des Schwefels schon gewohnt; zudem gibt der Herr eine gar kleine Maaß, schreibt noch dabei mit doppelter Kreide. Wo bleibt das Gewissen?« [164]

Neben den Abgaben, der Herkunft, der Qualität und Quantität von Speis und Trank unterlag auch die Zeit der Gästebetreuung der Kontrolle. Heute ist die »Polizeistunde« auf 1 Uhr festgesetzt, wo nicht örtliche Ausnahmeregelungen getroffen werden (vgl. Deutsches Gaststättengesetz §14). – Bis ins 18. Jahrhundert sollte nach Einbruch der Dunkelheit kein Einheimischer mehr im Gasthof angetroffen werden; Patrizier durften bei vornehmen Fremden noch sitzen bleiben. Natürlich schmeckte dieses Vorrecht andern Bürgern schlecht; immer wieder beschwerten sich »Zünftige« darüber beim Stadtrat. In manchen Städten war es Fremden nur in Begleitung einheimischer Bürger erlaubt, sich nachts auf Straßen und Plätzen zu zeigen.

Die einzelnen Orte kennen in der Festlegung der Polizeistunde eine Spanne von vier Stunden. Durchschnittlich war sie im Winter auf 8 Uhr, im Sommer auf zehn Uhr festgelegt. Die Wein- oder Bierglocke – im Volksmund »Lange Glocke« oder »Lumpenglocke« genannt – bimmelte den Zechern oft eine Stunde lang ins Gewissen. Sie durften austrinken, mancherorts auch einen letzten Trunk nachbestellen.

269 »Bürgerstunde«, die Gäste werden vom Hausknecht nach Hause geleitet. Holzschnitt von Ludwig Richter, 1861.

Wurden sie dann immer noch ohne ein Zeichen des Aufbruchs angetroffen, so wurden sie mit einem Gulden Strafe belegt, der Wirt mit der doppelten Gebühr. Unverbesserlichen drohte die Verweisung aus dem Ort.[165] Die Bestimmung wollte verhindern, daß die Leute allzulange von ihrer Häuslichkeit fernblieben. Außerdem begann der Arbeitstag am frühen Morgen und verlangte den ausgeruhten Mann. Ein Grund der zeitlichen Beschränkung mag auch die Feuersgefahr gewesen sein; sie war nicht gering bei den mit viel Holz und offenen Feuerstellen versehenen Häusern, vor allem, wenn die müde und trunken werdenden Zecher bis in die Nacht hinein beim Kerzenlicht zusammensaßen.

Kirchliche und weltliche Obrigkeit unterstützten sich oft gegenseitig in der Befürwortung eines frommen, arbeitsamen Lebenswandels der Untertanen: häufige Wirtshausbesuche schienen diesem nicht förderlich zu sein. Sonntags zur Zeit von Amt und Predigt waren sie übrigens streng untersagt.

Das Stadtrecht von Villingen (1592) bedroht notorische Wirtshaussitzer mit Turm und Geldstrafen: *»Weilen leider in der würths-, bier- oder weinschencken heüser das immerwehrende fressen, sauffen, schlemmen und demmen, absonderlich aber auch an sonn- und feürtägen, under wehrendem gottsdienst der h. mess und predig, bei jungen und alten also in den schwang gerathen, wardurch mancher weder predig noch h. mess höret, zueglich unzahlbare schulden hervor und weib und künder in bettel,*

Sebastian Frank *verfaßte 1531 eine Schrift »von dem grewlichen Laster der trunkenheit, so in diesen letzten Zeiten erst schier mit den Franzosen aufkommen, was füllerey, saufen und zutrinken für jammer und vnrath, Schaden der seel vnd des leybes auch armut vnd schedlich art anricht, vnd mit sich bringt«.*

270 »Die zehn Wirtshausgebote«, Lithographie um 1870. München, Bayer. Nationalmuseum ▶

I. Gebot. Du sollst kein anderes Wirthshaus besuchen, als dieses.

Hast ein Wirthshaus Du gefunden,
Bleibe treu ihm allezeit,
Dann entschwinden Dir die Stunden
Voller Lust und Fröhlichkeit.
Nicht von einer Kneip' zur andern
Mußt allabendlich Du wandern.

II. Gebot. Du sollst den Wirth nur rufen, um zu zahlen.

Soll der Wirth das Glas Dir füllen,
Dann allein nur rufe ihn,
Denn um Deinen Durst zu stillen,
Wird er sich recht gern bemüh'n.
Ebenso auch ohne Prahlen
Rufe ihn, wenn Du willst zahlen.

III. Gebot. Du sollst keinen Bären anbinden und keinen Hund mitbringen.

Trinke nie mehr, als im Beutel
Du hast baares Geld geseh'n,
Denn sonst muß Dein kahler Scheitel
Ohne Hut nach Hause geh'n.
Auch die Hunde halte ferne,
Denn die sieht der Wirth nicht gerne.

IV. Gebot. Du sollst Wirth und Wirthin ehren, auf daß es Dir bei ihnen wohl gefalle.

Wirth und Wirthin sollst Du ehren,
Tadle Trank und Speise nie,
Auch Dein Glas sollst stets Du leeren,
Dann erfreust Du beide sie.
Dann wird es Dir, Du wirst sehen,
Stets bei ihnen wohl ergehen.

Die zehn Wirthshaus-Gebote.

Tretet ein ihr lieben Gäste,
Haltet jegliches Gebot,
Dann besorge ich auf's Beste
Bier und Weine, weiß und roth.
Aber laßt das Pumpen bleiben,
Wer prompt zahlt, der ist mein Mann,
Zwinget nie den Wirth zum Schreiben,
Denn sonst schreibt er doppelt an.

V. Gebot. Du sollst nicht lärmen und keine Gläser zerbrechen.

Artig sei stets Dein Betragen,
Suche niemals Streit und Zank,
Auch darf'st niemals Du zerschlagen
Weder Stuhl, noch Tisch und Bank;
Denn die Polizei wird kommen
Und dann wirst Du mitgenommen.

VI. Gebot. Vergreif Dich nicht an Frau und Kellnerin.

Solche Reden sollst Du meiden,
Die verderben Herz und Sinn,
Nie wird es die Wirthin leiden,
Sowie auch die Kellnerin.
Meide auch verbot'ne Triebe,
Denn sie erndten bei mir Hiebe.

VII. Gebot. Du sollst nichts [illegible] als einen Rausch.

Nimm Nichts fort, laß Alles stehen,
Sei es Flasche oder Glas,
Denn, wenn es der Wirth sollt' sehen,
Hast Du davon keinen Spaß;
Einen Rausch darf'st Du Dir nehmen,
Brauch'st Dich dessen nicht zu schämen.

VIII. Gebot. Du sollst eher mehr, als zu wenig zahlen.

Wenn Du zahlst, gieb nie zu wenig,
Zahle lieber etwas mehr,
Dann bleibt immer unterthänig
Dir der Wirth und freut sich sehr;
Denn er m[illegible] so gern auf Erden
Ein [illegible] werden.

IX. Gebot. Du sollst nicht begehren, was nicht zu haben ist.

Ford're nicht mit schlechten Witzen,
Was der Wirth nicht geben kann,
Denn es wird Dir wenig nützen
Und ist auch nicht wohlgethan;
Was ich führe, kannst Du haben
Und Dich daran freu'n und laben.

X. Gebot. Du sollst nie mit der Zeche durchbrennen.

Will einmal Dein Geld nicht reichen,
Nun, so wende Dich an mich,
Doch, wenn Du Dich fort willst schleichen,
Lieber Gast, dann schäme Dich;
Dem Reellen werd' ich pumpen,
And're aber nenn' ich Lumpen.

hunger und mangel kommen, dass namblich, wann von dergleichen schlemmen, dämmern göderen und übelhausigen leüthen der gottsdienst versaumbt und von wein- und bierwürthen oder schencken mit außgebung weins, brandtenweins oder biers nit inngehalten und zum gottsdienst angemahnet wirdt...« [166]

In die gleiche Richtung zielt eine Bestimmung in der kurpfälzischen Landsordnung von 1599, wonach keine neuen Schankstätten errichtet, ja sogar die »wild« gewachsenen geschlossen werden sollten; anscheinend war das Volk allzugern in den neuen Lokalen eingekehrt und es hatten sich *»mehrmals allerhand vnruhen / beschädigungen vnd Todschläge zutragen«*. [167]

Die Bezeichnung »Gastwirtschaft« trat etwa vom 16. Jahrhundert an neben die Namen »Taberne« und »Herberge«. Von den bloßen Schenken schied sich der Vollgasthof oder die »Schildwirtschaft«, die nur unter ganz bestimmten Voraussetzungen konzessioniert wurde und die »Schildgerechtigkeit« erlangte. Sie mußte eine – je nach Ortsgröße – festgelegte Anzahl von Personen und Pferden unterbringen können. In Ulm z. B. waren vier Bettstellen samt Zubehör und die entsprechenden Stallungen vorgeschrieben. [168] Der Wirt hatte eine Kapazität von Küche und Keller nachzuweisen, die ihn befähigte, jederzeit mit Speis und Trank aufzuwarten. Außerdem mußte er in der Lage sein, im Haus für Recht und Ordnung zu sorgen, wie das Schild es verkündete; denn dieses Zeichen hatte nicht nur werbende, sondern auch rechtliche Bedeutung. Es verkündete Schutz und Ruhe. Nicht einmal die Polizei durfte innerhalb einer gewissen Zeitspanne einen Flüchtigen, der im Wirtshaus eingekehrt war, stellen (ausgenommen Schwerverbrecher).

Nicht immer scheint es ein leichtes gewesen zu sein, dieser Schutzpflicht nachzukommen, denn an vielen Orten war der Wirt gezwungen, jeden Fremdling aufzunehmen; ausgenommen waren lediglich Zigeuner, Dirnen und Leute mit ansteckenden Krankheiten. Wenn keine Bettlerherberge in der Gemeinde vorhanden war, konnten sogar Herumtreiber nicht von der Tür gewiesen werden, soweit der Platz reichte. Die Aufnahmepflicht mag besonders in Notzeiten eine schwere Last gewesen sein. Aus den Reiseerinnerungen des ehemaligen Donauwörther Klostergeistlichen F. X. Bronner erfahren wir,

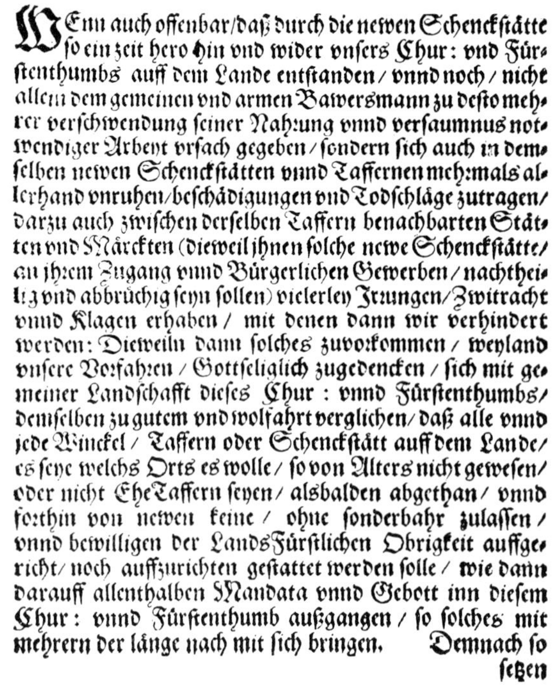

WEnn auch offenbar/daß durch die newen Schenckstätte so ein zeit hero hin vnd wider vnsers Chur: vnd Fürstenthumbs auff dem Lande entstanden/ vnnd noch/ nicht allein dem gemeinen vnd armen Bawersmann zu desto mehrer verschwendung seiner Nahrung vnnd versaumnus notwendiger Arbeyt vrsach gegeben/ sondern sich auch in demselben newen Schenckstätten vnnd Taffernen mehrmals allerhand vnruhen/beschädigungen vnd Todschläge zutragen/ darzu auch zwischen derselben Taffern benachbarten Stätten vnd Märckten (dieweil jhnen solche newe Schenckstätte/ an jhrem Zugang vnnd Bürgerlichen Gewerben/ nachtheilig vnd abbrüchig seyn sollen) vielerley Irrungen/Zwitracht vnnd Klagen erhaben/ mit denen dann wir verhindert werden: Dieweiln dann solches zuvorkommen/ weyland vnsere Vorfahren/ Gottseliglich zugedencken/ sich mit gemeiner Landschafft dieses Chur: vnnd Fürstenthumbs/ demselben zu gutem vnd wolfahrt verglichen/ daß alle vnnd jede Winckel/ Taffern oder Schenckstätt auff dem Lande/ es seye welchs Orts es wolle/ so von Alters nicht gewesen/ oder nicht EheTaffern seyen/ alsbalden abgethan/ vnnd forthin von newen keine/ ohne sonderbahr zulassen/ vnnd bewilligen der LandsFürstlichen Obrigkeit auffgericht/ noch auffzurichten gestattet werden solle/ wie dann darauff allenthalben Mandata vnnd Gebott inn diesem Chur: vnnd Fürstenthumb außgangen/ so solches mit mehrern der länge nach mit sich bringen. Demnach so setzen

271 Die kurpfälzische »Landsordnung« von 1599 (gedruckt in Augsburg) beschäftigt sich mit der verderblichen Wirkung der Schankstätten und verbietet die Errichtung neuer Wirtschaften ohne Genehmigung.
München, Bayer. Hauptstaatsarchiv

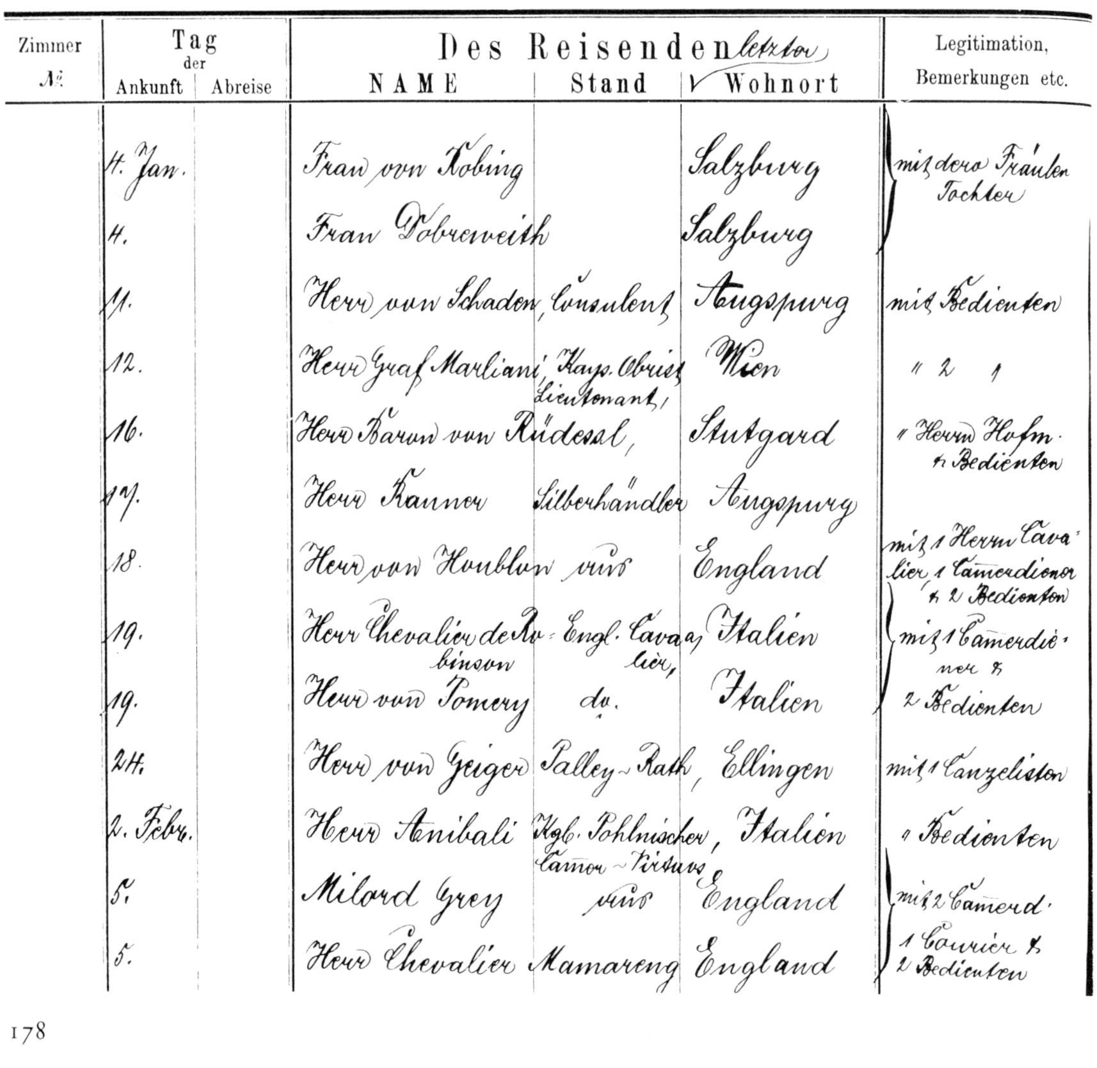

Zimmer №	Tag der Ankunft	Tag der Abreise	Des Reisenden letzter NAME	Stand	Wohnort	Legitimation, Bemerkungen etc.
	4. Jan.		Frau von Kobing		Salzburg	mit dero Fräulen Tochter
	4.		Frau Dobreweith		Salzburg	
	11.		Herr von Schaden	Consulent	Augspurg	mit Bedienten
	12.		Herr Graf Marliani	Kays. Obrist Lieutenant	Wien	" 2 "
	16.		Herr Baron von Rüdesal		Stutgard	1 Herrn Hofm. 1 Bedienten
	17.		Herr Kanner	Silberhändler	Augspurg	
	18.		Herr von Houblon	—	England	mit 1 Herrn Cavalier 1 Camerdiener & 2 Bedienten
	19.		Herr Chevalier de Robinson	Engl. Cavalier	Italien	mit 1 Camerdiener &
	19.		Herr von Pomery	do.	Italien	2 Bedienten
	24.		Herr von Geiger	Palley-Rath	Ellingen	mit 1 Canzelisten
	2. Febr.		Herr Anibali	Kgl. Pohlnischer Camer-Virtuos	Italien	1 Bedienten
	5.		Milord Grey	—	England	mit 2 Camerd.
	5.		Herr Chevalier	Mamareng	England	1 Courier & 2 Bedienten

272 Seite aus einem Meldebuch eines vornehmen Münchener Gasthofes von 1761. Die Herrschaften pflegten nicht ohne Bedienstete zu reisen.
München, Stadtarchiv

wie ungern sich die arm und mißtrauisch gewordenen Wirte in den Revolutionsjahren (Ende 18. Jahrhundert) unbekannter Gäste annahmen; nur die Angst, ihre Pflichtverletzung könnte ihnen von der Obrigkeit angelastet werden, setzte sie in Bewegung: *»Nur nicht gleich so hitzig, Citoyen! Ich glaube, er wäre wohl im Stande, mir Verdruss zu machen. Wir haben Mangel; aber wenn er mit dem wenigen vorlieb nehmen will, was wir ihm vorsetzen, so kann er hereinkommen.«* Als Bronner dann dem Wirt kundtut, daß er nicht mit den wenig geschätzten Assignaten (eine Art Papiergeld) zahlen würde, ging der Wirt in die Küche *»und befahl geschwinde Brod, Suppe, Braten, Salat und Obst hereinzubringen, sodass ich statt des angedrohten Fasttags plötzlich Ueberfluss vor mir erblickte«.*[169]

Schaffhausen, 1580
»Herr von Montaigne machte den Bürgermeistern der Stadt einen Besuch. Um ihm auch eine Aufmerksamkeit zu erweisen, kamen sie mit anderen öffentlichen Beamten zum Essen zu uns in unser Quartier, die Krone, und ließen Herrn von Estissac und ihm Wein anbieten. Das ging nicht ab ohne verschiedene feierliche Ansprachen von beiden Seiten...«[171]

Die Aufnahme zur Nächtigung war einer strengen Meldepflicht unterworfen. Kein Fremder durfte ohne besondere Erlaubnis länger als drei Nächte bleiben. Von der dritten Nacht ab galt er als Hausgenosse, für den der Wirt persönlich haftbar war. In einer Haarlemer »Handveste« des 13. Jahrhunderts heißt es, der Wirt müsse für die Schulden seines Gastes haften. Das gleiche besagt auch ein altes englisches Gesetz, das diese Bestimmung aus dem römischen Recht übernommen hat.[170]

Standespersonen versäumten es nicht, sich bei der Behörde, womöglich beim Bürgermeister oder Grundherrn selbst vorzustellen. Stand, Beruf und Zweck der Reise mußte den Stadtvätern bekannt gemacht werden. Die Stadt Ulm verteilte von 1527 an Meldezettel; im Laufe des 16. Jahrhunderts wurden sie zu Gästeverzeichnissen zusammengefaßt, die der Wirt dem Rat zu übergeben hatte.[172] Auch in Bern und anderen Schweizer Städten wurden um 1500 Fremdenbücher eingeführt.

Eine Hilfe für das Ordnungsamt des Wirtes bedeutete die in zahlreiche Stadtrechte aufgenommene Bestimmung, daß beim Eintritt in das Gasthaus die Waffen abzuliefern seien. Bereits in der Lex Bavarica 1256 ist dies festgelegt.[173] Oft genug kam es zu Temperamentsausbrüchen und ernsthaften Auseinandersetzungen in der Gaststube; verständlich, wenn man an das dichte Beisammensein so verschiedenartiger Menschen denkt, die überdies durch Alkoholgenuß in einem leicht erregbaren Zustand versetzt waren. Da erschien der Kampf mit den traditionellen Waffen – Wort, Faust, Krug, Stuhlbein – doch vergleichsweise ungefährlicher (s. S. 91).

Eine ewige Crux bedeutete für die Wirte auch der Gast, der bestellte, sich auftragen ließ und schließlich nicht zahlen konnte oder wollte. Schon bei Aristophanes (»Die Frösche«, 405 v. Chr.) tritt ein Mann auf, der eine Menge Brot, Fleisch, Fisch und Käse verzehrt und dann verschwindet, ohne seine Schuld zu begleichen. Falls ein Stammkunde augenblicklich in Geldschwierigkeiten war, fand sich der Wirt bereit, seine Schuld an die Wand oder mit Kreide an eine Tafel über dem Schanktisch zu schreiben: er stand dann beim Wirt »in Kreide«. Es war Sitte, in solchen Fällen ein Pfand zu hinterlegen. War ein Ortsunbekannter nicht zahlfähig, so durfte sich der Wirt seiner Habe bemächtigen. Es konnte dem elenden Zechpreller so ergehen wie dem Mann in dem Volkslied (aus »Des Knaben Wunderhorn«):

»Der Wirt der zog mein Röcklein aus
und jagt' mich in die Scheune.
Ei Mutter Gottes ja,
Meinblümlein bla,
wie lang war mir die Weile.
Und als es gegen Mittag kam,
da zog der Wirt mir's Käpple aus
und jagt mich auf die Straße...«

273 Der Wirt soll nicht mehr borgen: Grabtragung des Kredits. Tuschezeichnung um 1925.

Nicht jeder Wirt zeigte sich von der harten Seite. Hans Sachs stellte einen barmherzigen »Gastgeber« vor, der auch den Ärmsten mit warmer Liege und Schlaftrunk aufwartet.

»Ich pin ain wirt der armen gest,
Den ich doch thu das aller pest.
So vil der kumen in mein haus,
Der treib ich kainen von mir aus.
Sundr ich gieb in drincken vnd essen.«[174]

Doch scheinen viele Wirte mit ihrer Großzügigkeit schlecht beraten gewesen zu sein; es gibt eine ansehnliche Literatur zu dem Thema »Der Kredit ist gestorben.«

»H.: Herr Wirth bringt uns den besten Wein
Vnd sorget nicht wanns zahlt soll seyn
Wir wollen redlich zahlen auß
Wann wir euch wider gehn zu Hauß.

W.: Ihr durstig Brüder
borg macht sorg
Auff den Credit ich niemand borg.
Credit der ist in Brunn gefall
Da mögt jhr jhn nun suchen all.
Schmarotzer gehn auff borg zu gast
Bringstu kein Gelt
zieh fort vnd fast.« [175]

»Courons petits et grands à cet enterrement;
Nostre crédit est mort, sa gloire est en fumée.
Il ne nous reste plus qu'un peu de renommé
Que nous allons poser dessus son monument.« [176]

Keine Behörde und kein Richter half einem Wirt, der durch unerlaubtes Borgen um seine Habe gekommen war.

Es ist aufschlußreich, einmal eine Verleihungsurkunde mit ihrer Fülle von Bestimmungen für den Wirt im Wortlaut zu lesen. Die in einem Haus des 14. Jahrhunderts eingerichtete Gastwirtschaft »Zum Löwen« in Idstein (Taunus) hat eine solche von 1692 vorzuweisen, wie aus nebenstehender Marginalie zu ersehen ist.

Wirtsleute und ihre Helfer

Das Urteil über Gasthöfe und Wirte reicht durch die Jahrhunderte von grimmiger Verdammung bis zum höchsten Lob.

Den vornehmen Griechen und Römern schien es nicht angemessen, in öffentlichen Lokalen zu verkehren. Sokrates rühmte sich, seine Nase niemals in eine Kneipe gesteckt zu haben. Zahlreiche Leute der ersten Gesellschaft Roms bezogen ihr Vermögen zwar aus dem Weinhandel und -ausschank; die Ausübung des Schankgeschäftes aber überließen sie Sklaven und Pächtern. Wie tief diese auf der sozialen Stufenleiter standen, geht aus der Tatsache hervor, daß die Heirat mit der Tochter eines Wirtes ebenso den Verlust der Bürgerrechte nach sich zog wie die Ehe mit einer Gladiatorentochter. Ein Edikt aus dem Jahre 380 n. Chr. besagt, daß von bestimmten Elitetruppen u. a. Sklaven, Köche und auch Gastwirte ausgeschlossen blieben.[178] Dies hatte seine Gründe. Als stereotype Bezeichnung tritt bei den antiken Schriftstellern die Wendung »perfidus caupo«, der betrügerische Wirt, auf. Der gerissene Fuchs, der trotz seiner Schlauheit geprellt wird, ist auch ein Typ der Comedia dell arte und hält sich bis heute in der europäischen Literatur. Insbesondere haben düstere Geschichten von Mordwirten eine zähe Lebenskraft. Cicero hat eine zu Papier gebracht, die seinerzeit in Rom umlief: Zwei Marktbesucher schliefen im gleichen Zimmer einer Wirtschaft. *»Da schlich sich der Wirt ein und ermordete den Mann, der das Geld hatte, mit dem Schwert des anderen, stahl das Geld und steckte das Schwert wieder in die Scheide. Am Morgen erwachte natürlich nur der eine der Reisenden. Er versuchte zuerst seinen Freund zu wecken, da aber dieser auf keine Weise reagierte, glaubte er, daß er noch Schlaf brauche, und begab sich allein auf den Weg. Nach einer Weile alarmierte der Wirt mit dem Ruf, es sei ein Mord begangen worden, das ganze Haus und setzte mit einigen anderen Gästen jenem nach, der aufgebrochen war. Er ergriff den Mann, zog das Schwert aus der Scheide, und die blutige Klinge schien ein eindeutiges Indiz für die Schuld des Reisenden zu sein. Dieser wurde auch sofort zur nächsten Stadt geführt und angeklagt. Lange später kam jedoch das Verbrechen des Wirtes an den Tag...«* [179]

Auch die in der englischen »Crime-novel« mehrmals wiederkehrende Situation, daß der Gast in einen behaglichen Schankraum gelockt wird und durch eine Falltür auf Nimmerwiedersehen verschwindet, kennt bereits das Rom des Kaisers Theodosius wie der Schriftsteller Socrates Scholasticus durch mehrere Anekdoten belegt.[180]

Der Typ des verderbten Gasthofbesitzers wird durch die mittelalterliche Dichtung wieder aufgenommen; er geistert durch ritterliche und volkstümliche Darstellungen. In dem Volksbuch »Fortunatus« (1509) schleicht sich ein Gastwirt durch ein geheimes Loch in das versperrte Zimmer der Schlafenden, um sie zu bestehlen.[181]

Verleihungsurkunde des »Löwen« in Idstein, 1692

»Von Gotte Gnaden Wir Georg August, Fürst Nassau Graf zu Saarbrücken und Saarwenden, Herr zu Lahr, Wiesbaden und Itzstein pp tun kund und bekennen hiermit, daß Wir auf untertäniges Ansuchen unsern bisherigen Küchenschreiber und lieben Getreuen Johann Matthias Schlossern unser eigentümliches Wirtshaus zum Löwen allhier zu Itzstein auf drei aufeinanderfolgende Jahre verliehen und veradmodiert haben, verleihen auch ihm Johann Matthias Schlossern besagtes unser Wirtshaus zum Löwen auf bemeldete 3 Jahre also und dergestalt, daß er seinem besten Vermögen und Wissen nach seine Nahrung und Nutzen in solchem Wirtshaus suchen, die Wirtschaft, so gut als er kann, treiben, alle Reisenden aufnehmen, mit einem billigen Preise der Zeit und Gelegenheit nach traktieren und niemand übernehmen soll, sondern jedermänniglich mit aller Freundlichkeit und guter Aufführung begegnen, seine Küche mit aller Notwendigkeit, wie auch den Keller mit guten Weinen verschiedener Gattung wohl versehen, sodann für die Pferde eine Quantität Hafer, Heu und Stroh anschaffen, damit Reisenden für ihr Geld könne geholfen werden, wobei er und die Seinigen sich nüchtern, einheimisch, fromm und gottesfürchtig bezeigen, die Kirchen fleißig besuchen und zumalen nicht gestatten sollen, daß sowohl Sonntags als auch sonsten unter währendem Gottesdienst einig Gesöff gelitten noch andere üppige und leichtfertige Insolentien getrieben werden, gestalten er und die Seinigen auf Feuer und Licht Sorge und Aufsicht haben sollen, damit durch deren Verwahrlosung weder Wir noch jemand anders in keinen Schaden gesetzt werden mögen, wie dann, wenn durch seine und der Seinigen Unvorsichtigkeit ein Unglück (welches Gott verhüte) entstehen würde, sie jederzeit gehalten sein sollen, solchen daraus kommenden Schaden zu ersetzen. Wegen welcher treibenden Wirtschaft er jedes Jahr besonders zu unserer Rentkammer allhier 180 Gulden Frankfurter Währung liefern und quartaliter anticipando entweder mit barem Gelder oder mit annehmlichen Zehrungszetteln gegen Quittung entrichten soll. Hingegen versprechen wir ihm Admodiatorn mit den Seinigen nicht allein bei dieser dreijährigen Leihe, so nächstkünftiges 1693 Jahr ihren Anfang nimmt, sondern auch bei der hergebrachten Freiheit, Recht und Gerechtigkeit dieses Wirtshaus und Zugehörung, deren sich ein zeitlicher Wirt im Löwen zu bedienen hat, zu manutenieren und gnädigst zu schützen; von allen Beschwerungen, Kontributionen, ordinarie und extraordinarie Geldern, Accis, Umgeld, Wachten, Fronden, Einquartierungen bei Märschen und Winterquartieren zu befreien und ein mehreres nicht als die vorgesetzte 180 Gulden jährlich von ihm fordern wollen und mögen. Allermaßen wir auch alle nötige Baukosten, so vorher von unserer Kammer vor nützlich und nötig befunden, auch verakkodiert worden, auf unsere Kosten nehmen und zahlen lassen wollen. Deme denn also stet, vest und unverbrüchlich nachzukommen, haben wir uns eigenhändig unterschrieben...« [177]

»...und im übrigen ist der Eid eines Verliebten nicht zuverlässiger als der eines Schankwirtes; sie beschwören beide falsche Rechnungen.«
(Shakespeare »Wie es euch gefällt«, III, 4)

274 Die Leiche des räuberischen Wirts wird von Fortunats Diener in den Brunnen geworfen. Holzschnitt aus Zamorensis »Spiegel des menschlichen Lebens«, nach 1475. München, Bayer. Staatsbibliothek

»Tom Smart, meine Herren, hatte schon immer eine große Vorliebe für das öffentliche Leben gehabt. Lange schon war es sein Ehrgeiz gewesen, in einer eigenen Schankstube zu stehen, mit einem grünen Rock, Kniehosen und hohen Stiefeln. Er stellte es sich herrlich vor, bei großen Gelagen oben an der Tafel zu sitzen, und er hatte oft gedacht, wie gut er sich in der eigenen Gaststube als Wortführer ausnehmen würde und welch ein großartiges Beispiel er seinen Gästen geben könne, wenn es ans Trinken ginge.«
(Dickens, The two tales of the Bagman, S. 25)

275 Der Wirt, Lithographie von Hugo Engel, 1885.

Im »Schwaribacher Mordwirtshaus« (Schweizer Kanton Wallis) spielt die Schicksalstragödie von Zacharias Werner (19. Jahrhundert) »Der 24. Februar«: Die Eheleute ermorden und berauben einen Gast; zu spät erkennen sie in ihm den eigenen Sohn, der aus der Fremde heimkehrt, um sie mit seinem Ersparten zu unterstützen. (Das Motiv reizte auch andere Autoren.)

Die englische Literatur bietet grausige Mordgeschichten in Perfektion. An der Spitze steht der berühmte Roman »Thomas of Reading« des Thomas Deloney (gest. 1600): Die Wirtsleute von Colnbroak befördern etwa 60 wohlhabende Gäste ins Jenseits, indem sie eine Fallklappe unter deren Bett im Obergeschoß öffnen und die Ahnungslosen in den Küchenkessel stürzen lassen.

Charles Dickens erzählt von der Unsicherheit englischer Straßen um 1775; fast in jeder Schenke stand irgendwer in eines Räuberhauptmanns Sold und verriet ihm Gäste, bei denen »es sich lohnte«. Heute noch gibt es in England die Gasthaus-Bezeichnung »Highwaymen's hole«. Mancher einsame Gasthof wurde von Straßenräubern terrorisiert, zur Duldung der Überfälle gezwungen und kam so in den Ruch eines »Räuberkruges«. Das bekannteste Beispiel in Deutschland ist wohl Wilhelm Hauffs »Wirtshaus im Spessart«.

Natürlich darf man diese Geschichten nicht alle für bare Münze nehmen. So wie an langen Winterabenden Seemannsgarn gesponnen wird, so könnte man auch von einem Wirtshausgarn sprechen, von der Freude am Gruseln bei schaurigen Kamingeschichten: *»The inn is the right place for the telling of tales in a chimney-corner, and it is almost a tradition that the right tales chimney-corner are those that raise the hair and curdle the blood.«* [182]

Zu allen Zeiten gab es das Gegenbild: den Wirt mit der hohen Geschäftsmoral, der nicht nur auf den eigenen Vorteil bedacht ist, sondern eine sittliche Verpflichtung darin sieht, dem Wohl des Gastes zu dienen, der ihm Vater, Freund, Berater und Helfer ist.

Welche Eigenschaften kennzeichnen den idealen Gastwirt? Es gehört – wie Dickens seinen Tom Smart sagen läßt – auf jeden Fall eine Neigung zum »öffentlichen Leben« (public line) zu diesem Beruf, eine Freude am Umgang mit Menschen. Der Wirt muß ein anregender, geselliger Typ sein; die eigene Lust am Essen und Trinken beflügelt nicht nur seine Helfer in Küche und Keller, sondern überträgt sich auch auf die Gäste. Wenn dazu noch organisatorisches Talent, Umsicht, Fleiß und Vertrauenswürdigkeit kommen, dann müssen die Zeiten schon sehr schlecht sein, wenn sein Betrieb nicht floriert. Groß sollte ferner die Einfühlungsgabe des Gastgebers in alle menschlichen Situationen sein, sein Taktgefühl, seine Diskretion. Er muß Streit zu verhindern oder zu schlichten verstehen, den rechten Ton für jedermann treffen, instinktsicher wissen, ob dem Gast nach Reden oder Schweigen zumute ist. Mit einem Wort: er sollte eine Persönlichkeit sein.

Die fast bei allen Handwerken und Gewerben übliche Sitte des Gesellenwanderns bestand für das Gastgewerbe nicht. Dadurch war der Seßhaftigkeit Vorschub geleistet. Es bürgerte sich ein, den Wirt nicht nur auf Zeit zu konzessionieren (s. S. 175), sondern ihm lebenslang die Sorge um den Gast anzuvertrauen. Nicht wenige Wirtshäuser sind von Generation zu Generation in der gleichen Familie verblieben. Die Schildgerechtigkeit wurde erblich.

Die vornehmste Pflicht des Wirtes war, dem Gast unter seinem Dach und im Umkreis seines Hauses Sicherheit zu bieten. Daher waren Räuber- und Mordwirte doppelte Verbrecher: gegen die Menschlichkeit im allgemeinen und gegen die Berufsehre. Der Wirt mußte darauf bedacht sein, alle Waffen in seinen Gewahrsam zu bringen. Er war darüber hinaus für die Habe der Fremden verantwortlich; wertvolles Gepäck schloß er ein. Der Schlüssel galt daher als sein Standessymbol.

Ein waches Auge mußte der Wirt vor allem in Kriegs- und Notzeiten auf das bei ihm unterschlupfende Volk werfen. Nach Beendigung der Feldzüge trieben sich oft Massen von Kriegsknechten samt Weib und Kind auf den Straßen herum und erzwangen sich Nahrung und Quartier. Im 15./16. Jahrhundert gehörte der streunende Landsknecht ebenso zum Straßenbild wie Glücksritter, fliegende Händler und Leute mit den kuriosesten Berufen (s. S. 200). Der Wirt hatte also manches Mal die Rolle einer Hauspolizei zu spielen.

Die Hilfe des Wirtes konnte der Gast auch für seine Weiterreise beanspruchen. In vielen Gegenden bestand Geleitpflicht, d.h. der Wirt mußte dem Gast über schlechte oder gefährdete Wegstrecken, die zwischen seinem Haus und der nächsten Ortschaft lagen, hinweghelfen. In gebirgigen Ländern hatte er oft einen Vorspann mit seinen Pferden zu leisten. Die ursprüngliche Verpflichtung des Weitertransportes ist dann von amtlichen Posthaltereien – die freilich häufig auch Gasthöfe waren – übernommen worden. In einsamen Gebieten aber bestand sie lange fort. Über die Pässe Graubündens z. B. verkehrten bis ins 19. Jahrhundert Etappen-Fuhren.

Die Schneekoppe gehörte wie der Brocken schon im 18. Jahrhundert zu den vielbestiegenen Bergen Mitteldeutschlands. Im »Koppenbuch« steht über den pflichtgetreuen Wirt (um 1700) zu lesen: *»Samuel Steiner, der Wirt von der Koppenbaude, welcher seine Gäste mit einer Trompete zu bewillkommnen und zu begleiten gewohnt war, hatte vergangenen Winter das Unglück, als er einen im Schnee verfallenen Mann retten wollte, daß er selbst verfiel und also elende umkommen mußte. Er wurde erst um Pfingsten gefunden und aus dem Schnee herausgescharrt.«* [183]
Alteingesessenen, zu Wohlstand gelangten Wirten wurde häufig ein Gemeindeamt anvertraut. Man findet sie als Stadtrat, Bürgermeister, Senator, Offizier, Richter, Landtagsabgeordnete (vgl. S. 73). Lucas Cranach, der fränkische Renaissancemaler, war Bürgermeister von Wittenberg, wo ihm sowohl die Apotheken- als auch die Weinschankkonzession verliehen wurde. Casanova hat auf seinen Schweizer Reisen mehrere Wirte angetroffen, die hohe Ämter inne hatten. Diesem Schweizer »Landamann« entsprach in Süddeutschland der »Stubenwirt«, in dessen Gaststube die Rechtsprechung ausgeübt wurde. Die nach einem Brand (1921) wieder aufgeführten Gebäude der Brauerei Aying (Obb.) sind aus einem Pflegegericht des Klosters Bernried hervorgegangen. Wenn in den einst dünn besiedelten Landstrichen Kläger bzw. Rechtssuchende und Gerichtspersonen zusammenkamen, so mußte auch für ihre Unterkunft und Verpflegung gesorgt sein. Im ostmitteldeutschen Gebiet, vor allem in Sachsen und Schlesien, gab es eine entsprechende Einrichtung: die Gerichtskretschame. (Kretscham hieß vom 14. Jahrhundert an nach einem slawischen Lehnwort jede Dorfschenke.)[184] Vielzitiert ist der Gasthof »Zu den drei Sauköpfen« in Hamersbach (Schwarzwald), der auf reichsfreiem Grund stand. In ihm übte ein Reichsvogt die niedere und höhere Gerichtsbarkeit aus. Häufig wurden Rechtsentscheidungen kräftig begossen. Bei kleineren Vergehen war es auch Sitte, die Buße in Bierrunden zu begleichen, so daß der gefürchtete Tag oft genug ein heiteres Ende nahm.
Manches Mal besaßen große Gasthöfe auch eigene Haftzellen für Unruhestifter. In den alten Weinhäusern zu Bremen, Einbeck, Hildesheim und Braunschweig gab es solche Strafkammern – oder der Weinkeller hatte einen unterirdischen Gang zu einem Gefängnis. Von Wirten, die zugleich ein Fuhrmannsgeschäft betrieben oder eine Postmeisterei innehatten, war schon die Rede. Als weitere Nebenbetätigung des »Gastgebs« sind vor allem Handel und Maklerwesen zu nennen. Bereits die Antike kennt das Wirtshaus, in dem Krämerware, Wein und Textilien verkauft werden (caupo).
In den flandrischen Städten Brügge, Gent und Dortrecht war es im Mittelalter gang und gäbe, daß der Wirt zugleich als Makler tätig war und das Vertrauen der auswärtigen Partner genoß. Vielfach lagerte er das Frachtgut fremder Händler ein; in seinen weiten Kellerräumen stapelte er wertvolle Tuche und Silberwaren. Er selbst war mit einheimischen Interessenten gut bekannt und konnte Geschäfte vermitteln. Er begleitete seine Gäste zu den Kaufherren oder ließ sie von einem Angestellten führen.[185]
Besitzer großer gastronomischer Betriebe erlangten nicht selten durch den Umgang mit Menschen jeder Provenienz einen hohen Grad an Gewandtheit, Sprachfertigkeit und Klugheit. In Frankfurt a. M. zum Beispiel genoß gegen Ende des 17. Jahrhunderts der Gastwirt, Weinhändler und Kriegskommissär Joh. Jak. Günther besonders hohes Ansehen. Er hatte 1677 eine reiche Gastwirtswitwe geheiratet und 1680 das »Rote Haus« auf der Zeil erworben, den vornehmsten Gasthof der Stadt. Günther galt nicht nur als Berater und Finanzier von Fürsten, er schloß auch mit dem Kaiser Verträge zur Beschaffung von Truppen ab und organisierte andere Kriegsgeschäfte, was ihm persönlich nur Schwierigkeiten, Verdächtigungen und finanzielle Verluste einbrachte.[186]
Mittelalterliche Quellen bekunden, daß die Frau des Wirtes beim Ableisten des Gewerbe-Eides neben oder hinter dem Manne zu stehen hatte; auf diese Weise wurde sie mitverpflichtet und gebunden an die rechtlichen Bestimmungen des Berufes.[187] In gemeinsamer Arbeit bewältigten sie und der Wirt die vielseitigen Aufgaben der Gastbetreuung.

Ein lachender Wirt und eine freundliche Wirtin machen den Gästen die Börse leer.

Stellte der Mann die kraftvolle, weitblickende Vatergestalt dar, so war sie für das Haus die mütterliche Figur, die sich um alle Sorgen und Wünsche der Gäste kümmerte, die vermittelnd und einfühlsam sowohl die Kunden als auch das Dienstpersonal zu regieren verstand. Bewundert, verehrt, dankbar besungen – trotz ihrer Schwächen geliebt, trotz mancher Unzulänglichkeiten nicht verdammt – so überliefern die Jahrhunderte ihr Bild.
Ein gewisser Philotechnus aus dem antiken Tivoli ließ seiner Frau folgende Worte auf den Grabstein setzen:

»Innig geliebt von dem Gatten, so birgt Amemone das Grab nun,
Gastwirtin weithin berühmt und von tadelfreiestem Rufe.

Viele gar lenkten den Weg um ihretwillen nach Tibur.
Jetzt hat der ewige Gott ihr gebrechliches Leben geendet ...« [188]

Eine hübsche Wirtin zügelt mehr Gäste als sieben rotköpfige Kellnerbuben.

Es gibt so manchen durch reine Menschlichkeit geheiligten Namen unter den Wirtinnen; auch im christlichen Sinne »Heilige« – z. B. die Mutter des Kaisers Konstantin d. Gr., Helena – findet man unter ihnen.

Zahllose Volkslieder sind der Gestalt der Wirtin zugewachsen; das berühmteste ist vielleicht jenes von der »Lindenwirtin«, mag es nun die historische Gestalt der Ännchen Schumacher meinen oder eine andere. Es gibt viele Fassungen, in deren Mittelpunkt immer das Wirtshaus an der Lahn steht. Die letzte Strophe wurde erst 1885 in fröhlicher Runde hinzugedichtet, wie das bei Volksliedern häufig geschieht:

»Wißt ihr, wer Frau Wirtin war,
Schwarz das Auge, schwarz das Haar?
Ännchen ist's, die Feine.
Wißt ihr, wo die Linde stand?
Jedem Burschen ist's bekannt:
Godesberg – am Rheine.«

Gerade in Studentenkreisen klingt immer wieder das Lied auf von der Frau Wirtin, die ein Herz hat für einen armen Adlatus, dessen Monatswechsel schon überzogen ist, die mit seelischer oder leibhafter Aufmunterung über manche Krise hinweghilft. Neben der Güte wird ihre Resolutheit gefeiert: sie weiß sich im rechten Moment Respekt zu verschaffen, sich Aufdringliche oder Betrunkene vom Leibe zu halten.

276 Jagdgesellschaft mit Wirtin. Stahlstich nach Eduard Grützner, 1880.

Ein ähnliches Verhältnis zu ihren jungen Freunden hat die Hausfrau einer »Schlafbaas« (Seemannsunterkunft, s. S. 83f.).
Johanna Schopenhauer, die schriftstellernde Mutter des Philosophen, berichtet von ihrem Englandaufenthalt: *»Krankheitshalber mußten wir einige Tage dort verweilen und wurden gewartet und gepflegt, als wären wir unter Bekannten und Freunden. Die Wirtin, Mistreß Ferguson, wich nur aus dem Krankenzimmer, wenn ihre Geschäfte es notwendig machten; ihr Mann ritt selbst nach dem vier Meilen entlegenen Städtchen Richmond, um den Apotheker des Orts zu holen.«* [189]
Thomas Burke (The English Inn, 1931) rühmt eine englische Wirtin unseres Jahrhunderts: Er war in einem Gasthof aus dem 15. Jahrhundert abgestiegen und bewunderte die prachtvollen Zimmerdecken des Hauses, das einst Teil eines bischöflichen Palais war; für immer unvergeßlich aber wurde ihm dieses Haus erst durch die liebenswürdige Fürsorge der Wirtin, die bemerkt hatte, daß er leicht erkältet war, ihm eine Wärmeflasche ins Bett legte und ihm aus freien Stücken Chinin-Tabletten brachte. [190]
Berühmte Wirtinnen von vitaler Kraft und Klugheit gibt es die Fülle, jene Emma Hellensteiner aus Niederndorf in Tirol z. B., an die ein Brief aus Amerika ankam, dessen Adresse lediglich »Frau Emma, Deutschland« hieß.
Bewunderung verdient die Brixener Wirtsfrau Theres Mayr-Steger, deren unbändiger Lebenswille Schicksalsschläge ebenso zu meistern verstand wie harte Männerarbeit: Als der Wirt 1856 mit 37 Jahren verschied, dachte die Familie schon an den Verkauf der großen Wirtschaft. *»Aber Therese Steger war eine von jenen Frauen, deren Tüchtigkeit nach dem Tode ihres Mannes erst recht zur Geltung kommt, und nach einem Jahr ging vom Verkaufe nicht mehr die Rede. Wohl sagte sie, wie ihre Tochter erzählt, immer wieder, mein seliger Mann hat gesät und ich habe die Ernte. Aber in Wirklichkeit führte sie... das Geschäft mit gleicher Regsamkeit weiter. In einem kleinen Oktavheft trug sie alle von 1856 bis 1869 durchgeführten Reparaturen, Neuherstellungen und Neuanschaffungen ein, und daraus ersieht man, wie rastlos tätig Therese war, wie sie alle Zimmer neu tapezierte, neue Böden legte, immer wieder Möbel, Bettzeug, Teppiche, Tischwäsche, Geschirr, Gläser und Silberbestecke nachschaffte, fünf kleine Zimmer neu einrichtete, in der Küche einen Sparherd anschaffte und auch die Wirtschaftsgebäude nicht vernachlässigte. Der Stammtisch und die großen Gastmähler, bei denen gewöhnlich etliche Brixener Wirte... auftrugen, gingen weiter und der Fremdenverkehr nahm sogar ständig zu. Zur Zeit des Wagenverkehrs waren im Haus fünf Postillione angestellt...«* Sie verstand es, sich bei den wildesten Fuhrknechten mit einem strengen Blick Respekt zu verschaffen. Sie verstand es aber auch, den Übergang von der Postkutschenzeit zum Bahnverkehr ohne Schaden für ihre Wirtschaft zu schaffen durch kluge Anpassung an die neuen Verhältnisse. Trotz ihres Erfolges brachte es die energische Frau über sich, mit 45 Jahren den Kommandostab ihrem Schwiegersohn zu übergeben; sie arbeitete noch lange Jahre in der Küche eifrig mit. [191]
Oft flog die Frage durch die Gaststube: »Frau Wirtin, wo hat sie ihr Töchterlein?« Und dieses mag – wie im Volkslied von den drei Burschen, die über den Rhein zogen – nicht selten der Grund zur Einkehr gewesen sein. Es gibt Lieder, die von zarter Sehnsucht gedichtet scheinen und andere von fordernder Derbheit wie z. B. folgende Zeilen (von Ludwig Uhland aufgezeichnet): *»Sie warfen das Mägdlein auf den Tisch / und teilten es wie einen gebackenen Fisch.«*
Früher war es selbstverständlich, daß die Wirtstöchter in Haus und Hof eingesetzt wurden. Gelegentlich kann man auch heute noch einen derartigen Familienbetrieb antreffen. Ein Beispiel für viele möge hier Platz finden: Als der tüchtige Zantl-Wirt in Bad Tölz durch einen Betriebsunfall ums Leben kam, stand die Wirtin mit ihren drei Töchtern vor der schweren Aufgabe, das große Anwesen allein in Schwung zu halten. Und ob sie das schaffte! Jede der »Weibsen« betreut ihr Ressort – Landwirtschaft, Hauswesen, Küche, Bedienung der Gäste – mit Umsicht und Energie. Bei aller Arbeit kommen die Musen nicht zu kurz: ein wenig Künstlerblut liegt in der Familie und oft wird am Abend noch gesungen und gespielt in der Gaststube oder drüben im Mühfeldkircherl. Für Fremde allerdings treten die Wirtstöchter nicht auf: die Zeiten sind vorbei, in denen – alten Berichten zufolge – die Wirtsleute ihre Söhne und Töchter zur Unterhaltung der Gäste zur Verfügung stellen mußten.
Wie das »Kind im Haus« wurde von rechtschaffenen Wirtsleuten so manche Köchin oder Dienstmagd gehalten, streng aber gerecht, rauh aber herzlich, umsorgt in alten und kranken Tagen. So ein Mädchen war in der guten alten Zeit ein Familienstück, um das mancher moderne Gaststättenbesitzer, sein ständig wechselndes Personal bedenkend, die Vorgänger beneidet.
So steht es in der Chronik des »Elefanten« zu Brixen: Die Köchin Franziska Gruber stand von 1853 bis 1894 am Herd der Gasthofsküche; auch Maria Hierländer, die 1913 starb, diente 40 Jahre als Köchin.

»Am Fenster unter dem Spiegel, zu dessen Rahmen drei Welttheile steuerten, sitzt die Hausfrau. Den ganzen Tag ist sie draußen mit der Wirthschaft beschäftigt, aber sobald Abends die großen Messingdrahtleuchter mit den langen Talglichtern auf den Tisch gestellt werden, kommt sie, sammt dem großen Spinnrade, das nun harmlos in das wirre Gespräch hineinsummt... Emsig spinnend sieht sie mit zufriedenen Blicken umher; hat bald ein freundliches Wort für diesen, bald für jenen, erbietet sich, dem jungen Volke ihre Einkäufe zu besorgen, damit sie nicht betrogen werden; verspricht dem Einen, der kaum aus See ist, ihm nächsten Tages sein Lieblingsessen zu kochen, und steckt einem Anderen heimlich ein Briefchen zu mit den Worten: ›Das kommt von seinem Schatz‹.«
(Smidt, III. Bd., S. 302ff.)

»The lion, at Buckden, is a fifteenth century house, once part of the palace of the Bishops of Lincoln. It has been wonderfully restored, and has a gorgeous ceiling in the lounge. But it remains in my memory, not by these matters, but simpler matters. I recall it with pleasure because, on the night of my arrival, I found that, without my asking, a hot-water bottle had been placed in the bed-althing I hate, but the thought was kind-and because, just as I was tiring, the manageress, having noted that I had a slight cold, brought me, again volunterily, a dose of ammoniated quinine.« [190]

277 Der tägliche Gast mit Wirtstöchterlein. Lithographie um 1830.
München, Stadtmuseum

278 »Ein hübsches Dutzend«, Zeichnung von Artur Halmi aus der »Jugend« 1897. ▶

Maria Auer hat als »Kindsmoidl« zwei Generationen großgezogen: sie war von 1853 bis 1895 im Hause tätig. Ein Grabkreuz in der Hauskapelle erinnert an diese u.a. treue Seelen.
In guten Häusern wie diesem hatte nicht nur die Wirtin einen tadellosen Ruf, es wurde auch sehr auf Anstand beim Personal geachtet; keine Kellnerin durfte sich Vertraulichkeiten mit den Gästen erlauben.
Nun staffelt sich freilich die Verwendbarkeit der weiblichen Angestellten im Gaststättengewerbe sozusagen von den obersten Stockwerken bis zum Parterre. In der Antike stufte man die bedienenden Mädchen sehr tief ein, sie hatten in der Regel den Status von Halbprostituierten und wurden gegen geringe Gebühr dem Gast zur Verfügung gestellt. Eine in Stein geritzte Darstellung aus der römischen Kaiserzeit (Aesermia in Süditalien) gibt einen interessanten Einblick: Ein Gast im üblichen Reisemantel mit Kapuze hält sein Maultier am Zügel, um vom Wirtshaus wegzureiten; in der Tür steht die Wirtin, mit der sich folgender Dialog entspinnt: *»Wirtin, wir wollen abrechnen.« – »Einen Sextarius (ungefähr 1/2 Liter) Wein, Brot – 1 As. Zukost – 2 As.« – »Gut.« – »Das Mädchen – 8 As.« – »Das ist auch in Ordnung.« – »Heu für das Maultier – 2 As.« – »Ach, dieses Maultier wird noch mein Ruin.«*[192]
Wir sehen: das Geld für das Mädchen wird als Selbstverständlichkeit hingegeben.
Die unterste Klasse der Wirtshäuser war auch im Mittelalter moralisch anrüchig. Es kam im 15./16. Jahrhundert vor, daß sich Dirnen eines »Tochterhauses« über die Konkurrenz in Wirtshäusern beschwerten, daß sie solche Lokale sogar mehrmals wutentbrannt demolierten.[193] Die Grenzen zwischen bezahlter Leistung und allzu gefälliger Bedienung sind da oft fließend. Auch in den Häusern der anrüchigen Damen wurden die Besucher gastlich bewirtet, ebenso wie in den öffentlichen Bade-

279 Kellnerin aus Bern. Lithographie um 1820.

280 Mittelalterliche Badefreuden. Holzschnitt des 15. Jahrhunderts.

»Die schönen Kellnerinnen kann man, wie vielfache Erfahrungen gezeigt, länger als drei Vierteljahre nicht im Hause behalten, und der ewige Wechsel ist zu lästig. Man wählt jetzt lieber garstige, die über Hoffnung und Furcht hinaus sind und ihren Dienst oft sehr pflichtgetreu verrichten, nur daß die Grazie fehlt. Immerhin ist man noch stets viel wohliger daran, als mit dem vornehmen, windigen Kellnertroß in den großen deutschen Hotels.«
(Steub, Wanderungen im bayerischen Hochland, S. 85f.)

281 Kellnerin, Zeichnung von Blanchard, Anfang 19. Jahrhundert.

282 Hotelkellner in Baden-Baden. Zeichnung von Gustave Doré, um 1850.

„Zehn Gulden für die Nacht und Trinkgeld noch an Sieben — Da helfe Bädeker — dem wird sofort geschrieben!"

283 Zeichnung von Th. Hosemann aus »Wenn einer eine Reise tut«, um 1870.

häusern. Vor allem in den Badstuben der Renaissance scheint ein ungeniert heiterer Verkehr der Geschlechter üblich gewesen zu sein, wie aus zeitgenössischen Darstellungen ersichtlich ist. Man saß sich in geräumigen Bottichen gegenüber; auf quergelegten Brettern waren allerhand Leckereien und Getränke abgestellt. Diese Sinnenfreude fand ihre Fortsetzung nach der Wasserbehandlung, dienstbare Mädchen standen den Gästen für alle Handreichungen zur Verfügung.
Andere Aufgaben fielen dem männlichen Personal des Gasthofes zu: Arbeit genug gab es im Hof und im Stall, wo den Fuhrleuten beizustehen war; Pferdefutter mußte beschafft, die Wirtschaftsgebäude gereinigt werden. Die Mädchen im Haus bedurften bei mancher Schwerarbeit der Unterstützung – und diese »Hilfestellung« dehnte sich zum Unwillen der Wirtin oft ungebührlich lange hin. Der Hausknecht wurde gerufen, wenn der Gast Besorgungen zu erledigen hatte oder zu einer Verabredung geleitet werden mußte. Goethe erzählt (Kampagne in Frankreich, 1792), er habe sich in Wernigerode mit einem Kellner in ein Gespräch eingelassen, um ihn nach einem gebildeten Menschen zu fragen, mit dem er den Abend angenehm verbringen könne. Der Kellner wußte ihm einen interessanten Mann, meldete Goethe bei Herrn Ressing an und geleitete ihn. – Christian Reuter berichtet, der Wirt habe ihn und seinen Bruder ins Schlafgemach geführt und ihnen anempfohlen, *»wenn wir was verlangten, sollten wir nur zum Fenster hinunterpfeifen, so würde der Hausknecht alsobald zu unseren Diensten stehen«.* [194]
Die Versuchung des heimlichen Trinkens war bei Kellnern nicht gering. In russischen Gasthöfen der Vorkriegszeit fiel die Kahlköpfigkeit der Kellner auf: es waren meist Mohammedaner asiatischer Abkunft, denen aus religiösen Gründen der Alkoholgenuß verboten war.
»Trink-Geld« wurde zunächst – noch im 16./17. Jahrhundert – vom Hausherrn dem Knecht verabreicht als Beitrag zu seiner außerdienstlichen Durstbefriedigung. Den Lohn erhielt der Angestellte noch in Naturalgaben. Wenn der vornehme Gast für aufmerksame Bedienung eine Anerkennung zollen wollte, gab er ein kleines Geschenk. Allmählich wurde daraus ein Gewohnheitsrecht, das fortdauerte, als längst eine feste Entlohnung in Geldform bestand.

Wie hat man sich nun einen (fiktiven) Tag im Gasthaus vorzustellen, das konzertante Zusammenspiel, bei dem die Wirtsleute als Konzertmeister der 1. und 2. Geige fungieren und die einzelnen Instrumente ihren Part beitragen? Sie alle warten auf ihren Einsatz: Peitschenknallen, Pferde- und Wagenlärm haben den Wirt aufhorchen lassen, der angekündigte Handelszug wird sogleich eintreffen. Mit gefülltem Becher tritt er vors Haus, um dem Kaufherrn den Willkomm-Trunk zu reichen.
Die Begrüßung vor dem Tor war in der Regel nur bei angemeldeten Gästen oder beim Eintreffen der Postkutsche üblich. Auch hierbei bestimmte der Stand der Ankömmlinge, ob der Wirt selbst in Erscheinung trat, oder den ersten Empfang einem Angestellten überließ.
»Als der Postwagen im Laufe des Vormittags glücklich Dover erreichte, öffnete wie gewöhnlich der Oberkellner des Hotels König Georg den Kutschenschlag. Er tat es mit einem gewissen zeremoniösen Schnörkel, denn im Winter war eine Postreise von London her ein Unternehmen, zu dessen Vollbringung man einen wagehalsigen Reisenden wohl beglückwünschen konnte.« [195]

Und hier die Erfahrungsmitteilung von Reisenden, die vom ersten Augenblick an das beglückende Gefühl des Umsorgtseins in einem Gasthof erleben durften:
»Auch in den Städten erscheint der Wirt gleich, um den Fremden beim Austritte aus dem Wagen zu empfangen, aber auf dem Lande ist's, als käme man zu einem längst erwarteten Besuch. Der Wirt öffnet selbst den Schlag und hilft den Reisenden heraus; in der Tür steht die Wirtin; mit dem freundlichsten Gesichte von der Welt knickst sie ein halb Dutzend Mal kurz hintereinander, bemächtigt sich der reisenden Damen sogleich, führt sie in ein besonderes Zimmer und sorgt auf alle Weise für ihre Bequemlichkeit, während ihr Mann bei den Herren die Honneurs macht. Wenn man auch nur die Pferde wechselt, ohne das geringste zu verzehren, so bleibt diese Höflichkeit sich dennoch gleich: Wirt und Wirtin begleiten die Reisenden an den Wagen, danken für die erzeigte Ehre und bitten, bald wieder zu kommen... Je weiter man in's nördliche England dringt und sich Schottland nähert, je mehr nimmt diese Aufmerksamkeit der Wirte zu, verbunden mit einer Art Kordialität, die nicht unangenehm auffällt. Der Wirt bringt immer die erste Schüssel auf den Tisch, sei ein Gasthof noch so groß und ansehnlich; ihm folgt seine Frau, selbst alle Kinder des Hauses, die nur einigermaßen sich dazu schicken, folgen dem Alter nach in Prozession, alle bringen etwas; oft sahen wir zuletzt so einen kleinen goldlockigem Cherub von drei, vier Jahren geschäftig mit einem Pfefferbüchschen dahergetrippelt kommen.

Die Aufwärter, Waiters, scheinen Flügel zu haben... So wie es keine aufmerksameren Wirte gibt, so gibt es auch keine viel verlangenderen Gäste als in England. Das Wirtschaftswesen wird aber gewissermaßen fabrikmäßig betrieben: jeder hat sein Departement, und so geht alles in schneller Ordnung... Die Pferde besorgt der Stallknecht, Hostler genannt, hat aber wohl im Stalle seine Untergebenen zum eigentlichen Dienste, denn er selbst sieht zu elegant dazu aus; er nimmt nur die Befehle der Fremden an und führt die Pferde vor. Dann ist noch der Stiefelwichser; dieser, gewöhnlich der pfiffigste und gescheiteste vom ganzen dienenden Personal, wird schlechtweg ›Boots‹, Stiefel, gerufen, und ist eine sehr wichtige Person im Hause. Er besorgt gewissermaßen die auswärtigen Angelegenheiten, bestellt Kommissionen, führt die Fremden im Orte herum und gibt von allem Rede und Antwort. Unaufhörlich hört man in einem ganz eigenen, hellklingenden Fistelton durchs ganze Haus ›Boots!‹ rufen, und immer ist er zur Hand. Abends beim Zubettgehen wird jedesmal das Kammermädchen, Chambermaid, gerufen, sie erscheint im feinen kattunenen Kleide, mit einer schneeweißen Musselinschürze, einem artigen Spitzenhäubchen, kurz, so nett und damenhaft gekleidet als möglich. Ihr Amt ist, den Fremden, ohne Unterschied der Person und des Geschlechts, einen Nachttischleuchter mit einem Wachslicht anzuzünden, ihn in's Schlafzimmer zu führen und zuzusehen, daß es ihm an keiner Bequemlichkeit mangle. Dies geschieht jeden Abend, und wenn man Monate lang im Hause verweilte. Beim Abschiede erscheinen dann Waiter und Hostler und Boots, ganz zuletzt noch bittet die Chambermaid mit einem artigen Knicks, ihrer nicht zu vergessen ...man gibt gern, denn man wurde gut bedient.« [196]

›Lights in the Sun, John; make up the fire; the gentlemen are wet!‹ chried the landlord. ›This way, gentlemen; don't trouble yourselves about the postboy now, sir. I'll send him to you when you ring for him, sir. Now, John, the candles.‹ The candles were brought, the fire was stirred up, and a fresh log of wood thrown on. In ten minutes time, a waiter was laying the cloth for dinner, the curtains were drawn, the fire was blazing brightly, and everything looked (as everything always does, in all decent English inns) as if the travellers had been expected, and their comforts prepared, for days beforehand.« [197]

Wirt, Hausknecht und Kellner sind also bereits in Aktion getreten. Das Küchenpersonal, von der Wirtin dirigiert, arbeitet emsig im Hintergrund. Das Zimmermädchen – hat sie die Schlafräume gerichtet? Sind Böden, Fenster, Waschtisch in Ordnung, die Betten frisch bezogen? Ist gelüftet, geheizt? Der Hausknecht hat sich inzwischen um die Pferde gekümmert, nun ist er für Botendienste bereit. Schon hat der Kellner den ersten Gang aufgetragen; in der Küche werden eilig Schüsseln und Platten für den nächsten gefüllt. Der Wirt nimmt bei den Gästen Platz, er speist mit ihnen, unterhält sie und lernt unvermerkt ihre Wünsche kennen, die er alsbald weiterleitet. Vielleicht bemerkt er auch das Bedürfnis des Gastes nach Ruhe und Entspannung, taktvoll entfernt er sich. Wenn es an der Zeit ist, geleitet das Zimmermädchen die Gäste nach oben, versorgt sie mit Licht, Wasser oder was sonst ihr Begehr ist. Die Wirtsleute kümmern sich inzwischen um die Abendgäste, um den Stammtisch. Wenn sie endlich hinter dem letzten die Haustür zuschließen können, geht es noch an die Abrechnung der Tageseinnahmen. Die Magd stellt die Stühle hoch für die morgendliche Reinigung, der Wirt macht einen letzten Rundgang und sieht nach, ob in Haus und Hof alles in Ordnung ist.

So oder ähnlich mag sich Jahrhunderte hindurch – bis etwa zum Ersten Weltkrieg – das tägliche Hauskonzert in einem Gasthof mittlerer Größenordnung abgespielt haben. Wenn die Gäste zufrieden von dannen zogen mit dem Bewußtsein, daß sich der eingangs geäußerte Wunsch des Wirtes, »Fühlen Sie sich hier wie zuhause«, annähernd erfüllt hat, dann ist dem Haus und seinen Bewohnern Genugtuung widerfahren. Der gelehrte französische Buchdrucker Henri Estienne gibt diesem Gedanken in einem lateinischen Lobgedicht (1574) auf die Stadt Frankfurt Ausdruck: *»Nun liegt die Frage nahe, ob denn die große Zahl der zur Meßzeit nach Frankfurt strömenden Fremden auch zweckmäßige Unterkunft finden kann. Hier die Antwort: sie wohnen fast alle so gut, daß es kein Wunder sein würde, wenn sie ganz vergäßen, daß sie nur Gäste sind, und wenn sie meinten, sie wohnten nicht in einer Mietwohnung sondern im eigenen väterlichen Haus.«* [198]

Ein Loblied auf die Geborgenheit in einem »Inn« singt James Boswell: *»Whereas, at a tavern, there is a general freedom from anxiety. You are sure you are welcome: and the more noise you make, the more trouble you give, the more good things you call for, the welcomer you are. No servants will attend you with the alacrity which waiters do, who are incited by the prospect of an immediate reward in proportion as they please.«* [195a]

284 Üppige Küche der Renaissance. Kupferstich, 1549.

Es wird behauptet, das Herz der Gaststätte schlage in der Küche. Vielleicht ist dies der Grund, warum es heute noch vorkommt, daß man in Frankreich auf die Frage nach dem Nachtquartier die Gegenfrage erfährt: »Wollen Sie speisen?« Die Unterkunft wird sozusagen dreingegeben – wichtig allein ist, was auf den Tisch kommt. Allerdings gilt dieser Grundsatz in erster Linie für das Paradies der Gourmets, doch ist auch im übrigen Europa die Mund-zu-Mund-Empfehlung, »eine vorzügliche Küche!«, die wirksamste Werbung für einen Gasthof.
Im Mittelalter waren die Gasthäuser in der Regel nur auf Beherbergung und Ausschank eingerichtet; die Verköstigung übernahmen öffentliche Garküchen. Man trifft diese Einrichtung im Innern der Balkanländer noch an, z.B. in Sarajewo, wo am Marktplatz Buden mit Herden stehen; aus Dutzenden von Töpfen kann man sich ein Gericht wählen.
In abgelegenen Landstrichen mußte der Reisende bis weit in die Neuzeit herein seinen Mundvorrat mit sich führen oder beschaffen. In Spanien erhielt man vor 1800 kaum eine Mahlzeit im Wirtshaus; oft mußte das ganze Dorf nach passender Nahrung durchstöbert werden.[199]
Goethe verzeichnete 1787 in Sizilien folgendes Erlebnis: »*Vor allem aber mußte wegen des Essens Anstalt getroffen werden. Wir hatten unterwegs eine Henne gekauft, der Vetturin war gegangen, Reis, Salz und Spezereien anzuschaffen, weil er aber nie hier gewesen, so blieb lange unerörtert, wo denn eigentlich gekocht werden sollte, wozu in der Herberge selbst keine Gelegenheit war. Endlich bequemte sich ein ältlicher Bürger, Herd und Holz, Küchen- und Tischgeräte gegen ein billiges herzugeben und uns, indessen gekocht würde, in der Stadt herumzuführen...*«[200]
Häufig wird in der Reiseliteratur die Qualität des Gasthofes an der Qualität seiner Küche gemessen. So lesen wir bei Keyßler (1751): »*Die Eßwaaren finden sich die Menge und sonderbarer Güte. St. Marco und il Pelegrino sind schon seit vielen Jahren die besten Wirtshäuser, welche man auf der ganzen Reise durch Italien antrifft. Das Federvieh überhaupt ist groß und wohlgeschmackt, vornehmlich aber muß solches von den Tauben der hiesigen Gegend und der ganzen Lombardie gerühmet werden...*«[201]
Die Küche als Raum war lange Zeit in einfacheren Häusern zugleich Aufenthaltsstätte. In England gab es bis ins 18. Jahrhundert nur den allgemeinen Schlafraum und die Wohnküche. Hochgestellte Gäste

285 Küchengeräte. Holzschnitt um 1500.

286 Große Küche im 16. Jahrhundert, Holzschnitt.

wurden nach Möglichkeit in Privatzimmern untergebracht. Es machte einen großen Unterschied, ob der Reisende mit Kutsche und Diener oder zu Fuß ankam. – Offenes Feuer gab es verschiedentlich bis nach dem 2. Weltkrieg; in den städtischen Häusern und gehobenen Landgasthöfen wurde die Flamme ab etwa 1800 im abgedeckten Herd (eiserne Herdplatten, Ringe) geschürt. Jene Geräte, die sich im Laufe einer langen Zeitspanne für das offene Feuer entwickelt hatten, traten nun in den Hintergrund: die an Ketten und Haken unterm Kamin hängenden Kessel zum Wärmen von Wasser und Milch, zum Bereiten von Suppen, Käse usw.; die auf Feuerhunden oder Pfannenhaltern ruhenden Stielpfannen aller Größen, feuerfestes Hafnergeschirr, das in oder neben die Flamme gestellt wurde; Waffeleisen mit scherenartigen, langen Griffen. Waffelgebäck (Goffern, Hippen) wurde besonders vornehmen Gästen zum Schlaftrunk gereicht, der Allgemeinheit nur an besonderen Tagen. Fast jeder Gasthof besaß einen »selbstläffigen« (durch Feder-, Gewicht- oder Rauchgas-Antrieb mechanisch laufenden) oder mit der Hand betriebenen Bratenwender, an den gleichzeitig übereinander Geflügel, Wild, Vögel u.a. gesteckt werden konnte.

Eier in jeder Form wurden in früheren Jahrhunderten wesentlich mehr verzehrt als heute. Ein sehr altes Gericht, das nicht viel Arbeitsaufwand erforderte, hieß »Eier-im-Schmalz«; es entspricht etwa den »Ochsenaugen« der Küche von heute. In seinem »Nützlichen Bericht von Sechs unvermeidlichen Dingen zur gesundheit« von 1590 warnt Johannes Wittich vor der Schwerverdaulichkeit von »Eierimschmalz«: es sei nämlich allgemein üblich, den Gästen in den Herbergen dieses Gericht vorzuset-

»Das Waffeleisen dazu wird warm gemacht, und beyde innere Seiten mit Butter bestrichen. Dann gießt man einen Löffel voll von dem Teig darauf, drükt das Eisen zu, und legt es aufs Feuer. Wenn es auf einer Seite genug gebaken ist, so wird es auf die andere Seite gewendet. Sind sie gebaken, so erhält man sie auf dem Ofen in einem Sieb troken.«
(Vollständiges Kochlexikon, Ulm 1786)

287 Küche im Café Riche in Paris. Stich um 1866.

zen.[202] Auch Hippolytus Guarinonius bezeugt 1610, daß man dieses »heyllos Gefräß« häufig unerwarteten Gästen, sowohl privat als auch in öffentlichen Häusern, anbiete.[203] In den alten Gasthofküchen hingen denn auch immer mehrere Eierpfannen, die – ähnlich den Schneckenpfannen – viele kleine Vertiefungen aufwiesen.
Die Küche des Gasthofes ist in der Regel größer und reichhaltiger ausgestattet als die des Privathaushaltes. Hängt z.B. in dieser ein Kessel über dem Feuer, so sind es in jener eine ganze Reihe. Eine Vorrichtung dafür wird im Engadiner Museum (St. Moritz) aufbewahrt; sie stammt aus einem Gasthof in Zuoz. An einer starken Kaminkette hängt eine sich in fünf gedrehte Arme verzweigende Halterung, die fünf Bronzekessel fassen kann.
Im Grunde sind die Küchen über Jahrhunderte hinweg gleichgeblieben: der aufgemauerte Steinherd mit dem gewaltigen Kaminhut darüber steht im Zentrum; einige Anrichttische, ein Fleischbock, lange Gestelle an der Wand mit blitzenden Pfannen, Krügen, Formen, Tellern und Kleingerät, Verschläge für lebendes Federvieh unter den Bänken, Bottiche, Vorratskörbe, Eimer sind die gängigsten Einrichtungsgegenstände. Von der Decke oder im Kamin hingen oft Stangen oder »Luster« mit Würsten, Fischen und Fleischstücken zum Dörren oder Räuchern. Dies galt etwa bis zur Revolutionierung des Küchenwesens durch die Elektrifizierung und die moderne Vorratswirtschaft.
Die Küche aber blieb trotzdem ein geheimnisumwobener Bereich, zu dem der Zutritt dem Gast nur selten gestattet ist: der gedeckte Tisch in der Gaststube »bringt es an den Tag«.
Prinzipiell sind zwei Arten der Speisendarbietung zu unterscheiden: das gemeinsame Mahl und das individuelle Essen. Das gemeinsame Mahl, bei dem alle Gäste sich zu einer bestimmten Stunde um eine große Tafel versammeln, wird mitgeprägt von der Vorstellung der kultischen Mahlgemeinschaft: der Gedanke, daß sich die Gottesherrschaft in der Gemeinschaft mit dem speisenden Menschen vollendet, war Griechen und Juden vertraut, noch ehe das »Gastmahl« seine zentrale Bedeutung in der Bildsprache Jesu erlangte.[204] (Der Vollzug der Mahlgemeinschaft ist mit der Ausbreitung der christlichen Kirche aufs engste verbunden.) Untergründig spielen diese Dinge eine Rolle bei der Praxis der Table d'hôte, wo der »Herr« (vgl. S. 10) den ersten Platz einnimmt.[205]

288 Gaststube in einem Wirtshaus, Gemeinschaftstafel und Einzelgast. Holzschnitt um 1840.

Thomas Burke drückt seine Verwunderung aus, den alten Brauch, daß der Wirt der Gästetafel vorsitzt, im England des 20. Jahrhunderts noch anzutreffen: *»By its human appeal, I remember, too, the Bell at Clare-a typical, small-town, eighteenth-century inn, standing in the centre of the town and crystallising its liefe. It remains with me because I saw there last year a continuance of a custom that I thought had died long ago. We had stopped for lunch, and were a little early. At one o'clock the landlord summoned us. ›The joint is on the table, gentleman!‹ On the Dining-room table was the largest sirloin of beef I have ever seen, the largest tureen of gravy, the largest vegetable dishes of potatoes and cauliflower, the largest bowl of fresh fruit salad, the largest bowl of custard, and a monstrous arc of Cheddar. As soon as we were assembled, the landlord took the head of the table, carved for us and lunched with us, pressed us to take more, and talked brightly and sensibly of the times.«*[206]
Casanova im Gasthof »Zum Schwert« in Zürich: *»Mein Wirt, Herr Ott, der den Hauptmannstitel führte, kam auf mein Zimmer, um mir seine beiden Söhne mit ihrem Hofmeister vorzustellen, der sie wie Prinzen erzog. So ein Schweizer Gasthausbesitzer führt oft ein sehr anständiges Haus; er präsidiert gleichsam an einer Tafel, wo die Gäste bezahlen müssen, und betrachtet dies keineswegs, und das mit Recht, als eine Schande. Er nimmt den ersten Platz bei Tische nur deshalb ein, um darauf zu sehen, daß seine Gäste aufs beste bedient werden. Hat er einen erwachsenen Sohn, so erlaubt er diesem nicht, mit an der Tafel zu essen, sondern läßt ihn dabei aufwarten. So stand der Sohn meines Wirts in Schaffhausen, der Hauptmann bei den Reichstruppen war, hinter meinem Stuhl, um die Teller zu wechseln, während sein Vater mit den Gästen speiste.«*

289 »Table d'hôte«, Kupferstich von Dunker, 18. Jahrhundert.

Wie amüsant das Mahl an der Table d'hôte verlaufen kann, wenn das Publikum von ebenso delikater Zusammensetzung ist wie die Speisenfolge, zeigt Heinrich Laube (1834) in seinen agressiv-frechen Reisebildern auf: Ein Holländer hatte sich eben zur Tischrunde gesellt: *»Sein Entrée bei Tisch war, daß er uns versicherte, die holländische Sprache sei die schönste auf der Welt und Holland sei das freieste Land. Wegen der ersten Behauptung wurde er ausgelacht. Alsbald sprang er auf – es war noch bei der Suppe – und verließ den Tisch. Beim Rindfleisch kam er wieder und verteidigte es mit republikanischer Offenheit, daß die Holländer frei, sehr frei, ganz frei seien. Es ließ sich wirklich nichts dagegen einwenden. Sogar die Engländer schwiegen, nur König Wilhelm würde sich schlecht dabei erbaut haben. Der Holländer schnitt herzhaft ins Rindfleisch. Ich sagte ihm, Wienbarg erzähle, sie verehrten ihn wie die Ägypter einen Ochsen, der im Haag einen Stock hoch vortrefflich gepflegt werde. Er stand*

290 »Gemeinsames Essen«, Lithographie von Xavier Leprince, 1826.

wieder auf wie Petrus, ging hinaus und weinte sehr. Bei der Mehlspeise kehrte er zurück und sagte, die holländische Literatur sei die erste in Europa und über ihre Poesie ginge nichts. Zum Beweise deklamierte er ein Gedicht. Allgemeines Gelächter. Er lachte mit. Ein holländisches Gedicht klingt nämlich als wie wenn ein Unglück passierte. Zum Beweise der vorzüglichen Literatur führte er den Erasmus an. Als ich ihn bat fortzufahren, so sagte er wieder Erasmus und fügte hinzu, man verachte auch in Holland die Homöopathie, der Holländer liebe die reelle Wissenschaft. Neues Gelächter. Er verachtet uns und ißt mit Leidenschaft Schöpsenbraten. Ich sagte, Erasmus sei ein Schleicher, Hungerleider, ein Diskontogelehrter gewesen, und fragte ihn, ob er wohl wisse, wie lange Erasmus schon tot sei und ob sich eine Nation nicht schäme, seit dreihundert Jahren nichts erfunden zu haben, nicht einmal einen Schnaps.« [207]

Die andere Art zu speisen war das individuell gestaltete Mahl für einzelne oder kleine Gruppen. Gegen einen Zuschlag konnte man sich vom 17. Jahrhundert an das Essen aufs Zimmer bringen lassen; die »Domestiken« aßen dann an der allgemeinen Tafel in der Gaststube. Allmählich wurde es üblich, in den Gaststuben nicht nur an der langen Tafel, sondern an getrennt stehenden Tischchen verschiedene Gerichte zu servieren, die »à la carte« ausgewählt werden konnten. Auch beides nebeneinander – allgemeines Menü und à la carte-Speisen – findet sich bis zum heutigen Tag.

»Alle Vorräte des Hauses an Fleisch, Fischen, Gemüsen und dergleichen sind mit der höchsten Sauberkeit und mit einer Art Eleganz in einem auf dem Flur befindlichen, mit Glasfenstern versehenen Kabinett zur Schau gestellt. Hier trifft man gewöhnlich die Wirtin oder ihre Stellvertreterin an. Außer einigem Backwerk findet man nichts fertig zubereitet; die Häuser, in welchen die öffentlichen Fuhrwerke zu bestimmten Stunden einkehren, machen jedoch hiervon eine Ausnahme. In diesen ist mittags und abends der Tisch gedeckt, an welchem die ankommenden Reisenden um einen festgesetzten Preis in Gesellschaft speisen können. Außer diesem aber muß der einzelne Fremde in jenem Vorratsmagazine seine Mahlzeit und die Art der Zubereitung selbst wählen und geduldig warten, bis es fertig ist.« [208]

Heinrich Laube in einem Hotel in Wien, 1834: *»Table d'hôte wird nirgends gespeist. Der Österreicher spielt wie der Engländer beim Essen den Individuellen. Und wunderlich genug haben beide dabei gar nichts Persönliches, sondern essen alle dasselbe, der eine sein Rindfleisch und den Plumpudding, jener ›a Backhendl, a Möhlspeis und a Rostbraterl‹.«* [209]

291 Der Koch, Zeichnung von Blanchard, Anfang 19. Jahrhundert.

Speisekarten können im Gastgewerbe seit Anfang des 17. Jahrhunderts nachgewiesen werden. Dem Stil ihrer Zeit gemäß waren sie oft wahre Wunderwerke sprachlicher und graphischer »Wohlredenheit«; sie unterschieden sich wesentlich von den nüchternen Aufzählungen des 20. Jahrhunderts. Schon die Ankündigung einer Wirtshaus-Eröffnung war eine nahezu poetische Darlegung: *»Einem geehrten Publikum wollte hierdurch die Eröffnung meiner Wirtschaft Sonntag den 2ten September in meinem neuen Hause auf dem Roßmarkt, »zum Englischen Hof« genannt, bekannt machen. Meine Einrichtung besteht in einer gut servierten Table d'hôte nach 12 Uhr und wieder nach 2 Uhr eine extra gut servierte Tafel Mittags. Abends um 9 Uhr wieder ordinaire Table d'hôte, auch werden von 7 Uhr abends warme Speisen portionsweis serviert, wie nicht weniger kalte Speisen, in und außer dem Hause; bei mir zu haben sind besonders: kalte Gelee-Pasteten von aller Art. Auch werde vorzüglich darauf gesehen, daß alle Speisen und Getränke rein, gut und preiswürdig seyen, wodurch ich mein Haus in Aufnahme zu bringen suche, und mir geneigten Zuspruch verspreche. Auch werden bis zum Anfang der Messe sämtliche Zimmer und Stallungen zum nutzbaren Gebrauch sich fertig befinden.«*[210]
Tischdecken, ursprünglich nur in höfischen Kreisen üblich, bürgern sich beim Patriziat und in gehobenen Gasthöfen vom 16. Jahrhundert an ein. Sie sind in der Regel lang und schmal und bedecken nur die Tischfläche. Als Beleuchtung dienen bis gegen Ende des 19. Jahrhunderts Öllampen, Wachs- und Talgkerzen. So manches Mal mag es gut gewesen sein, daß das Talglicht nur wenig Helligkeit über den Tisch warf. Abraham a Santa Clara (vgl. S. 175f.) muß es gewußt haben, da er selbst Gastwirtssohn war: *»Das Tischtuch war nicht ungleich einem Fischer-Netz, oder wenigist hätt einer geschworen, es wär ein Fahn gewest bey der Schlacht zu Nördling; die Tisch-Salvet war so sauber, daß man noch etliche Untzen Spennat und Haberprein darin gefunden;... die Teher so rein, als hätten darauf Bluntzen und Leben-Würst miteinander gerauft...«*[211]
Servietten, anfangs nur von Kindern benützt, banden sich seit der Renaissance auch Erwachsene um. 1580 erhält Montaigne in Süddeutschland auf sein Verlangen hin mehrere Servietten zum Wechseln.[212]
Vom Gasthof zum Stern in Schongau berichtet er: *»Der Stern ist ein gutes Gasthaus mit einer neuen Anordnung der Tafel. Die Salzfässer sind auf einem viereckigen Tisch in den Ecken einander gegenüber aufgestellt, die Leuchter desgleichen, so daß ein Andreaskreuz entsteht.«*[213]

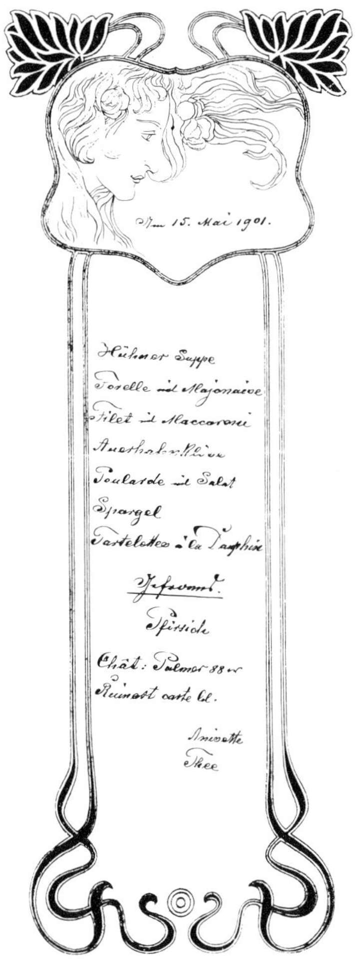

292 Fürstliche Speisekarte, München 1901. Privatbesitz

293 Der Feinschmecker, Kupferstich, 1803.

Von der blankgescheuerten Tischplatte bis zum Silber- und Goldservice (z. B. im »Adlon« in Berlin) reicht die Möglichkeit der Speisendarbietung. Ursprünglich nahm man von einer großen Platte die bereits tranchierten Fleischstücke und hielt eine Scheibe Brot zum Schutz von Tisch und Kleidung unter. Suppen und Breispeisen wurden mit einem Löffel der gemeinsamen Schüssel entnommen. Zu Ausgang des Mittelalters waren in vornehmen Kreisen auch schon Näpfe und Teller in Gebrauch. Im allgemeinen schenkte man die Suppe erst seit dem 18. Jahrhundert mit Schöpfkellen aus. Das Material – nach Landschaft und sozialer Schicht unterschieden – war meist Holz oder Ton. Auch wo man sich Zinn- bzw. Silbergeschirr leisten konnte, verwendete man für den Alltag diese Materialien, wie Montaigne beobachtete: *»... trotz der Masse Zinngeschirr, die sie besitzen (der »Stern« in Schongau) – blank gescheuert wie bei uns auf Montaigne – haben sie zum Gebrauch nur Holzteller, die übrigens sehr sauber und hübsch sind.«*[214]

Messer führten in der Frühzeit die Gäste selbst mit sich, oft auch die Löffel. Es gab eigene Futterale dafür, die man am Gürtel trug. Gabeln kamen erst im 17. Jahrhundert auf, zunächst als zweizinkige Tranchiergeräte. Die Entwicklungsgeschichte des Bestecks vom einfachen Holzlöffel mit runder Laffe bis zum kunstvoll in kostbaren Materialien gearbeiteten Gerät läuft der Geschichte der Tischsitten parallel.

Es geht hier weder um eine Kulturgeschichte der Nahrung, der Kochkunst oder des Kochbuches, noch um einen Führer durch die Kulinaria verschiedener Länder. Alle diese Bereiche aber müssen zu Rate gezogen werden, wenn man wissen will, was denn nun tatsächlich im Gasthof auf den Tisch gekommen ist. Der Reisende vermerkt entweder mit Wonne den Reiz fremdartiger Speisen, oder er entbehrt die altgewohnten Futternäpfe. Heinrich Heine in seiner sarkastischen Art begrüßt die heimatliche (westfälische) Küche bei seiner Rückkehr aus Paris (1843):

Der Tisch war gedecket. Hier fand ich
die altgermanische Küche.
Sei mir gegrüßt, mein Sauerkraut,
holdselig sind deine Gerüche.
Gestovte Kastanien im grünen Kohl,
so aß ich sie einst bei der Mutter!
Ihr heimischen Stockfische, seid mir gegrüßt,
wie schwimmt ihr klug in der Butter.
Jedwedem fühlendem Herzen bleibt
das Vaterland ewig teuer.
Ich liebe auch recht braun geschmort
die Bücklinge und Eier.
Wie jauchzen die Würste in spritzendem Fett!
Die Krammetsvögel, die frommen
Englein mit Apfelmus,
die zwitschern mir: »Willkommen!«[215]

Begeben wir uns nun einmal – ohne zeitliche und räumliche Systematik – auf die Suche nach dem Menschen, der »ist, was er ißt« (Brillat-Savarin)! Wir wandern etwa über die heißen Straßen Kalabriens. Stein in Stein hängt ein Nest oben am Bergrücken; wir nähern uns, gesellen uns den von Feldern und Weinbergen heimkehrenden Bauern zu: sie lassen ihre Eselskarren am Dorfrande stehen und kehren ein in die kleine Schenke.

»Schmackhaften Käse gibt's hier, er trocknet in Körben aus Seegras;
Pflaumen bietet der Herbst golden wie glänzendes Wachs.
Maulbeeren blutigrot u. Wein in schwellenden Trauben.
Schwarzblaues Gurkengewächs hängt von den Stielen herab.
Mengen brauner Kastanien, rotbäckig leuchtende Äpfel;
Ceres und Amor hier wohnt, Bacchus mit seinem Gefolge.«[216]
(Copa-Gedicht, vermutlich Vergil)

So war es vor 2000 Jahren, so ist es heute.

Die große Küche Italiens hat sich vor allem der Mittelmeerfische und der pikanten Soßen angenommen. Man versteht sich aufs Würzen, wobei zahllose Kräuter und Käse eine Rolle spielen. Das verfei-

294 Vorschlag zum Anrichten von Fischgerichten. Aus dem französischen Kochbuch »La Cuisine Classique« von 1881. ▶

»Selbstverständlich war alles das, was serviert wurde, von erlesener Güte. Aber der König von England hatte sich noch über kein Gericht ausgesprochen, weder lobend, selbstverständlich auch nicht tadelnd. Und nun kamen die Seezungen. Lorenz Adlon stand persönlich im Raum, um das Servieren zu überwachen. Jetzt erst trat Escoffier ein. Der König von England sah ihn nicht, denn der Koch betrat hinter seinem Rücken den Raum. Er war im Gehrock, würdig und dekorativ anzusehen, und in den Händen hielt er eine große goldene Saucière. Das ganze Tafelgeschirr war im übrigen aus Gold. Als der Kellner dem König von England die schönen großen Seezungen servierte, sprach er das erste Wort über das Essen und sagte: ›Ah, das ist ja köstlich!‹ Kaum lagen die Fische auf den Tellern, kam Escoffier heran und beugte sich über den Teller Eduards VII. ›Ah, Escoffier‹, rief der König. ›Da sind Sie ja!‹ Escoffier verbeugte sich leicht und füllte dann aus der Saucière die Sauce auf den Teller. Der König von England starrte verwundert auf die Sauce. Sie war braun, breiig, und verbreitete sofort einen delikaten, aber ganz ungewöhnlichen Duft. Als alle Herren mit ihr bedient waren, begann der König von England zu essen. ›Escoffier‹, rief er aus, ›das ist ja großartig! Das ist hinreißend! Was ist das für eine Sauce? Die habe ich noch nie gegessen! Das Rezept müssen Sie mir sofort verraten!‹ Der Kaiser war ebenfalls entzückt. ›Das schmeckt wahrhaftig fürstlich. Der Teufel soll Sie holen, Escoffier, wenn Sie Seiner Majestät das Rezept für die Sauce verraten!‹ Der König von England lachte. ›Dann sagen Sie mir wenigstens eins, Escoffier – wie heißt diese herrliche Sauce?‹ ›Teufelssauce‹, antwortete Escoffier.«
(Adlon. S. 93f.)

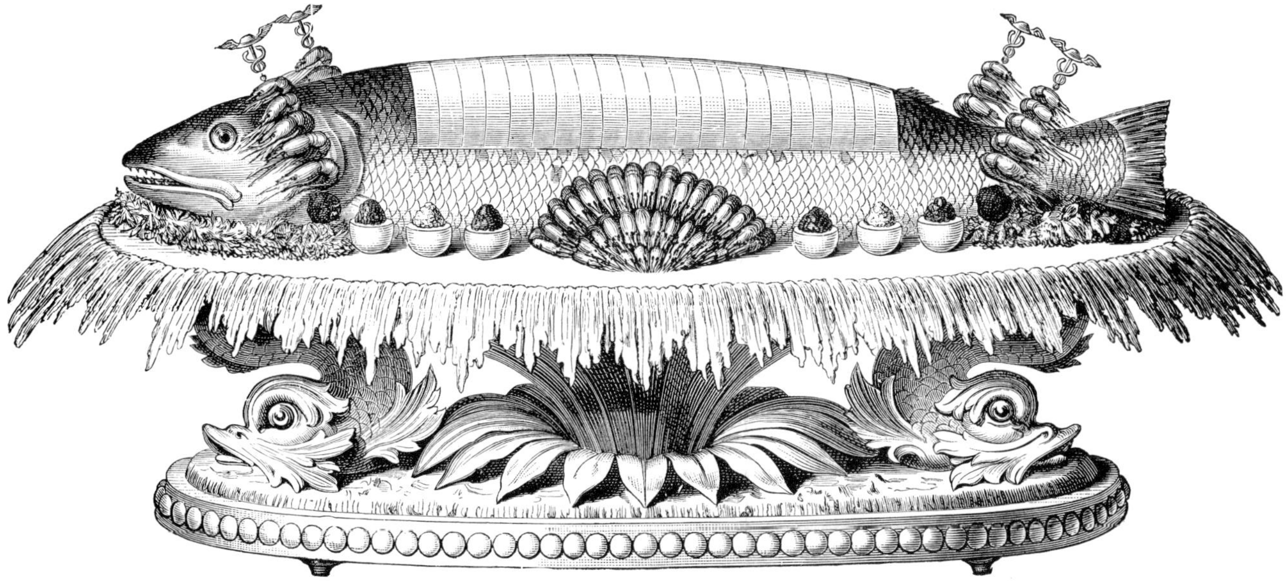

nert die Pizza und die zahlreichen Nudelgerichte, die mehr als die Hälfte aller Gaumenfreuden der Italiener ausmachen. Weltruhm darf auf diesem Gebiet das Lokal des Alfredo in Rom beanspruchen, der sich stolz »Imperatore delle Fettuccine« nennt.

England kann man nun wirklich nicht – wie Frankreich ohne Zweifel – als ein Land der Feinschmecker bezeichnen. Anspruchsvoll ist in der Regel nur – und dies gilt in erhöhtem Maße von Norwegen, Schweden, Dänemark – das Frühstück.

»Aber nicht immer und überall ist das englische Frühstück von bester Qualität. Das ›Fleisch‹ besteht oft aus überaus salzigem amerikanischem Büchsenspeck, die meist aus Frankreich importierten Eier sind infolge langen Lagerns in durchnäßtem Stroh muffig geworden und das Fischgericht ist oft aus nichts anderem als geräuchertem Kabljau oder ›Haddok‹... Gar mancher unserer Landsleute bedauert, daß ihm durch das meist spät eingenommene und zeitraubende Frühstück der beste Teil des Vormittags geraubt wird...«[217]

Den deutschen Gasthof (16. Jh.) preist Montaigne. Konstanz im »Hecht« 1580: *»Die Gänge bei Tisch sind sehr mannigfaltig. Man bekam hier, wie auch später noch oft, nachdem das Tafeltuch abgehoben war, zu den verschiedenen Weinen neue Gänge, zunächst Kuchen in Kranzform – in der Gascogne Canaulos genannt –, darauf Pfefferkuchen, drittens zartes Weißbrot in Stücke geschnitten, das trotzdem zusammenhielt, zwischen den Schnitten ist viel Gewürz und Salz eingestreut, ebenso oben auf der Kruste.«*[218] Und in Lindau, im Gasthof zur Krone: *»Im Punkt Bewirtung sind sie so üppig und abwechslungsreich in den Gängen: Suppen, Saucen, Salate aller Art, und das alles in den guten Gasthäusern so wohlschmeckend, daß kaum die Küche des französischen Adels daneben aufkommen kann... Uns unbekannte Gerichte sind z. B. ihre Quittensuppen, andere, in die gebackene Äpfel geschnitten sind, Krautsalate, Kraftsuppen ohne Brot, z. B. von Kalbsbröschen, wo alle gemeinsam sich herausnehmen, denn es wird nicht besonders aufgewartet. Sie haben viel guten Fisch, der mit dem Fleisch aufgetragen wird. Die Forelle mögen sie nicht, sie essen nur ihren Laich. Dafür haben sie viel Wild: Schnepfen, junge Hasen, die sie ganz anders als wir zubereiten, aber mindestens ebenso gut. Wir haben noch nie so zartes Fleisch genossen, wie man es dort täglich bietet. Zum Fleischgericht werden gekochte Pflaumen, Birnen- oder Apfelmus gereicht. Bald kommt der Braten zuerst, und die Suppe am Schluß, bald umgekehrt. An Obst gibt es nur Birnen, Äpfel und Nüsse; dazu Käse. Zum Fleisch wird ein silbernes oder zinnernes Gerät aufgestellt mit vier Behältern, in denen sich verschiedene Sorten von gestoßenem Gewürz befinden, darunter Kümmel oder etwas Ähnliches, das scharf und pikant schmeckt und das auf Brot gestreut wird, das meist mit Fenchel gebacken ist. Nach der Mahlzeit werden wieder Gläser voll Wein auf den Tisch gestellt, wobei verschiedenes mit aufgetragen wird, das den Durst reizt.«*

Montaigne bedauert, daß er nicht seinen Koch mitgenommen hat, damit er die deutsche Küche studiere.[219] Augsburg 1580: *»Es vergehen wenige Mahlzeiten, ohne daß man einem Zuckerwerk und Büchsen mit Eingemachtem anbietet. Das Brot ist denkbar ausgezeichnet. Die Weine sind gut und, wie überhaupt in Deutschland, meist weiß; sie lassen sie in Augsburg fünf bis sechs Tagereisen weit herkommen. An verschiedenen Orten besteht die Sitte, wohlriechendes Räucherwerk in den Zimmern und auf den Öfen zu verbrennen.«*[220]

»In the evening we reached a village where I had termined to pass the night. As we drove into the great gateway of the inn I saw on one side the light of a rousing kitchen fire beaming through a window. I entered, and admired, for the hundre of the time, that picture of convenience, neatness, and broad, honest enjoyment, the citchen of an English inn. It was of spacious dimensions, hung round with cooper and tin vessels highly polished, and decorated here and there with a Christmas green. Hams, tongues, and flitches of bacon were suspended from the ceiling; a smoke-jack made its ceaseless clanking beside the fireplace, and a clock ticked in once corner. A well-scoured deal table extended along one side of the citchen, with a cold round of beef and other hearty viands upon it, over which two foaming tankards of ale seemed mounting guard. Travellers of inferior order were preparing to attack this stout repast, while others sat smoking and gossiping over their ale on two highbacked oaken settles beside the fire. Trim housemaids were hurrying backwards and forwards under the directions of a fresh bustling landlady; but still seizing an occassional moment to exchange of flippant word, and have a rallying laugh with the Group round the fire.«[217a]

Die Speisenfolgen einiger Festmähler im »Elefanten« zu Brixen sprechen für sich:

»1. Aufgeschnittene Ochsenzunge und Salami, 2. Eingemachte Hühner, 3. Gemsbraten, 4. Gebratene Enten, 5. Mandelkoch, 6. Indian, 7. Milzsuppe...

Bei der Primiz des Herrn von Klebelsberg im Jahre 1830, des späteren Dekans von Bruneck, sind es 17, bei der des Herrn von Hellrigl sogar 18 Gänge. Dabei trug man außer den schon angeführten Speisen noch Würsteln, Rindfleisch, Kapaune, Spanferkel, verschiedene Wildprete, Aal, Krebse, Schnecken usw. auf... Bei einer Bauernhochzeit im Jahre 1833 finden wir außer Kalbfleisch, Rindfleisch, Hühnern, Ochsenzungen, Hasenbraten, Gemsbraten, Kapaunen und gebratenem Kitz auch noch Eingemachtes mit Speckknödeln verzeichnet... Einmal, im Jahre 1831, haben 12 Fleischhauer auch ein Aschermittwochmahl gehalten, deren Fastenmenü hier folgen möge: 1. Durchgetriebene Erbsensuppe, 2. Eierspeise, 3. Heißgesottene Forellen, 4. Gebackene Mandelschnitten mit gesottenem Wein, 5. Schnecken in der Sauce und abgeschmelzte Maccaroninudeln, 6. Gerösteter Stockfisch mit Kraut, 7. Gebratener Häring mit Zwiebelsauce, 8. Rohrkrapfeln und Schmalzzwieback, 9. Gebackene Fische mit Bomerantschensalat, 10. Spanische Maultascheln und Pignolikranzeln, 11. Bomerantschenturten, 12. Café. Die Zahl der Teilnehmer war meist ziemlich groß und betrug hie und da mehr als hundert.«[221]

»Der Wirth zur goldenen Rose in Budin hatte ein gutes Haus von außen und ein schlechtes von innen. Eine Suppe von Kaldaunen, altes dürres Rindfleisch und ein sehr zäher, lederner Braten von einer Gans, die noch eine Retterin des Kapitols gewesen sein mochte, noch schlechter waren die Betten: aber am Schlechtesten war der Preis.«
(J. G. Seume 1802 in Böhmen, S. 30)

»Wir speisten zu Brixen ›im Elefanten‹, einem unansehnlichen Hause, wo aber alles sehr gut war. Man gab uns das Wasser und den Wein in Eis, und mit jedem Teller wurden die Bestecke gewechselt. Solche Begriffe von Eleganz und Luxus findet man in manchem vornehmen Privathause nicht. Gleichwohl erfuhr ich, daß nicht dieser Gasthof, sondern das ›Kreuz‹ das beste Wirtshaus wäre. Aber ich würde immer dieses Haus empfehlen, schon um der gewissen Gemütlichkeit und Geflissenheit willen, die der Wirt auffallend zeigte.«
(»Elefant«, S. 21)

Karl Burger, 1844. *In Frankfurt ergänzen sich Theater und Gasthof (Schwanen) wechselseitig. »Hat man z.B. Herrn oder Madame So und So im Theater genossen, so wird ein anmutiges Dessert an der Gasttafel den üblen Geschmack oder den übertriebenen haut-goût bald aus dem Gaumen verdrängen. Man erzählte mir, daß der Dichter X., als er hier verweilte, regelmäßig aus dem zweiten bis vierten Akt jedes Dramas einen einzigen Zwischenakt bildete, den er unter den küchenduftigen Fittichen des Schwanen zubrachte; sein Famulus mußte derweil im Parterre bleiben, um ihn zu rufen, wenn eine recht poetische Szene kam.«*
(nach Diehl, S.194)

Fischart wettert in seinem »Gargantua« (1575) gegen die ausländische Kost und läßt nur die Erzeugnisse der heimatlichen Flur gelten: *»Ain Haselhun das fleugt, ain Rech daß da steubt, ain äsch der da schwimmet, sen das best Wildpret, das man find.«* [222]
Der Hang zu den Köstlichkeiten der ausländischen Küche scheint in den nachfolgenden Jahrhunderten laufend zugenommen zu haben. Schon um 1820 macht sich – besonders in Messestädten – eine Tendenz zum Internationalen bemerkbar: Die Gasthöfe erreichen in keiner Stadt die Vollendung wie in Frankfurt, *»daher findet man hier Esser und Trinker, die es wohl mit Mithridates und Heliogabalus aufnehmen, und Frankfurt bleibt die Hochburg der Kellner oder wie sie sich jetzt schreiben, der Kellnerei-Beflissenen. Die Küche steht auf der Höhe der Zeit: sie hält die weise Mitte zwischen französischer Überfeinerung und britischer Derbheit, zwischen den Fleischtöpfen Ägyptens, pikanten Saucen und Ragouts, und schwerfälligen deutschen Mehlspeisen, zwischen Gesalzenem und Frischem, Süßem und Saurem, Gemüs, Backwerk und Früchten... Grandgousier hatte sicher keinen größeren Vorrat von westfälischen Schinken, Braunschweiger und Göttinger Würsten, geräucherten Zungen und anderem Gesalzenem, worauf ein Trunk schmeckt; ich habe hier Trüffeln aus Perigord gegessen und mit Trüffeln gefüllte Calcuttische Hühner...«* [223]
Unser Zeitalter der Völkervermischung im Gefolge der Kriege und des Tourismus kann in größeren Städten dem verwirrten Gaumenpiraten eine Palette von Weltspezialitäten bieten. Auch das gastronomische Weltbild der bodenständigen Wirtschaften ist ins Wanken geraten. Für den Kenner allerdings bedeutet es eine Sünde wider den guten Geschmack, wenn regionale Gerichte zum Exotischen hin »aufgmascherlt« (wie der Wiener sagt) sind.
Gottlob sind dem Ausverkauf der Tafelfreuden durch die natürliche Ökonomie des Körpers Schranken gesetzt: das uralte »Liber sanitas« wird wieder hervorgeholt – Diätvorschriften und die Angst vor unschöner Leibesfülle beherrschen heute weitgehend die Auswahl der Speisen.

Unterhaltung des Gastes

Der Gast weiß Gepäck, Roß und Wagen versorgt; er hat sich erfrischt, erwärmt und hat genossen, was die Küche zu bieten vermochte. Nun befindet er sich in jenem Zustand, den Jean Pauls Schulmeisterlein Wuz in drei Worten umreißt: *»So warm, so satt, so wohl.«* Die Ermüdung weicht, die Lebensgeister beginnen sich wieder zu regen.
Der Wirt setzt ihm eine Kanne Wein, Bier oder wonach sonst ihn gelüstet, vor; er läßt sich vielleicht neben ihm nieder und fängt mit ihm, bzw. mit der Tischrunde, ein Gespräch an: über die schlechten Zeiten geht es, die Tagesereignisse, die große und kleine Politik. Persönliches wird eingeflochten, der Alkohol löst die Zunge, weckt Erinnerungen. Der Fremde weiß von seiner Heimat, von Ländern und Menschen, die seine Reiseroute ihm darbot, zu berichten. Dem Einheimischen, der einen gleichförmigen Tageslauf hinter sich hat, bietet sich in der vergnüglichen Unterhaltung Bildungsmöglichkeit und Entspannung zugleich. Begegnungen, Austausch von Erfahrungen, Scherz und Witz, Blödsinn und Tiefsinn: die Wirtsstube wird zur Welt.
J.G. Seume verbringt einen Abend in einem böhmischen Gasthaus (1802): *»In der Budiner Wirthsstube war ein Quodlibet von Menschen, die einander ihre Schicksale erzählten und hier und da, zur Verschönerung wahrscheinlich, etwas dazu logen. Einige österreichische Soldaten, Stalleute und ehemalige Stückknechte, die alle in der französischen Gefangenschaft gewesen waren, und einige Sachsen von dem Kontingent machten eine erbauliche Gruppe, und unterhielten die Nachbarn lang und breit von ihren ausgestandenen Leiden.«* [224]
Nicht jeder ist in Stimmung zu sprechen. Mancher sitzt sinnierend oder in stiller Beschaulichkeit hinter seinem Glas, ein anderer überschlägt die Ereignisse des vergangenen Tages, erledigt geschäftliche Einträge, rechnet nach. Tief in die Zeitung vergraben sitzt einer in der Ecke, nur ein Haarschopf ist zu sehen und hin und wieder die Hand, die nach dem Getränk tastet.
Sicher findet sich auch eine Runde zum Spiel. Wirtshaus und Unterhaltung, Spiel und Trunk gehören zusammen von eh und je: das Würfeln scheint in der pompeijanischen Kneipe zu Caesars Zeiten genau so beliebt gewesen zu sein, wie in der fränkischen Dorfschenke des 18./19. Jahrhunderts. Hand in Hand mit der gespannten Gier nach Gewinn und dem Risiko des Verlustes ging die Versuchung, das Glück ein wenig zu manipulieren, ja der Hang zur kriminellen Betrügerei. Darstellungen von Szenen mit Würflern – in friedlichem und aufgebrachtem Zustand – gibt es in Hülle und Fülle. Oft sind auch

295 Mittelalterliches Wirtshausleben. Die Gäste unterhalten sich durch verschiedene Spiele. Holzschnitt aus der Lyoner Prachtausgabe des Vergil, 1517.

296 Studenten beim Würfeln und Kartenspielen. Miniatur der »Carmina burana«, um 1225. München, Bayer. Staatsbibliothek

die Wirte dabei nicht leer ausgegangen: sie ließen sich für jede Runde eine kleine Gebühr entrichten, in Franken »Schollergeld« genannt (was sich wahrscheinlich aus lat. jocus »Spiel« entwickelt hat).[225] Verordnungen und Strafbestimmungen richten sich gegen Auswüchse, die Besitz und Ehre der Spielenden bedrohten.

Die Ansbacher Polizeiakten von 1738 legen einen solchen Fall bloß: Der Obrigkeit ist zu Ohren gekommen, daß bei dem Heckenwirt Frank in Ansbach unerlaubte Spiele betrieben werden. Ein Zeuge wird über die Spieler und die Art ihres Spielens vernommen. *»Das seye der Schwinold, der würt von Hirschlach, dann ein Beck von Leutershausen, welche öfters zu ganzen nächten bey dem Francken in Neustadt spieleten, und halbe, auch ganze Carolin auf einmal zu sezen pflegeten. Es seye schon vielmal an denen Samstägen geschehen, daß sie die ganze nacht, und bis man frühe morgen in die sechser kirch geläutet, beysammen sizen geblieben und gespielet. Diese benannte spieler wären so sehr aneinander gewehnet, daß, wann der Schwinold, oder ein anderer von ihnen zu dem Francken komme und die spiel-componie nicht beysammen seye, alsdann gleich ein bod ausgeschicket werde, umb die andern herbey zu holen; auch gehe das spielen bey dem Francken so stark, daß öfters an dreyen tischen zugleich gespielet werde, und habe der würt oder die würtin von jedem spiel einen halben gulden sogenanntes schollergeld, bringe auch öfters so viel und mehr schollergeld zusammen, als einer und der andere gewonnen oder verspielt haben. Sezt hinzu, der gemelte Schwinold führe sogar silberne würfel bey sich, dergleichen einer einen taler koste, dann weilen selbiger mit denen gemeinen würfeln dem würt von Hirschlach nichts abgewinnen können, so habe er sich silberne würfel machen lassen, und mit solchen könne er jezo den wirt von Hirschlach prav tummeln. Hieraus könne man also abnehmen, was dieses vor spieler seyen. Er sager hingegen spiele etwan in einen pfenning oder zweyer...«*[226]

Die Regeln der alten Würfelspiele sind heute größtenteils in Vergessenheit geraten. Das Stadtmuseum in München bewahrt ein hübsches Holzschränkchen auf (etwa 18. Jahrhundert), das eine Reihe schmaler Schübe besitzt, die jeweils gleiche Würfelspiele enthalten. Es kann nur einem größeren Gasthof gehört haben, in dem gleichzeitig mehrere Spielrunden zusammenkamen.

Ein anderes »Werkzeug« der Wirtshausunterhaltung war die Spielkarte. Europa, Ostasien und Indien sind die Zentren des Kartenspiels. In frühen europäischen Gaststätten, wo häufig nicht einzeln, sondern nach Runden oder tischweise abgerechnet wurde, spielte man gerne um Getränke: der Verlierer bezahlte die Zeche.

Das Tarockspiel, bereits im Mittelalter nachweisbar, gelangte im Quattrocento zur Blüte und behauptete seine Beliebtheit durch die Jahrhunderte.[227] Die Lust am Skatspiel bemächtigte sich erst zu Beginn des 19. Jahrhunderts der oberen Schichten und wurde mehr und mehr zur Unterhaltung der bürgerlichen Intelligenzler. Früh war – besonders bei Frauen – das Zukunftlesen aus der Kartenkonstellation im Schwange. Schwören, Fluchen und Betrug sind die angeprangerten Laster, die Hand in Hand mit der Spielwut gehen.

297 Dame-Partie in einem Café.

Und nach dem Spiel: Die unangenehme Viertelstunde vor dem Aufbruch der letzten Gäste hat geschlagen, die Kellner lehnen müde im Hintergrund und beginnen, die Stühle hochzustellen; der Wirt will das Glas nicht mehr füllen... Charles Dickens hat diese Stimmung eingefangen (Weinschenke im Paris des 18. Jahrhunderts): *»Die Spielkarten lagen müßig, Dominospieler bauten in Gedanken versunken mit den Steinen Türme, Trinker zeichneten mit dem verschütteten Weine Figuren auf den Tisch, ja, sogar Madame Defarge bohrte mit ihrem Zahnstocker in dem Muster auf ihrem Ärmel...«* [228]
Lange vor der großen Roulette-Epoche (19. Jahrhundert) hat es in Gasthäusern schon allerlei Glücksspiele gegeben. Geschicklichkeit, Kraft und Übung erfordern die mehr sportlich gehaltenen Wettspiele wie z. B. das im Alpenländischen so beliebte »Fingerhakeln«: die sich gegenüber sitzenden Partner haken je einen Finger ineinander und versuchen, den andern über den Tisch zu ziehen.
Den Dorfwirtshäusern, aber auch städtischen Kellern waren in der Regel Kegelbahnen angeschlossen. Der Kegelbub verdiente sich ein paar Pfennige mit dem Aufstellen der Figuren – heute besorgt dies ein elektrischer Impuls. Doch provozieren auch in unseren Tagen der »Bartl«, der »Straubinger« oder wie die Partien lokal heißen mögen, erregte Diskussionen, Ausrufe, Lachsalven. Leise ist es noch nie hergegangen auf einer Kegelbahn. Hin und wieder wurden Kegel und Kugel bei Auseinandersetzungen zu Waffen.
Bereits im 16./17. Jahrhundert kann man im fränkischen Raum Kegelbahnen nachweisen; die Ortschaft Roth in Mittelfranken besitzt heute noch ein Wirtshaus, das nach einem alten Spielplatz benannt ist: »Zum Kegelbühl.« [229] Eine Art Tischkegel erfreute sich in derselben Gegend größter Volksbeliebtheit: das Eierringeln. Auf einer schiefen Ebene ließen die Spieler ihre hartgekochten Eier abtrudeln und versuchten dabei, möglichst viele Eier anderer zu treffen; diese durften sie dann einziehen. [230]

298 Rundkegelbahn in einer Berliner Gaststätte. Zeichnung von W. Busch, 1890.

299 Billardspiel im Gasthof »Zur Krone« in Ulm. Kupferstich von C.A. Grossmann, um 1780.

300 Kasperltheater im 1839 gegründeten Künstlerlokal »Stubenvoll« in München. Hier wurden die Ideen zu den weltberühmt gewordenen und historischen Umzügen geboren, hier feierten die derb-komischen Späße in den Puppenspielen des Grafen von Pocci Siege. Kolorierte Zeichnung, Ende 19. Jahrhundert.

Es ist nur natürlich, daß an einem Treffpunkt Einheimischer mit Fremden, wie es die Gaststätte ist, auch neue Spiele und ausländische Spiel-Gepflogenheiten ausprobiert und eingeführt werden. So hielt z.B. im 19. Jahrhundert das französische Billard seinen Siegeszug durch Europa. Wie bei den ehemals so beliebten Eierspielen ist auch beim Billard das Karambolagespiel am gebräuchlichsten: die Bälle (meist aus Elfenbein) werden mit einem Stab (Queue) über die grünbezogene Tafel gestoßen und prallen am elastischen Gummirand des Tisches ab. Bei dem Spiel mit drei Bällen kommt es darauf an, mit einem die beiden anderen zu treffen. In vielen Kaffeehäusern und Abendlokalen ist von den Nebenräumen her das Stoßen und Anschlagen der Billardkugeln zu vernehmen.
Als Spiel für vornehme Kreise gelten seit der Antike die Brettspiele, vor allem das königliche »Schach«, im mittelhochdeutschen Sprachraum als »Schachzabel« heimisch (mhd. zabel = Brett).

Nun durfte sich ein umsichtiger Gasthofbesitzer nicht allein auf den Betätigungsdrang seiner Gäste verlassen. Er war darauf bedacht, sie mit allen möglichen Mitteln anzulocken, festzuhalten und so den Konsum zu steigern.
Dabei kam ihm jene Schicht fahrender Leute entgegen, die bereits in vorchristlicher Zeit durch die Mittelmeerländer zogen: Spielleute, Gaukler und Sänger, die mit ihren Künsten und Späßen die Gesellschaft unterhielten. Bei mittelalterlichen Reichstagen, Konzilien und anderen Gelegenheiten, wo Menschen zusammenströmten, fanden sich – den Chronisten zufolge – oft Hunderte solcher Unterhalter ein und umlagerten die Herbergen. Nicht nur auf den öffentlichen Plätzen und vor den Gasthöfen, sondern auch in den Wirtsstuben selbst zeigten sie ihre Darbietungen; als Quartier genügte ihnen ein Lager unterm Dach, im Hof oder in den Stallungen. Ungeahnte Dinge erfanden diese Leute, um ihren Lebensunterhalt aus der Überraschung, der Neugier und dem Vergnügen ihrer Mitmenschen zu bestreiten. Puppenspieler, Faust- und Schwertkämpfer, Feuerschlucker, Bärentreiber und andere Tierhalter suchten sich zu produzieren.

Ein venezianischer Reisebericht aus dem Jahre 1492 rühmt das Gasthaus »Zur Krone« in Sterzing (Südtirol) und erwähnt die vielen Komödianten und fahrenden Sänger, die abends die Gäste amüsierten. Auch *»im Gasthaus ›Zur Rose‹ vor Trient erschien während des Essens ein Possenreißer, der auf sonderbaren Instrumenten spielte und auf dem Kopf Ohren von Tuch hatte, von denen er bald das eine, bald das andere bewegte, was viel zu lachen gab... in Bozen kam abends ein Deutscher, der mit den Händen auf dem Boden ging und in Klausen kamen während des Abendessens zwei Musikmeister mit fünf Jungen, die verschiedene Gesänge vortrugen...«*[231] Fahrende Ärzte, sogenannte Quacksalber, rühmten sich ungewöhnlicher Heilungen und versuchten, ihre Wurzeln und Tees an den Mann zu bringen. Auch Grimmelshausens Simplicius Simplizissimus reiste im 30jährigen Krieg einmal als Wunderdoktor und hielt vor dem Wirtshaus »Unter der Linde« mit großem Erfolg dem Landvolk eine Salbe feil. Vom 14./15. Jahrhundert an traten dann die Zigeuner auf, musizierend, wahrsagend, geheime Methoden der Heilung und des Glückerzwingens anbietend.[232] Leute mit mechanischen »Kunstwerken« traten vor das Wirtshauspublikum. Im Jahr 1761 z.B. gab ein »mechanisches Theater« im Reichsadlerwirtshaus zu Nürnberg Vorstellungen, und in der Dreikönigswirtschaft waren ein

301 »Schausteller vor einem Dorfgasthaus«, Gemälde auf Holz von Joh. Heinr. Ramberg, Anfang 19. Jahrhundert. Hannover, Kestner-Museum

»holländisches Kriegsschiff«, eine »physikalische, optische Kunstmaschine«, »ein in Wachs bossiertes Riesenkind« u.a. mehr zu bewundern.[233]

Fremden und Einheimischen gleichermaßen verständlich, lösend, erhebend, Stimmung anheizend, fügte sich die Kunst der Künste dem Wirtshausleben ein: die Musik. Der »fahrende« Minnesänger und der wandernde, musizierende Scholar gehören gleichermaßen dem mittelalterlichen Straßenbild und dem Bild der geselligen Vergnügungen jener Jahrhunderte an. Bei hochgestellten Persönlichkeiten spielten Stadtpfeifer vor dem Gasthof ihrer Wahl auf oder geleiteten sie mit Flöten und Pauken zum Rathaus.

In Wien gab es zu jeder Gelegenheit Musik, im Caféhaus, im Weinrestaurant, am Sonntagmorgen. Glanzvolle Morgenkonzerte – auch Mozart dirigierte einige – sah der »Augarten«. Ludwig van Beethoven gab hier Klavierkonzerte; Johann Strauß sen. ließ sich beklatschen. Ein Restaurationsbetrieb sorgte für das leibliche Wohl der Musikfreunde.

Manches junge Genie hat in Gartenwirtschaften seine erste Bekanntschaft mit dem Publikum gemacht. Karl Trautmann schildert in seinen »Kulturbildern aus Altmünchen« das Auftreten der Schuberl-Musikanten (dieses längliche Kleingebäck wurde armen Musikanten angeboten) und Scherzl-Musikanten (»Scherzl« ist das Endstück eines Brotes). Da war z.B. der blinde Elias in der Au, ein arbeitsunfähiger Pflasterer, der seine traurig-süßen Weisen geigte, begleitet von einem kleinen Mädchen, das dazu sang und dann mit dem Sammelteller von Tisch zu Tisch ging... Es war die nachmals so gefeierte Klara Metzger, die mit 22 Jahren in der Münchener Oper als »Agathe« im Freischütz die Massen hinriß und 1923 dem Komponisten die Worte entlockte: *»Ich wußte es noch gar nicht, daß ich so etwas Schönes geschrieben habe.«*[234]

Das München von heute, besonders aber Wien und die größeren Städte des Südostens bieten in ihren Spezialitätenlokalen nicht nur gastronomische Leckerbissen, sondern auch ungarische, jugoslawische u.a. Volksweisen von echten (oder Pseudo-) Zigeunerkapellen mit glutvollem Elan vorgetragen.

Berlins Lokale warteten im 19. Jahrhundert vor allem mit Militärmusik auf. Im Kroll'schen Garten tummelten sich am Wochenende Bürger und Uniformierte bei den schneidigen Klängen von Märschen, Ouvertüren, Arien – ein Programm, das heute noch das Niveau mancher Sonntagskonzerte bestimmt. – Viele Kleinstadtbürger wurden durch das Musizieren an der Table d'hôte, in den Wirtsgärten und Vereinslokalen erst mit der Welt der Oper und des Konzerts vertraut gemacht. Das musikalische Programm erfuhr hin und wieder eine Ausweitung durch kabarettistische Einlagen, ja die Gaststube wurde gelegentlich zum Cabaret mit Restaurationsbetrieb. Überhaupt verwischen sich bei den Darbietungen in Gasthäusern oft die Grenzen der Künste: Sänger und Komödianten, Instrumentalisten und Sprechkünstler treten nebeneinander auf oder treffen sogar in einer Person zusammen.

Nun ist bekanntlich dem Volk im süddeutschen Sprachraum das Theaterspielen ein Herzensbedürfnis. Nach wie vor findet man auf dem Land Plakate oder formlose Anschläge, die verkünden, daß am Wochenende im Wirtshaus ein Theaterstück aufgeführt wird. Es sind oft Laien aus den umliegenden Dörfern, vom Lehrer, vom Pfarrer oder sonst einer organisationstüchtigen Person angeleitet, die sich auf der kleinen Bühne des Gasthaus-Saales produzieren. Hin und wieder macht auch eine fremde Theatergruppe Station.

Im »Millionendorf« München gibt es noch eine Reihe von Gaststätten, die den alten Volksstücken Heimstatt gewähren. Einen Namen hat sich auf diesem Gebiet die Wirtschaft »Max-Emanuel-Brauerei« (Adalbertstraße) gemacht: bei den humorigen und von echt volkstümlicher Rührseligkeit getragenen Schauspielen (vgl. Programm »Jennerwein«!) ist auch der letzte Platz ausverkauft. Die volksnahe Tradition des Hauses ist alt. Im schattigen Kastaniengarten, wo am Wochenende angestammtes Publikum zum Bier zusammenkam, ließ sich nach dem 2. Weltkrieg noch ein Volkssänger zur Gitarre hören mit guten alten Liedern und Moritaten.

Im biedermeierlichen München zählte zu den beliebtesten Vergnügungen der Gang zu Max Schweigers Isarvorstadt-Theater, das von 1848–1865 im Gasthaus »Zu den drei Linden« etabliert war. *»Hier war des Volkes wahrer Himmel bei den Aufführungen Wiener Lokalpossen, aber auch zahlreicher Münchner Volksstücke, in denen der Stern des Münchner Volksdichters Franz Prüller aufging... Den Höhepunkt seines Wirkens brachte ihm die Uraufführung seines ›vaterländischen Zeitbilds mit Gesang‹, betitelt: ›Die Bäcker von München‹ oder ›Die letzte Nacht vor der Schlacht‹. Das Stück, dem der König seine beifällige Anerkennung nach dem Besuch der Premiere mit auf den Weg gab, erzielte über 50 Aufführungen und lockte jedesmal mehr Leute an, als das Theater fassen konnte.«*[235]

302 Das Kroll'sche Etabilissement im Tiergarten in Berlin. Stahlstich von Heywood nach Carse, um 1850.

303 Programm eines Volksstückes, das in der Wirtschaft Max-Emanuel-Brauerei in München aufgeführt wurde (1973).

Oberbayern und Tirol liegen mit ihrer Darstellungsfreude an der Spitze und, wie der Kulturhistoriker Ludwig Steub (gest. 1888) erzählt, »das Gspiel ist des Bauern schönstes Sonntagspläsier«. Als es ihm die bayerische Obrigkeit im 19. Jahrhundert vorübergehend verbietet, wegen der unnützen Ausgaben und der Verführung zur Leichtfertigkeit, *»lauft und fahrt an Sonn- und Feiertagen alles ins Tirol hinein, zecht in dem teuren Tirolerwein, lebt in der größten Lustbarkeit und kommt in der finstern Nacht mit leerem Beutel und paarweis wieder heim...«*.[236] Steub schildert ferner, wie nach einem Spiel von der Heiligen Genoveva in Seebruck am Chiemsee alles noch beisammen blieb, *»und suchte seine Erquickung in Herrn Isaak Wellkammers großen Gastzimmern, die solchen Andrang kaum fassen konnten. Die Helden und Heldinnen des Spiels hatten sich an einen langen Tisch zusammengesetzt und wurden von den anderen nicht ohne gewisse Aufmerksamkeit behandelt. Sie selbst gaben sich sehr bescheiden, waren zum Teil noch ganz in sich versunken und erwachten erst allmählich für Gespräch und Unterhaltung.«*[237]

Auch die Fasnacht brachte allerhand Gelegenheit zu darstellerischen Freuden. In mehreren fränkischen Orten z.B. besteht der Brauch fort, daß sich die Frauen am Donnerstag vor Faschingsausklang in den Wirtshäusern zur Zeche finden, männlichen Besuchern gehörig die Leviten lesen, ihnen Jacke und Schuhe abnehmen und sie nur gegen Lösegeld wieder auf freien Fuß setzen.[238] (Ein derartiges Gericht über die Männer wird schon bei Wolfram von Eschenbach um 1200 erwähnt.)

304 Tanz in einer Berliner Kneipe. Holzstich von A. Müller, um 1850.

305 Praterszene mit Volkssängern. Stich von Joh. Nep. Passini, um 1820.

Wie das volkstümliche Theater im Wirtshaus so war auch der Tanz ein Gemeinschaftsvergnügen von großer Resonanz. Weltliche und geistliche Obrigkeit beschäftigten sich mit dieser leidenschaftlichen Hingabe an ein Vergnügen, von dem sie Sitte und Ordnung bedroht sahen. Den Wirten jedoch kam der Durst und Hunger, den sich die Leute dabei holten, recht gelegen. Und so spielten und spielen trotz aller Schwierigkeiten Musikanten zum Tanz auf: in den sommerlichen Gartenlokalen, auf großen Tanzböden der ländlichen Wirtschaften, in »Beisln« und vornehmen Sälen der städtischen Gasthöfe.

Anton Bruckner, in seinen Anfängen nicht auf Rosen gebettet, fiedelte nächtelang für die Bauern von Windhag (Oberösterreich). Besonders zur Kirchweih schwang er die Tanzgeige und sammelte dabei praktische Erfahrung.

Den tanzwütigen Wienern wurden beschwingte Weisen in Caféhäusern und vor allem in dutzenden von Konzertlokalitäten der Vorstädte geboten. Seit 1787 hatte sich aus der kleinen Jausenstation in Hietzing das »Dommeyersche Kassino« entwickelt, ein typisches Wiener Festhaus mit glanzvollen Bällen zu Klängen von Lanner und Strauß.[239]

Das etablierte Bürgertum des 19. Jahrhunderts drängte zu repräsentativen Veranstaltungen. Vornehme Gasthöfe wurden Mittelpunkte von geselligen Ereignissen, Familienfeiern, Jubiläen, Redouten, zu denen nur »Geschlechter« zugelassen wurden; die Bürgerlichen mußten anderswo ihr Tanzbein schwingen. *»Der Adel kommt ordinaire alle Abend im Gasthaus zu den Drei Königen (gemeint sind die Drei Mohren in Augsburg) woselbst ich logiert war, zusammen und geschiehet dies in einem großen mit Lichtern aufs schönste erhellten Saal, woselbst man spielet, nachhero zu Abend speiset und nach der Tafel sich mit Tanzen erlustigt. Ärgert euch nicht, daß der Adel in einem Gasthof zusammenkommt. Dieser ist eines der schönsten Häuser in Teutschland und das herrlichste Gasthaus in Europa. Darinnen man über die Maßen propre bedienet wird...«*[240]

Im leichtlebigeren Frankfurt scheint man beim Einlaß zu Vergnügungslokalen weitherziger gewesen zu sein, sogar in den renommiertesten Häusern. Das »Rote Haus« z.B. veranstaltete hin und wieder einen sogenannten Vauxball[241], den der Jugendschriftsteller J.H. Campe (1785) folgendermaßen beschreibt: *»Man stelle sich vor, daß in einem einzigen Saale von mäßigem Umfange und in einem danebenliegenden länglichen Zimmer jedesmal 7 bis 800 Menschen zusammenflossen, wovon ein Teil sich durchzuarbeiten suchte, um nur wieder hinauszukommen, indes ein anderer, vielleicht in der unbegründeten Hoffnung, weiterhin mehr Raum und Luft zu finden, sich aus allen Kräften vorzudrängen bestrebte. In der Mitte dieses zum Sticken erhitzten und vollgepfropften Saals wurde von einigen Paaren getanzt, aber so, daß man die Tänzer in dem Getümmel der übrigen beinahe gar nicht zu unterscheiden vermochte. Für den bloßen Eintritt in den Saal, den man wohl recht eigentlich einen Drangsaal hätte nennen können, mußte ein Gulden bezahlt werden, wofür man, glaube ich, eine Tasse Tee und den scheußlichsten Geruch aus einem geheimen Verschlage beim Eingang unentgeltlich hatte.«*[242]

Anregung und Ausgleich

Poculis accenditus
Anima lucerne
Cor imbutum ectare
Volat ad superna
(Geist und Herz –
vom Becher beflügelt
erheben sich beide
sternenwärts)
(Poetae Confessio 1162, Archipoeta)

Als erotisches Stimulans, Anreiz zu Streit und körperlichen Ausschreitungen auf der einen Seite – als Löser, Erlöser, Beflügler andererseits wird der Alkohol – und stellvertretend der Wirt oder die Schankstätte, gepriesen. Daß er nur da des Geistes Licht entzünden kann, wo geistige Kapazitäten schlummern, ist eine Binsenweisheit. Dem Künstler, dem im Handel mit der Notdurft des Lebens die Stimme zu vertrocknen droht, befeuchtet er die Kehle und gibt ihm neues Feuer. Aus der kunstfreundlichen Atmosphäre eines Gasthofes ist schon manches geglückte Werk hervorgegangen.

Franz Schubert suchte häufig die kleinen »Beisln« in Wien auf und verbrachte Nächte im Freundeskreis bei Wein und Gesang. Lachner, Bauernfeind und Moritz von Schwind waren nicht selten seine Zechgenossen. Ihrem Lieblingslokal – Café Bogner in der Singerstraße – hat von Schwind 1820 anläßlich einer Zechschuld zwei Schilder für das Haus gemalt. Schubert vermochte es, seine Einfälle inmitten des Wirtshaustreibens zu Papier zu bringen, ja das fröhliche Lärmen ringsum schien ihn zu beflügeln. Im Wirtshausgarten »Zum Biersack« in Währing ist ihm die unvergängliche Melodie des »Ständchens« in den Sinn gekommen (»Leise flehen meine Lieder...«); auf der Rückseite einer Speisekarte hat er sie festgehalten.[243]

E. T. A. Hoffmann, als Kammergerichtsrat in einem seinen Neigungen entgegengesetzten Berufsalltag befangen, entspannte sich allabendlich im Keller von Lutter und Wegener (Berlin), verlor sich ganz in seine Phantasiegebilde und schuf hier manche seiner grandiosen Erzählungen.

Im ehemaligen Zunfthaus »Zur Meise« in Zürich verbrachten Gottfried Keller, Johannes Brahms, Paul Heyse und der Kunstgelehrte F. Th. Vischer lange Samstagabende bei Landwein, Kaffee und Sekt.[244] In der »Himmelsleiter« zu Hamburg fühlten sich Männer wie Menzel, Löns und Liliencron wohl.

Von den Tempeln klassischer Gastronomie in Paris wurde »Chez Maxim« zum Treffpunkt der großen Gesellschaft und der Schauspieler; in »Le Grand Véfour« kann man Colette, Cocteau und Curnonsky begegnen, »La Tour D'Argent« beschwört Erinnerungen an Balzac, Dumas, A. France herauf; im »Drouant« tafeln die Literaten alljährlich bei der Verleihung des Prix Goncourt. »Le Procope«, bereits Ende des 17. Jahrhunderts eine Attraktion, »La Rotonde«, »Lapérouse« – wer könnte sie alle nennen, die berühmten Café-Restaurants der Pariser Musenwelt!

Prag bot den Künstlern sein »Viharka«, in denen man Svatopluck Cech, Guillaume Apollinaire und Pablo Picasso antreffen konnte. In Budapest hatten die Literaten im »Hungaria« ihren Treffpunkt.

Münchens Bohémiens (19./20. Jahrhundert) sah man u.a. im »Café Stefanie«, im »Luitpold« oder im »Annast« in angeregter Runde sitzen.
Mozart, dem München so wenig Glück in sein Leben bringen konnte, fand 1777 in dem »Schwarzen-Adler-Wirt« Franz Albert (Ecke Kaufinger-Liebfrauenstraße) einen verständnisvollen Freund, der ihm die bittere Pille, daß in der Kunststadt keine Stelle für ihn zu finden war, ein wenig versüßte; am 26. September 1777 schrieb er an seinen Vater nach Salzburg: *»Die Freude von Herrn Albert kann ich nicht genug ausdrücken, er ist in der Tat ein grundehrlicher Mann und unser sehr guter Freund.«* Drei Tage später: *»Herr Albert hat seit meiner Ankunft ein Projekt im Kopf, dessen Ausführung mir nicht unmöglich erscheint. Nämlich er wollte zehn gute Freunde zusammenbringen, wo ein jeder monatlich nur einen Dukaten spendieren dürfte, das sind das Jahr 10 Dukaten, 50 Gulden, jährlich 600 Gulden. Wenn ich nun hernach von Graf Seeau jährlich 600 Gulden hätte, wären es 800 Gulden. Wie gefällt dem Papa dieser Gedanke? Ist er nicht freundschaftlich?«* [245] Dieser von den Münchnern »Musenwirt« genannte Mann muß eine Persönlichkeit von hohen Qualitäten gewesen sein. Der schwäbische Dichter und Anreger Friedrich Schillers Chr. F. Daniel Schubart sagte von ihm 1775, daß er »fürs Große und Schöne enthusiastisch eingenommen« wäre. Goethe hat sich in sein Gästebuch als »Kaufmann Miller aus Leipzig« eingetragen. In die Atmosphäre, die dieser damals vorfand, können wir uns noch ein wenig hineinversetzen, da die Einrichtung des Schankraumes fast vollständig vorhanden ist (Stadtmuseum München).
So fanden Künstler in Wirten oft verständnisvolle, großzügige Kunstliebhaber, die in ihnen nicht Hungerleider, sondern Spender göttlicher Gaben sahen. Sie boten ihnen ein Refugium, wo sie störende häusliche Bedrängung vergaßen oder ihre Einsamkeit überwanden. Was der Adler-Wirt im 18. Jahrhundert für München, das bedeutete Karl Siechen, der Wirt zur »Alten Post« in der Burgstraße für Berlin: nicht nur seine Witztiraden und das bei ihm ausgeschenkte bayerische Bier lockte die Gäste, sondern auch seine aufopfernde Hingabe an Konzert und Theater. Mit dem Geschäftsgewinn half er notleidenden Künstlern über Durststrecken hinweg oder er legte ihn für andere künstlerische Zwecke an.

306 Weinkarte des Hotels »Zur Krone« in Aßmannshausen am Rhein.

In Aßmannshausen (Rhein) steht ein burgartiger Fachwerkbau, berühmt durch den roten »Aßmannshäuser«, der in den Kellern am Hang lagert. Im Ecktürmchen ist ein kleines Freiligrath-Museum eingerichtet; eine biedermeierliche Sofaecke, Standuhr und Schreibsekretär erinnern an den leidenschaftlichen Freiheitsdichter, der hier sein Standquartier hatte. Nach seiner Rückkehr vom Exil 1867 trank er in der »Krone« seine erste Flasche. Mit folgenden Versen hat er hier einen Gedichtband abgeschlossen:

»Zu Aßmannshausen in der Kron',
Wo mancher Durstge schon gezecht,
Da macht ich gegen eine Kron
Dies Büchlein für den Druck zurecht!
Ich schrieb es ab bei Rebenschein,
Weinlaub ums Haus und saftge Reiser.
Drum wollt ihr rechte Täufer sein,
Tauft's: Vierundvierz'ger Aßmannshäuser!«

(Dieses »gegen eine Krone« ist im Sinne des politischen Engagements zu verstehen.)
In der Gaststätte »Rose and Crown« in Halifax (England) schrieb Daniel Defoe einen Großteil seines weltweit verbreiteten Romans »Robinson Crusoe«. Überhaupt Englands Gasthöfe mit ihren tausend Erinnerungen an große Menschen der National-Literatur! *»Looking back that's the philosophy of the man who loves inns.«* [246]
Dies sind nur wenige Beispiele zum Thema »Gasthof und Künstler«. Die Vorliebe für ganz bestimmte Lokale gab nicht nur großen einzelnen, sondern Künstlerzirkeln, Schauspielercliquen, Intellektuellen-Kreisen usw. ihr Zentrum, ihre Heimat. *»Each place had its social and professional ›tone‹ and gathered about it men of like tastes and sympahties. The poets and wits had their particular haunts-at respective periods Raleigh and Shakespeare and Beaumont had the Mermaid; Ben Jonson had the Devil; Dryden had Will's; Addison had Button's; Hogarth had Slaughter's, and so on-the different political sects had their special taverns, the lawyers had theirs, the players had theirs, the citizens and merchants had theirs.«* [247]
Diese Konzentration bestimmter Interessen- und Berufsgruppen der männlichen Gesellschaft auf »ihr« Lokal kann als Fortsetzung des Systems der Zunft- und Geschlechterstuben früherer Zeiten be-

trachtet werden. Seit Beginn des 19. Jahrhunderts setzte sich das Vereinslokal, der Stammtisch, durch. Dabei erscheint der großstädtische Lebensstil ein weniger guter Nährboden als der in mittleren und kleinen Städten. Der regelmäßige Gang des Lebens erlaubt hier ein wöchentliches Zusammenkommen. Ruhe und Behaglichkeit schlagen dem Kleinbürger aus der reservierten eigenen Ecke entgegen. Keine vorfabrizierte Unterhaltung gibt es am Stammtisch, kein Wärmen an fremden Kohlen: der Zeitvertreib der Runde ist selbstgeschneidert, für das Niveau ist jedes Mitglied mitverantwortlich. Nicht nur Stadtklatsch und familiäre Ereignisse werden »umgerührt« – man setzt auch sachliche Mittelpunkte, ficht mit Vehemenz und Hartnäckigkeit kommunale, politische und weltanschauliche Sträuße aus. Dem »Unter-sich-Sein«, dem unkontrollierten, auch nicht durch die Anwesenheit des anderen Geschlechts stilisierten oder angeheizten Betragen scheint ein bedeutender Erholungswert innezuwohnen. Ein deftiger Männerwitz wird nicht verübelt, »eine Maß« über den Durst gilt nicht als unangemessen.

Und auf welch köstliche Einfälle kommen manche Stammtische! Da gab es z. B. im alten München einen »Plattl-Fix-Verein«, der im heißesten Sommer Christbaum- und Sylvesterfeiern abhielt, da gab es einen Raucherverein, da waren »D'Schwammerl«, bei denen jedes Mitglied einen Pilznamen führte (»Milipratling«, »Reizker«, »Recherl« usw.)[248]– Das »Große Weghaus« zu Braunschweig (an der Straße nach Wolfenbüttel, 1690 erbaut) war mehrere Generationen hindurch der Stammtisch historisch interessierter Kreise: J. G. Lessing, der Wolfenbüttler Bibliothekar und Schriftsteller, traf sich dort häufig mit Franz Anton Knittel, dem Entdecker der Ulfilas-Bibel, und anderen gelehrten Herren. Ein Jahrhundert später kam hier der Kreis der »Kleiderseller«, der sich das Sammeln historischer Erinnerungsstücke des 1000jährigen Braunschweig vorgenommen hatte, zusammen. Auch der Göttinger »Schwarze Bär« war ein typisches Stammtisch-Gasthaus, dem man in jahrelanger Treue anhing. Die »Bären-Gemeinde« versammelte sich in Schichten: Dämmer-, Abend- und Nachtschicht. Eine eigene »Regierung« wurde gebildet; Farben, Lieder, Orden waren Ausdruck des Zusammengehörigkeitsgefühls.

Oft genug waren die Wirtsleute verstrickt in das Schicksal der bei ihnen tafelnden Stammgäste, oft auch wurden die Stammgäste zum Schicksal des Gasthofes. »Alle großen politischen Ereignisse sind bei Tisch ausgedacht, vorbereitet und beschlossen worden«, behauptete der französische Philosoph der Gastronomie, Brillat-Savarin. Tatsächlich ließe sich anhand von Gasthaus-Anekdoten Weltgeschichte illustrieren.

Die römischen Kaiser suchten dem politischen Klubwesen zu steuern, indem sie Trattorien und Tavernen mit Verköstigungsverbot belegten; sie sahen, dem Geschichtsschreiber Dio Cassius zufolge, in ihnen unerwünschte Unruheherde.[249]

Geheime Strömungen, gärende Bewegungen im Volk, neue Ideen wurden hier erstmals formuliert und in Umlauf gebracht, wobei Gemeinschaft und Alkohol als Sauerteig wirkten. Nicht nur fremdländische Handelswaren und Sitten wurden in den Räumen des Gasthofes gesammelt und ausgegeben, sondern auch importiertes Gedankengut.

Als um 1500 die lange schwelende Unzufriedenheit der Bauern in offenen Aufruhr überging, war es eine fränkische Weinstube, die eminente Bedeutung gewann: »Der Stachel« zu Würzburg. Das Haus ist schon 1195 als Patriziersitz urkundlich bezeugt (»Cressenhof«), aber erst die Mordwaffe der empörten Bauern, der »Morgenstern« oder »Stachel«, gab ihm Namen und Schild. Die führenden Köpfe der Aufständischen hielten zahlreiche Beratungen in den Hinterstuben ab: Til Riemenschneider, Florian Geyer, Götz von Berlichingen, Pater Ambrosius. Einige von ihnen wurden dort von den Söldnern des Fürstbischofs Konrad von Thüringen aufgespürt; dem Florian Geier soll der Stachelwirt zur Flucht verholfen haben.[250]

Dickens malt uns in dem Roman der beiden Städte (London und Paris) das Porträt einer rachesinnenden Wirtin, die auf ihre Weise in die vorrevolutionäre Aktivität »verstrickt« ist: »*...wenn es meine Frau auf sich nehmen wollte, die Liste nur in ihrem Gedächtnis zu führen, so würde kein Wort, keine Silbe davon verloren gehen; gestrickt aber mit ihren eigenen Maschen und ihren symbolischen Zeichen, ist es ihr stets so klar wie die Sonne. Ihr könnt euch auf Madame Defarge verlassen, für die elendeste Memme, die da lebt, wäre es viel leichter, sich aus dem Buche der Lebendigen zu streichen, als nur einen Buchstaben seines Namens oder seiner Verbrechen aus Madame Defarges gestrickter Liste zu tilgen.*«[251]

Wenig bekannt ist eine Tafel im Hausgang eines ehemaligen Gasthofes in München (Löwengrube Nr. 25), die das Verhängnis des Jägerwirtes während des Österreichisch-Spanischen Erbfolgekrieges

»...des Raths Bürger und Weingastgeb zu München, der Jägerwirth genannt, welcher durch Kauf dieses Hauses im Jahre 1702 hier sein bleibend Heim und das Glück der Zukunft seiner Familie zu gründen gedachte, ward als Verbündeter zur Rettung dieser Stadt aus Feindeshand und als Führer der Vaterlandsvertheidiger des Bayerischen Oberlandes am 17. März 1706 auf dem Marktplatz zu München mit dem Schwerte enthauptet und geviertheilt.« [252]

bekundet: als gebürtiger Tölzer ließ er sich von den Gästen aus der Heimatstadt mitreißen, an der Erhebung des bayerischen Oberlandes gegen die drückende Besetzung durch österreichisch-ungarische Panduren teilzunehmen.
Die Anhäufung vieler Menschen in Krisenzeiten und der gegenseitige Gedankenaustausch in den Gaststuben machte sich jedoch nicht nur in einer politische Leidenschaften schürenden Wirkung bemerkbar; nicht selten vermochte der Geist der Gastfreundschaft auch versöhnend und ausgleichend zu walten. Es sei an jenen genialen Koch der »Drei Könige« in Basel erinnert, der während des Österreichischen Erbfolgekrieges (1740–1748) die Offiziere aus beiden Kriegslagern an seinen Tisch auf neutralen Boden zu locken verstand, wo sie friedlich den erlesenen Genüssen seiner Kunst frönten. Die neutralen Räume großer Gasthöfe waren wie geschaffen für Konferenzen und Friedensverhandlungen. In diesem Sinne kamen 1860 im Stefanie-Hotel (Baden-Baden) Gesprächspartner auf höchster Ebene zusammen: Kaiser Napoleon III., Prinzregent Wilhelm von Preußen, General Fleury, König Wilhelm von Württemberg u.a. – Der von Bismarck diktierte Frieden mit Frankreich (1870/71) wurde im Frankfurter Hotel »Zum Schwanen« unterzeichnet. – In dieser Stadt gab es die malerische kleine Apfelweinschenke »Zum Standesämtchen« am Römerberg, deren Mauern dem 15./16. Jahrhundert entstammten: von ihr ging der Blick hinaus auf den traditionsschweren Platz, wo vier markierte Steine die Stelle andeuteten, an der man bei Kaiserkrönungen einen Ochsen briet. (Eines der letzten dieser farbigen Volksfeste schilderte Goethe in »Dichtung und Wahrheit«.)
Einige Generationen später erlebte Henriette Harder eine ähnliche Situation (1810): *»Heute war der erste Tag, daß wir am table d'hote aßen. Es waren wohl 50–60 Personen am Tische. Das bunte Gemisch belustigte mich sehr. Da saß ein Deutscher neben einem Türken, ein Holländer wieder neben diesem, dann folgte ein Franzose, jetzt ein Russe. Alle betrieben in der größten Einigkeit das Geschäft der Sättigung. Mögen ihre Regenten sich bekriegen, der furchtbarste Regent, der Hunger, vereinigte sie um den friedlichen Tisch des Wirtes.«* [253]
In Braunschweig feierte 1930 das mehrfach umgebaute »Weiße Roß« sein 600jähriges Bestehen. Nur eine Geschichte aus all dem politischen Geschehen, das seine Mauern umbrandete: Der Wirt Konrad Stäffe war ein Freund des »schwarzen Herzogs« Friedrich Wilhelm von Braunschweig-Lüneburg, der 1815 im Kampf gegen Napoleon fiel. In seinen Erinnerungen schildert Stäffe den Abschied des Herzogs vom »Weißen Roß« (1815): *»Als der Wagen kam, der am Torwege auf dem Wege nach Peine zu halten mußte, besorgten die Meinigen, daß noch etwas Frühstück als Wein, Wurst usw. eingepackt würde, währenddessen unterhielt sich Ihro herzogliche Durchlaucht in dem kleinen Zimmer nach dem Hofe zu noch mit uns über Verschiedenes. Auf einmal standen Se. Durchlaucht auf und sagten: ›Nun lebt alle recht wohl und gesund. Adieu! Gesund sehen wir uns alle einmal wieder, so Gott will‹.«* [254]

Die Stammtischecke der napoleonfeindlichen Tiroler im »Goldenen Adler« zu Innsbruck ist heute noch zu sehen. Von einem Fenster des ersten Stocks hielt Andreas Hofer seine flammenden Freiheitsreden. Die vom Geist der Romantik erfüllten Männer der liberal-konstitutionellen Richtung scharten sich in Stuttgart um den Dichter-Patrioten Ludwig Uhland: sie trafen sich beim »Schattenwirt«, dem so manches Poem gewidmet ist.
Anfang des 19. Jahrhunderts war Frankfurt a. M. ein politischer Gärungsherd ersten Ranges. Der Herbstkrawall von 1831 wurde in der »Krawallschachtel«, im »Dillenburger Hof« und im »Rebstock« vorbereitet. Diese und auch die Kneipen der »Wirtshausrepublikaner« von 1848/49 findet man in der durch den 2. Weltkrieg schwer getroffenen Stadt nicht wieder.
In Berlin fanden im Kranzler'schen Eck aufwühlende politische Versammlungen statt (1848). In Siegburg war der »Gasthof Reichenstein« der Ort, wo Carl Schurz seine mitreißenden Reden hielt und zum Sturm auf das Zeughaus anstachelte.
Die revolutionäre Jugend Ungarns (1848) versammelte sich um Sándor (Alexander) Petöfi im Budapester Café Pilvax.
Und meistens war der Geist des Weines heimlicher Bundesgenosse der Revolutionäre, wie uns W.H. Riehl belehrt: *»Der Einfluß der Rebe auf den Mann, der Weincharakter des Einzelnen, wiederholt sich in den größeren Gruppen des Volkes. Es sitzt auch Politik im Wein. Die Rheingauer versichern wenigstens, daß 1948 ihre ganze Märzrevolution durch den Wein gemacht worden sey. Die essigsaure Gähre des Siebenundvierzigers begünstigte die politische Gährung außerordentlich. Nicht daß er die Leute durch Verzweiflung zur Revolution getrieben hätte. Aber weil er so schlecht war, daß man ihn nicht verkaufen konnte, schenkte man ihn weg, man ließ ihn laufen, und in der Richtung in welcher man ihn*

laufen ließ, durchsäuerte er als ein rechter politischer Sauerteig auch das süßeste Gemüth. Der Siebenundvierziger führt bis auf diesen Tag den Namen ›Revolutionswein‹... Der Revolutionswein erzeugt namentlich eine außerordentliche Vorliebe für alle Arten von Wahlhandlungen. Man ging hier und da so weit, die heute gewählte Bürgerwehrhauptleute und ähnliche volksthümliche Würdenträger nach 14 Tagen wieder abzusetzen, und so immer weiter, lediglich auf daß es einen frischen Wahlakt gebe, da doch jeder Neugewählte seinen Wählern anstandshalber ein Fäßchen setzen mußte. Das gab dann immer wieder ein allgemeines Volksfest. Das Fäßchen wurde hinausgerollt auf die Uferwiesen unter die alten Linden- und Ulmengruppen, wie sie so häufig bei den Rheingauer Dörfern stehen...« [255]

Im Berliner Hotel Adlon traf sich vor dem 1. Weltkrieg bis zum Ruin des Hauses nach dem 2. Weltkrieg die Prominenz aller Ressorts. Das Hotel blieb auch nach dem Untergang des Kaiserreiches im Mittelpunkt der politischen Betriebsamkeit. Während des nationalsozialistischen Regimes lag es in der Nähe der Reichskanzlei; seine Säle wurden vom »Auswärtigen Amt« zu Veranstaltungen gemietet, die Gestapo (Geheime Staatspolizei) baute in den Zimmern Abhörgeräte ein. In den ersten Nachkriegswirren wurde der Chef des Hauses von russischen Truppen verschleppt und getötet.

In Athen ist das »Grande Bretagne« seit Beginn des 20. Jahrhunderts das inoffizielle Hauptquartier der staatlichen Planungen und Durchführungen. *»Am Ende des dramatischen Dezembers von 1944 wurde das Hotel für einige Monate Herz und Seele für die Überbleibsel der griechischen Demokratie. Der Großteil der angesehenen Athener begab sich unter sein Dach – Sir Ronald Scobie, der britische Kommandant, George Papandreou, der griechische Premierminister (damals wie zu Anfang der 60er Jahre), seine Minister und ihre Familien, Flüchtlinge aus Psikhito und Kifissia, britische und amerikansiche Ölmagnaten und Damen der Wohlfahrtsverbände und des YMCA – Polizisten waren im Wintergarten und auf den Korridoren. Gemeinsam stellten sie sich mit den Soldaten vor der Küche um einen Teller mit Eintopf und Tee an, um dann das Essen in dem großen Festsaal, der die allgemeine Messe war, zu verzehren... die Nacht war laut vom Knattern der Gewehre und Maschinengewehre.«* [256]

Zu allen Zeiten also waren die öffentlichen Häuser der Gastlichkeit auch Unruheherde und Stätten der Krisenwitterung und politischer Konspiration (vgl. S. 22).

XI Schmiedeeisernes Wirtshausschild (18. Jahrhundert) des Hotels »Post« in Nagold (Schwarzwald).

Eine Ecke in der Hotel-Bar: »...in dieser Ecke sind im Laufe der Jahre Gespräche geführt worden, aus deren Konsequenz heraus sich die Geschehnisse in der Welt beeinflussen ließen. Hier haben, unbeobachtet und still, Herrscher, Minister, Könige der Börse und Mächtige der Industrie gesessen, haben ihre Aktionen geplant und ihre Termine festgelegt. Hier haben auch die Journalisten gesessen, haben ihre Kombinationen durchgerechnet, und von ihr aus haben Reporter manchmal Dinge in die Welt hinaustelegrafiert, die schwerwiegende Folgen hatten.«
(Adlon, S. 69)

Hotel zur Post
Kl. K.Fr. Scholl

307

311 ▼

308

309

310 ▼

307 Glocke (um 1900) an einem Gasthof. Wenn der Gast an dem Klingelzug zog, nahm der Wirt zur Begrüßung seine Mütze ab.
Straßburg, Elsässisches Museum

308 Geflochtener Kranz als Ausleger in der Wachau.

309 Buschen-Ausleger aus dem Burgenland (Österreich).

310 Hier wird Wein ausgeschenkt – das sagt der Buschen über dem Eingang. Heurigenwirtschaft in Wien.

311 Besen als Ausleger aus der Gegend von Sankt Gonnar bei Antwerpen (Holland).
Bokrigh, Flämisches Freilichtmuseum

312 »La nature morte«, Gemälde auf Holz von Gustave Courbet, um 1877. Das Schild hing bis zum Jahre 1885 vor einem Kaffeehaus.
Château de Nylon (Schweiz)

313 Platzhaus in Wenns im Pitztal (Österreich), ehem. Gasthaus mit Fassadenmalerei, um 1567.

314 Detail der Fassadenmalerei vom Platzhaus in Wenns. An dieser Stelle wurden früher die Pferde angebunden.

315 Wirtshausschild »Gasthoff zur Heinzebanck«, um 1700. Bedienstete und Jäger servieren dem Jagdherrn das Mal im Freien unter Bäumen (ein Ereignis von anno 1552?). Wahrscheinlich war der Gasthof einst ein beliebter Treffpunkt nach erfolgreicher Jagd.
Dresden, Staatl. Museum für Volkskunde

312

314 ▼

313

315 ▼

316 Spätbarocker Ausleger des Hotels »Drei Mohren« in Dinkelsbühl.

317 »Zum Weissen Rössel« in Südtirol. Aushänger aus dem ersten Viertel 19. Jahrhundert.

318 Ausleger eines Gasthauses in Memmingen (Allgäu), um 1800.

319 Schmiedeeiserner Aushänger aus dem Jahre 1763 des Hotels »Zur Post« in Partenkirchen.

320 »Zur Eisenbahn«, Aushänger der Bahnhofsgaststätte in Uffenheim am Main.

321 »Zur Bratwurst«, Aushänger eines fränkischen Gasthauses.

322 Wirtshausschild mit zechenden Männern, Gemälde auf Holz, 18. Jahrhundert.
Zittau (DDR), Stadtmuseum

323 Aushänger des historischen Fuhrmannswirtshauses in Dausenau an der Lahn.

324 »Treiben in einem Bordell«, Gemälde auf Holz von dem Braunschweiger Monogrammisten, um 1550.
Frankfurt/M., Städelsches Kunstinstitut

325 »Ausgelassene Gesellschaft«, von Jan Sanders van Hemessen, Mitte 16. Jahrhundert.
Berlin, Staatl. Museen Preußischer Kulturbesitz

326 »In der Schenke«, Gemälde von Wolfgang Heimbach, um 1650.
Hannover, Landesmuseum

327 »Zehn Minuten Zeit zur Erfrischung«, Lithographie, 1886.

328 Auf dem Weg zur Frühschicht, Londoner Arbeiter an einer Tee- und Kaffeebude. Holzschnitt nach Gustave Doré, um 1870.

329 »Die teure Hotelrechnung«, Gemälde von Carl Böker, 1876.

330 »Polizeistunde«, Gemälde von J.P. Hasenclever, 1845. Schweinfurt, Sammlung Georg Schäfer

331 »Tiroler Jäger beim Kartenspiel«, Gemälde von Lorenzo Quaglio, 1824.
Berlin-Ost, Nationalgalerie

332 Zur Unterhaltung der Gäste: ein Spieltisch aus dem Jahre 1625.
Bulle (Schweiz), Musée Gruérien

333 Gaststube einer Herberge aus Savognin (Schweiz), dat. 1579.
St. Moritz, Engadiner Museum

334

335

336 ▼

337 ▼

Gegenüberliegende Seite:

334 Ehem. Gastraum aus der Wetherburn Tavern, 18. Jahrhundert.
Williamsburg (Virginia/USA), Colonial Williamsburg Collection

335 Die »Schumann-Ecke« im »Kaffeebaum«, einem historischen Café in Leipzig, um 1694 erbaut.

336 Barocker Schankraum des Gasthofes »Schwarzer Adler« in München, wie Mozart und Goethe ihn vorfanden.
München, Stadtmuseum

337 Oberinntaler Wirtshausstube aus Ladis, 1692.
Innsbruck, Volkskunstmuseum

338 Hölzerne Weinkarte aus dem 17. Jahrhundert.
Nürnberg, Germanisches Nationalmuseum

339 Der Stammgast.

340 Die »Historische Wurstkuchl« in Regensburg lehnt sich an Reste der alten Stadtmauer. Alle Volksschichten drängen sich in den beiden winzigen Räumen oder auf den derben Bänken vor dem Haus zu den Bratwürsten vom Holzkohlengrill und Kraut.

341 Beim Heurigen in Heiligenstadt bei Wien.

342 Zum Heurigen in Grinzing/Wien.

343 Beim Starkbier im Löwenbräukeller in München. ▶

344

346 ▼

345

347 ▼

348 ▼

349

351 ▼

350

352 ▼

344 Quartierlokal sog. Beiz in Zürich.

345 Kneipier in Berlin.

346 In einem Bistro in Paris.

347 Weinkarte und Zeitungsbehälter in einem Lokal in Zürich.

348 Pinte in Berlin.

349 Lokal in Zürich.

350 Theke in einem Lokal.

351 Kneipe in Berlin.

352 Hafenkneipe auf St. Pauli in Hamburg.

353 Grüße aus aller Welt für die Daheimgebliebenen.

XII »Reisende erreichen einen Gasthof«, aus der Handschrift »Les cents nouvelles nouvelles« von Antoine de la Sale, 1432 (?).
Glasgow, University Library

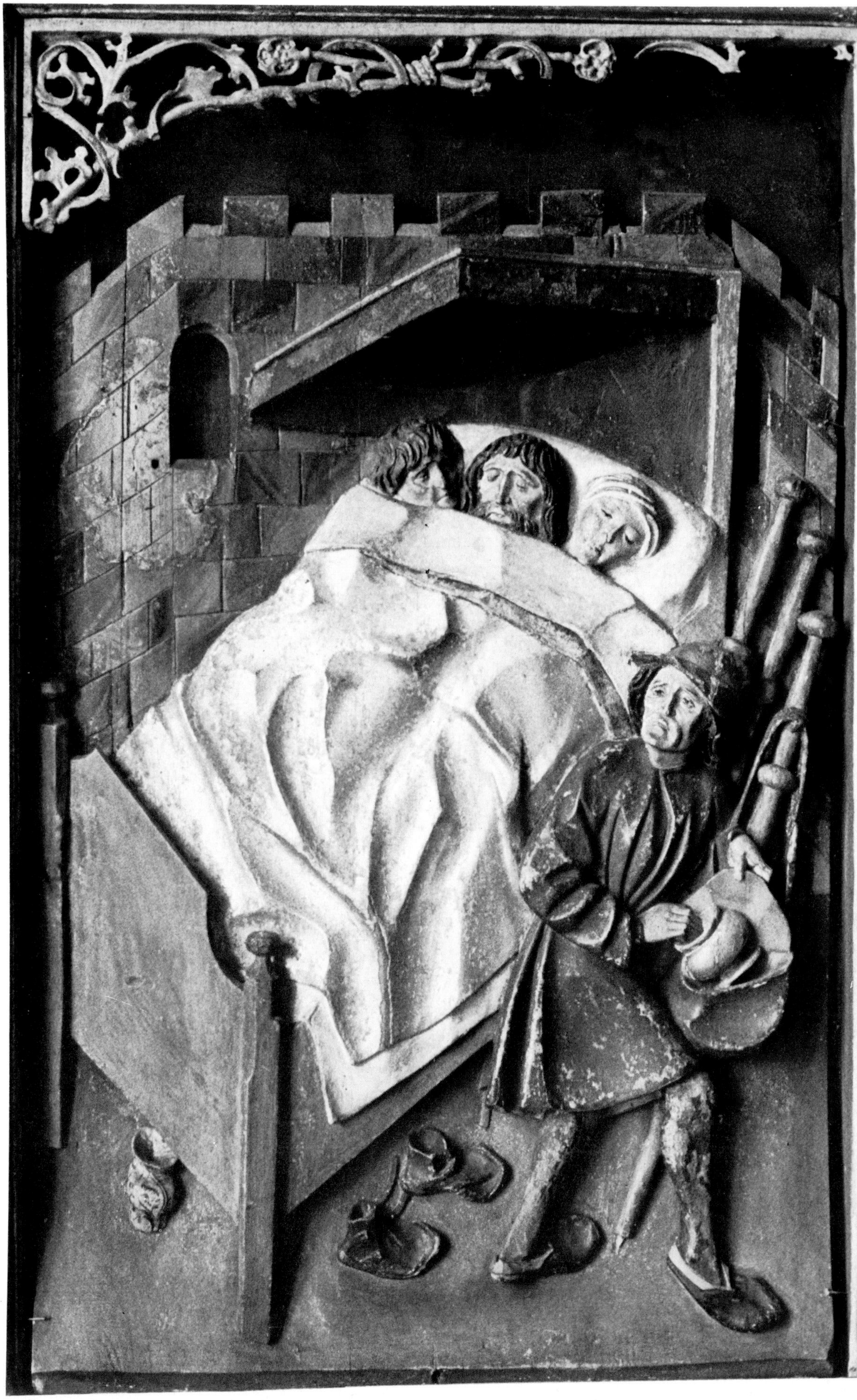

354 Übernachtung in einem mehrschläfrigen Pilgerbett. Relief von dem Flügelaltar aus Tiffe, um 1515/20.
Klagenfurt, Landesmuseum

355 Waschkästchen mit Zinngeschirr, Hahn und Wasserkanne, um 1600.

356 Schlafstube in Norwegen, 1782.

357 Originelle Waschanlage (um 1600) mit kleiner Wasserblase und Schüssel aus Zinn, wie sie Standespersonen in vornehmen Gasthöfen zur Verfügung gestellt wurden. München, Stadtmuseum

358 Fürstliches Schlafgemach mit Bett aus dem 15. Jahrhundert.

359

359 Stube im 1673 errichteten Haupthaus auf dem Mindener Hof. Das Kammerfach (Bettkästen) wurde 1780 erneuert. Detmold, Westfälisches Freilichtmuseum

360 Ziselierte Bettflasche aus Zinn, Ende 19. Jahrhundert. Lindau, Stadtmuseum

361 Bettpfanne, 1624.
Arnhem, Rijksmuseum für Volkskunde

362 Tragbares Wärmeöfchen (Stövchen), 1890.
Arnhem, Openlucht-Museum

360

361

362

363 Zusammenklappbares Reisebett, um 1580. München, Bayer. Nationalmuseum

364 Bidet aus dem 18. Jahrhundert. Williamsburg, Colonial Williamsburg Collection

365 Schlafraum aus dem 18. Jahrhundert. Williamsburg, Colonial Williamsburg Collection

366 Nachtgeschirr aus Porzellan, 18. Jahrhundert. Sceaux (Frankreich), Musée de l'Ile de France

367 Toilettenstuhl aus dem 18. Jahrhundert. Williamsburg, Colonial Williamsburg Collection

363

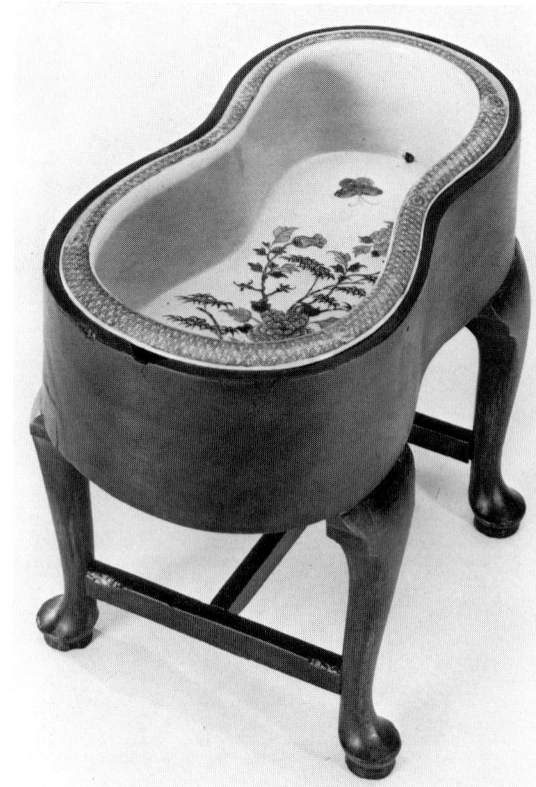

364

365 ▼

366 ▼

367 ▼

368 Waschgarnitur, Ende 19. Jahrhundert.
München, Stadtmuseum

369 Schlafraum aus dem 18. Jahrhundert aus der Wetherburn Tavern.
Williamsburg, Colonial Williamsburg Collection

23

ENGLISH
ALE
&
PORTER

Gegenüberliegende Seite:

370 »Tagesbeginn der Touristen«, Lithographie von Duriez, um 1850.

371 Bergleute und Emigranten schlafen in einem Billard-Saloon.

372 Einer der ersten Schlafwagen von Pullmann in Amerika aus dem Jahre 1859.

374 Eingeschneite Touristen in der Trifthütte. Photo um 1910.

375 »Aufstehen«, Weckszene aus der Serie »Unannehmlichkeiten bei einer Reise mit der Postkutsche« von Xavier Ceprince (12 Lithographien), 1826.

373 Nachtlager beim deutsch-flämischen Sängerfest in Köln 1846. Zeitgenössischer Holzstich.

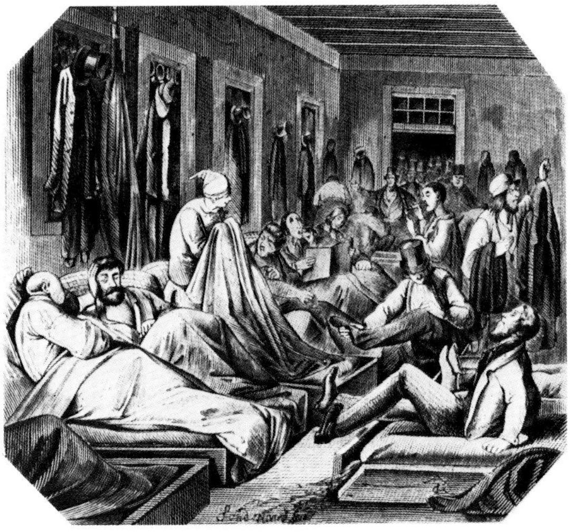

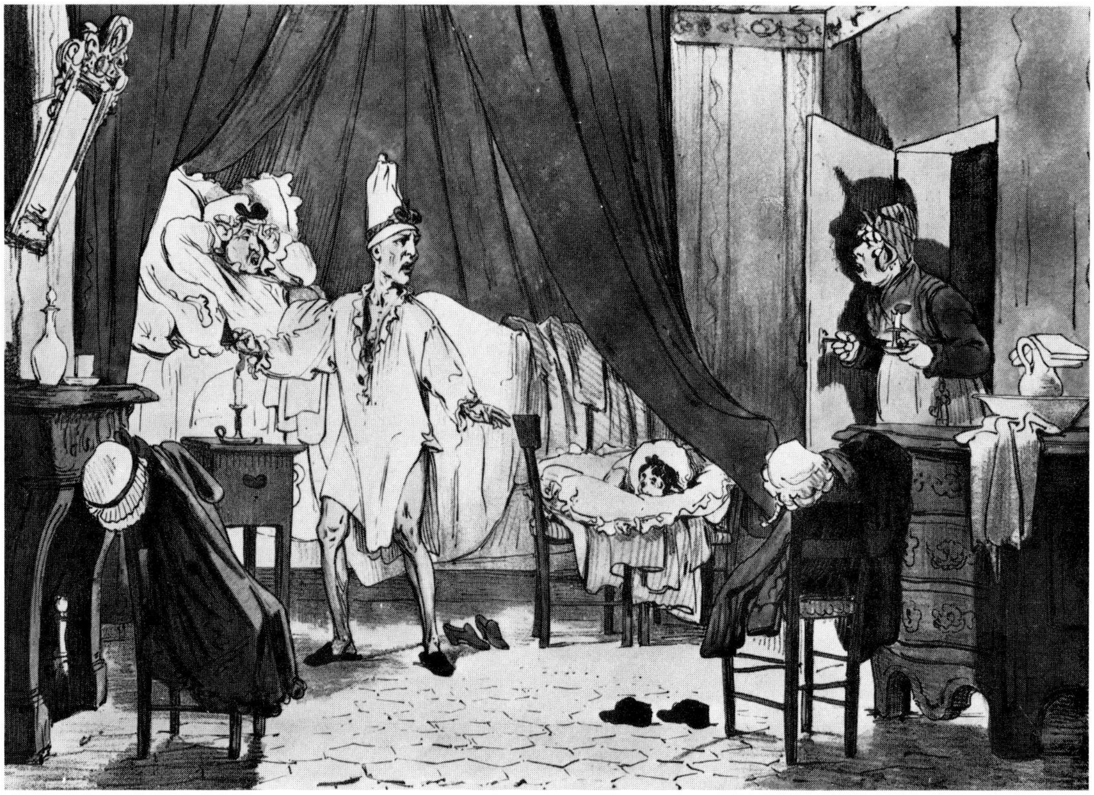

376 Südtiroler Pfannknecht, diente als Untersetzer für langstielige Rußpfannen.
Nürnberg, Germanisches Nationalmuseum

377 Klosterküche mit spätgotischem Rauchfang der Einhard-Abtei in Seligenstadt/M. Die Hospitalität, Bewirtung und Beherbergung der Gäste, stand nach der Ordensregel im Vordergrund der klösterlichen Verpflichtung.

XIII »Die Küche im Jahre 1820«, Aquatinta Blatt koloriert aus dem Werk »Views of His Majesty's Palace at Brighton« von John Nash.
Brighton, Royal Palace

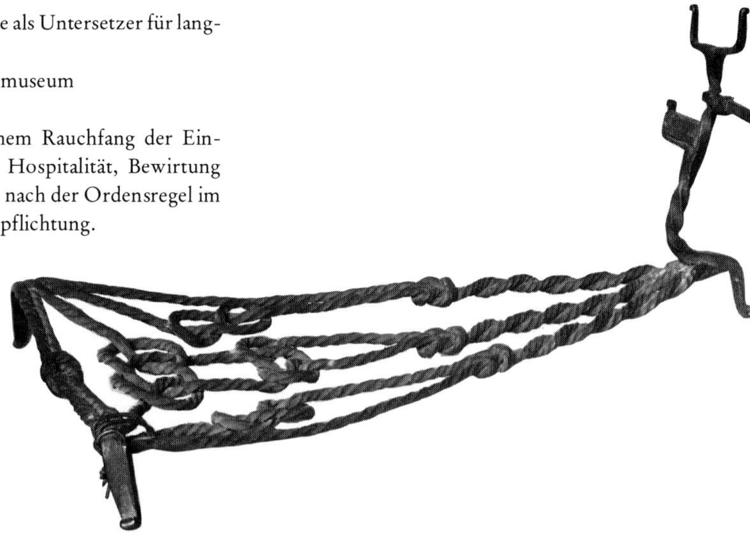

378 Bratenwender mit Federantrieb aus dem 16. Jahrhundert. Kupferstich um 1570.

379 Kessel und Aufbewahrungsbehälter für Speisen. Kupferstich um 1570.

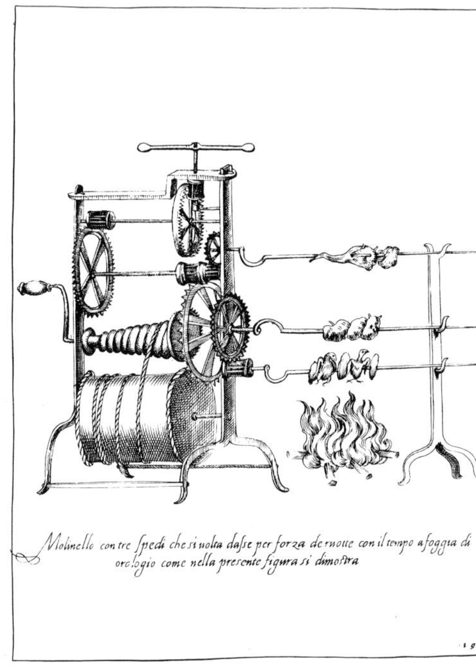

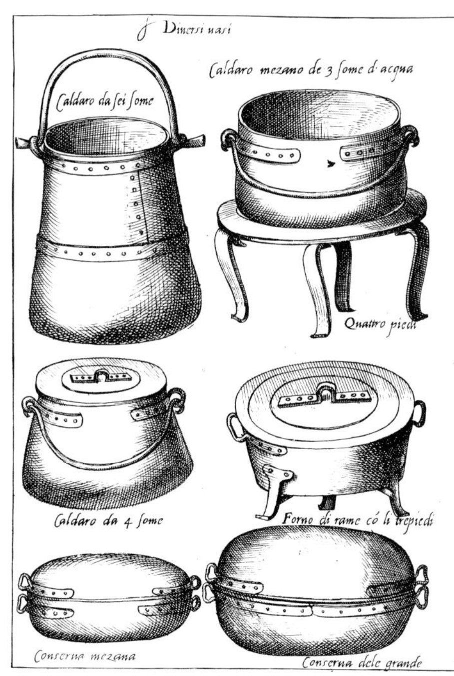

381 Küche mit offenem Herd aus einem Gasthof in Zuoz (Schweiz). Fünf Bronzekessel hängen an einer Kaminkette. St. Moritz, Engadiner Museum

382 Traggestell mit Bierkrügen aus Zinn, 19. Jahrhundert. München, Stadtmuseum

383 »Der Koch und seine Frau«, Kupferstich von Albrecht Dürer, vor 1495.

384 Pastetenbereitung in einer barocken Großküche. Kupferstich aus »Hagger, Neues Salzburger Kochbuch«, Augsburg 1719.

◀ 380 Küche mit offener Feuerstelle, Kesseln und Geräten.
Scuol (Schweiz), Unterengadiner Heimatmuseum

385 Barocke Kupfermodel: Spanferkel und Krebs.

386 Renaissance-Messer mit eingraviertem Tafellied.
387 Zwei Vorlegemesser aus dem Besteck Kaiser Karls V., italienische Arbeit, 1332.
Amsterdam, Rijksmuseum
388 Besteckfutteral aus dem 16. Jahrhundert, wie es der Vornehme auf die Reise mitnahm.
Offenbach/M., Deutsches Ledermuseum

Gegenüberliegende Seite:
389 Waffeleisen eines Bierbrauers aus Pfeffenhausen (Niederbayern), 1704.
München, Bayer. Nationalmuseum
390 Gotische Silberlöffel.
Seligenstadt/M., Landschaftsmuseum
391 Barockes Gedeck in vornehmen Häusern.
Augsburg, Kloster Maria Stern

392 »Das Küchenmädchen«, Gemälde von Johannes Hari, 1822.

393 »Die Rübenputzerin«, Gemälde von Jean Baptiste Siméon Chardin, 18. Jahrhundert. München, Bayer. Staatsgemäldesammlungen

394 Hotelpersonal in der Schweiz, Photo um 1900.

395 Pagenparade, Szene aus dem 1953 gedrehten Film »Hotel Adlon«.

396 Hotelpersonal eines Schweizer Hotels. Photo um 1890.

Zu Seite 244, 245:
397 Konditor einer Hotelküche. Photo um 1910.

398 Wirt aus dem Aargau (Schweiz).

399 Aufmerksamer Kellner.

XIV Vorderseite einer Speisekarte aus dem Mathäser-Bräu in München, 1923.
Privatbesitz

Speisen-Karte
Mathäser-Bräu
München
Pächter: B. Rechthaler.

400 Portier im Hotel Ritz in Paris.

401 Arbeitsplatz eines Hotelportiers. Photo um 1940.

402 Blick in das Restaurant des Hotels »Hungaria« in Budapest. Dieses Restaurant-Café galt früher als Treffpunkt der Literaten aus aller Welt. ▶

1 2 3 4 5
6 7 8 9 10
11 12 13 14 15
16 17 18 19 20

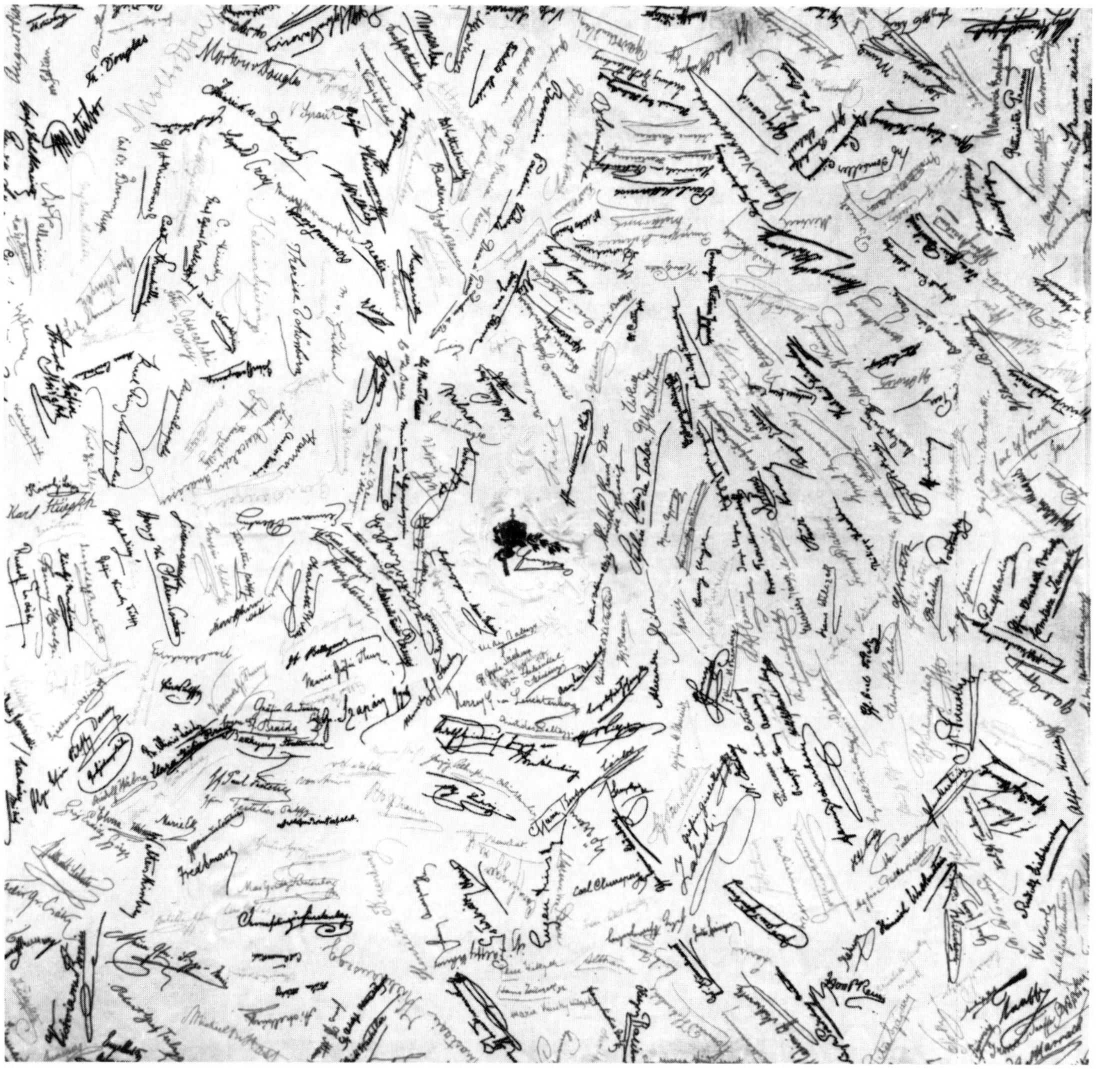

403 Unterschriften-Tischtuch (um 1900) mit den Namenszügen berühmter Persönlichkeiten. In der Mitte das Autogramm des Kaisers Franz Josef I.
Wien, Hotel Sacher

404 Speisesaal des Sheraton Hotels in San Francisco (USA).

405 Speisesaal im Grand Hotel in Luzern (Schweiz).

HOTEL
VICTORIA

406 Grand Hotel Victoria-Jungfrau in Interlaken (Schweiz). Photo um 1900.

407 Hotel Waldorf-Astoria in New York.

408 Hotelkasten »The Stevens« in Chicago.

409 Palace Hotel in St. Moritz.

411 Hotels in Wildbad-Gastein. Photo vor 1930.

410 Grandhotel Moskva in Karlsbad (CSSR).

412 Hotel Adlon in Berlin. Photo um 1920, das Haus steht nicht mehr.

413 Empfangshalle im Hotel Sheraton, München.

414 Reception des Flughafenhotels »Gatwick Piccadilly« in Gatwick (England).

415 Hotelzimmer im Holiday-Inn, München.

416 Zimmer im Flughafenhotel »Gatwick Piccadilly«.

413

414 ▼

415

416 ▼

417 Modernes Hotelzimmer im Hilton, München.

418 Hotel und Kongreßzentrum »Loews Plaza« in Hamburg.

417

418 ▶

420 Hotel Tokoen in Yonago (Japan).

◀ 419 Hilton-Hotel in Tel Aviv.

421 Ferienbungalows des Club Méditerranée in Malabata (Marokko).

422 Hotel de Mar in Palma de Mallorca. ▶

423 Ferienstadt La Grande Motte in Südfrankreich.

424,425 Hotel Contemporary in Disneyland (Florida). Die Züge der Allwegbahn fahren direkt in die Hotelhalle.

426 Hyatt Regency Hotel in San Francisco. Das Atrium ist 18 Stockwerke hoch. Die Zimmer öffnen sich, wie früher in den Karawansereien, hin zum Innenhof.

427 Hotel tours – das rollende Hotel. Dieser Bus, eingerichtet mit Schlafkojen im Anhänger, sanitären Anlagen und einer Küche, erreicht durch seine Unabhängigkeit Orte, die nicht zu den üblichen Reisezielen gehören.

428 Motel-Center Kirchheim am Autobahndreieck Kirchheim–Bad Hersfeld–Fulda.

Zusammenfassung und Ausblick

In einem Punkt jedenfalls hebt sich die moderne Hotellerie von der Vorläuferinstitution, dem Gasthof, ab: sie ist bestimmt von der Motorkraft, von dem Schrumpfprozeß der Entfernungen. Die Unterkunft muß nicht am Marktplatz, an Straßenkreuzungen, am Bahnhof liegen, der Reisende kann mit Flugzeug, Auto usw. jeden Ort ohne große Schwierigkeiten erreichen. Er nimmt sogar erhebliche Wege in Kauf, um den ihm gemäßen Komfort genießen zu können. Die Standorte neuzeitlicher »Gast-Häuser« ergeben sich auf völlig andere Weise, wie dies früher der Fall war (vgl. S. 69ff.). Man ermittelt die günstigste Lage in vielen Fällen auf dem Reißbrett, indem man den Zirkel um mehrere bedeutende Kommunikationszentren schlägt: der Schnittpunkt dieser Kreise ist theoretisch das Optimum für die Errichtung eines Hotelkomplexes.

Ein Gasthof war es, an dem sich alte und neue Zeit symbolisch begegneten; daher möge folgende Episode als Zeugnis des historischen Aufbruchs hier stehen:

Carl Benz hatte in jahrelangem Bemühen seine »Selbstbewegliche«, den »Pferdelosen«, die »Benzine« geschaffen. Noch belächelte man das Werk, noch war kein Erfolg in Sicht. Die beiden wagehalsigen Söhne und ihre Mutter Berta Benz riskierten – ohne Wissen des Erfinders – die erste »Fernfahrt« von Mannheim nach Pforzheim (1888). Langsam glitt der Wagen durch flache Landstriche; bei hügeligem Gelände mußte man schieben. Mehrmals streikte das Mobil, aber schließlich gelangte man – verschmutzt aber glücklich – am Gasthaus »Zur Post« in Pforzheim an. Eine Menschenmenge versammelte sich, um das Wunderwerk zu bestaunen, und einer der Umstehenden erklärte dem Posthalter ahnungsvoll: »Jetzt könnt ihr eure Gäule totschlagen.« Tatsächlich leitete dieses Ereignis eine Revolution des Verkehrs, des Postwesens und des Gasthofes ein.[257]

Es gibt eine meisterliche, mit Ironie und Sachverstand gewürzte Monographie des Grandhotels amerikanischen Stils: Ludwig Bemelmans »Hotel Splendid«. Die Wiege des Verfassers stand in einem behäbigen bayerischen Brauerei-Gasthof, dem 37 Wirtshäuser angeschlossen waren; seine Windeln waren zugeschnittene Tischtücher, statt eines Zahnrings hing man ihm einen Flaschenöffner um den Hals. *»Jedes Frühjahr trat Großvater seine Rundfahrt zu seinen Gasthöfen an, und meine Vorstellungen von Glücklichsein sind für immer mit ihm und seinem Jagdwagen (einer Pferdekutsche) verbunden...«* Sie stiegen in jedem Gasthof ab, aßen und tranken und kauften Kälber für die Metzgerei, die dem Braugasthof angeschlossen war. *»Nach Jahren der Übung konnte Großvater an einem Abend sechsunddreißig große Steinkrüge Bier trinken. Daneben aß er gewichtige Mahlzeiten, fast kein Gemüse, nur Knödel und Kartoffel, Kartoffel und Knödel und viel Fleisch...«*[258] Für diesen Mann waren die amerikanischen Geschäftsmethoden »faule Tricks«, die modernen Hoteliers undurchschaubar und »mit allen Wassern gewaschen« – eine andere Welt. In diese Welt drang der Enkel ein, erklomm in ihr Stufe um Stufe und stellte sie packend, erschreckend und komisch dar.

Den Typ Hotel als vornehmes Gästehaus gibt es ab etwa 1650. Er geht von Paris aus und ist in Deutschland noch vor 1800 nachweisbar. Die Entwicklung in den letzten 150 Jahren vollzog sich sprunghaft. Einige Wesensmerkmale und Entwicklungstendenzen des modernen Hotels seien hier kurz aufgerissen.

Wichtiger als die Lage zum Verkehr ist für das Publikum des Grandhotels das Zusammentreffen folgender Gegebenheiten: Eleganz und Komfort, Repräsentation und gesellschaftliche Bestätigung (»Hier kann ich mich sehen lassen und illustren Leuten begegnen«), Räumlichkeiten nach Maßgabe bestimmter Bedürfnisse (Konferenzzimmer, Säle für große Sitzungen, für Bankette usw.).

César Ritz hat diese Komponenten zum ersten Mal im europäischen Hotelwesen verwirklicht. Dieser immens fleißige und einfallsreiche Mann erreichte eine Traumkarriere: als 13. Sohn eines armen Bauern im Schweizer Rhônetal geboren, stieg er mit seinem Hotelwerk zum unbestrittenen Favoriten der Hautevolee auf. Es gelang ihm, das absolute Vertrauen des seinerzeit in den besten Gesellschaftskreisen tonangebenden Prince of Wales (des nachmaligen Eduard VII.) zu gewinnen. Dieser soll geäußert haben: *»Wohin Ritz geht – wir folgen ihm.«*[259]

Deinhardstein 1831, Frankfurt
»Abends speiste ich im Hotel, in dem ich abgestiegen war, im Weidenbusch. Der Speisesaal dieses Gasthofes gehört zu den größten und elegantesten, die ich je gesehen habe. Wenn abends die vielen Lusters, die im Saal hängen, und die zahlreichen, an der Wand des großen Orchesters angebrachten Lampen mit Gas beleuchtet sind, ist der Anblick fast ein feenhafter.«
(nach Diehl, S. 163)

Ritz ging zunächst (1898) nach Paris und verschmolz drei Gebäude zu einem Luxushaus für Leute, die an solche Umgebung gewohnt waren. Die Königs-Suite (Appartement 121-122-123) wurde nur in den ersten Jahrzehnten des Bestehens von Monarchen bewohnt, dann von millionenschweren amerikanischen Geldaristokraten. Ihre Einrichtung im Louis-quattorze-, -quinze- und -seize-Stil war aufwendig wie ein entsprechender Fürstensitz. Allein der Bezug einer Chaiselongue kostete 550 Goldmark.[260] Peinliche Sauberkeit – Ritz hatte sie in einem Tbc-Sanatorium gelernt – galt als oberstes Prinzip. Die Einrichtung von Badezimmern mit neuesten Wannen- und Duschvorrichtungen wurde besonders von den Engländern begeistert aufgenommen.

Zu Beginn des 20. Jahrhunderts fand man allerdings in Paris neben diesen modernen Hotels angloamerikanischen Stils auch noch Reste des ancien régime: Hotels, die aus alten, vornehmen Gasthöfen hervorgewachsen waren: *»... es gibt auch noch echt französische Hotels ersten Ranges, in den altmodisch-vornehmen Vierteln um den Vendôme-place und die Rue Royale herum. Sie sind ungeheuer vornehm, meist nur auf gewichtige Empfehlung aus Royalistenkreisen zugänglich, teuer, im Verhältnis zum gebotenen Kompfort viel teurer als die Yankeehotels, von entzückender architektonischer Schönheit und zugleich Unpraktischkeit mit ihren hohen Zimmern, riesigen, in gold und weiß gehaltenen Flügeltüren, den fast bis zur Erde reichenden Fenstern und den Glastüren, die auf mit Oleander geschmückte breite Terrassen hinausgehen... Der Speisesaal ist klein und fast leer. Denn die meisten Gäste sind so vornehm, daß sie ganze Appartements mieten und sich das Essen dort servieren lassen.«*[261]

Luxushotel in Indien, 1926
»Üppig und verschwenderisch wirkt die ganze Aufmachung in diesen Hotels... Luftige Veranden umgeben das Haus, die auf gutgehaltene Rasenplätze mit schönen Blumenbeeten, Palmen und sonstigen exotischen Bäumen hinausgehen. Plätze zur Ausübung von Sport sind überall vorhanden, bei den größten und berühmtesten auch solche für das in Indien heimische Polospiel, das Ballspiel zu Pferde... Die Bauart indischer Hotels lehnt sich teils an diejenige englischer Landhäuser, teils an die arabischer Paläste an...«
(Stehle, S. 86f.)

Wie Ritz seinen Prinzen von Wales, so besaß Adlon in Berlin seinen Kaiser Wilhelm. Der Pomp der Ausstattung entsprach dem Geschmack der Zeit. *»Wer sich hineinwagt, fühlt sich in einem üppigen Raum, förmlich satt an Kunstgegenständen, an schweren, kostbaren Stoffen, an teurem Stein und Metall. Erinnerungen an die Hallen venezianischer Paläste, an fürstliche Prunkzimmer, an Paradegemächer, an Räume, die halb Denkmal, halb Wohnung sind, steigen auf. Man denkt an die bayerischen Königsschlösser... Alles ist schwer und massiv. Die viereckigen Säulen des Vorraums sind aus dunkelgelbem wolkigem Marmor, den steinernen Hallenkamin krönt eine römische Imperatorenbüste des Kaisers. Schwarzer und weißer Marmor glänzt an allen Ecken. Die reichgezierten Kapitele der Säulen sind aus edlen Metallen. Trotz dieses Riesenaufwandes an Kostbarkeiten findet man keine protzigen Überladungen... In dem grünen Empiresaal mit den vielen Spiegeln, den man sich unbedingt im Licht einer bunten Uniform-Gesellschaft vorstellen muß, wird man vielleicht eine Neueinteilung Europas unterzeichnen, in dem weiten Saal mit dem prächtigen Tiepolobild werden die Geld- und Industriegeneräle das wirtschaftliche Schicksal des Deutschen Reiches bestimmen, in dem Raffaelsaal, der mit Wandbildern und Ornamenten in der Art der raffaelischen Grotesken geschmückt ist, werden die Kunsthistoriker tagen, und in dem Goethegarten, in dem Blumenhof des Hotels, dem eine Büste des alten Goethe wohl ansteht, wird man über das Schicksal der deutschen Literatur abstimmen.«*[262]

Adlon konnte 400 Personen einquartieren, und zwar so, daß sich ein Fürst hier wohler fühlte, als im altmodischen Berliner Schloß (s. S. 30). Als der Kaiser den Hotelier einmal fragte, was er für das wichtigste an einem guten Hotel halte, antwortete dieser: das Bett und das Frühstück.

»Das Bett muß so gebaut und aufgestellt sein, daß der Gast eine vollendete Nachtruhe hat. Deshalb gibt es in meinem Haus auch keine Klingel, sondern nur Lichtsignale. Und auf allen Treppen und Fluren dicke Läufer. Dazu muß in jedem Zimmer die Möglichkeit der völligen Verdunkelung bestehen. Das Bett selbst mit allen Decken und allen Kissen muß schon beim bloßen Anblick ein Gefühl des Wohlbehagens auslösen. Das Ganze soll den Gast zwingen, die Vorstellung zu haben, sich in einem Nest zu bergen, in das die feindlichen Einflüsse der Umwelt nicht eindringen können.«[263]

Das wilhelminische Hotel sank in Schutt und Asche; sein Antipode, das Hotel Sacher in Wien, Repräsentant der alten Habsburger Pracht, bietet noch heute jene »Atmosphäre gediegener, immer etwas unterspielter Eleganz«.[264] Seidentapeten, Empire-Möbel und alte Meister an den Wänden erinnern in diskreter Weise an jene Tage, als Erzherzöge, polnischer Adel und ungarische Offiziere hier in der »Blauen Bar« oder im »Roten Salon« parlierten. *»Eine Woche in diesem Hotel gleicht einem Kurs in europäischer Geschichte«*, schreibt Frischauer in seinem Buch über die Grandhotels Europas.[265]

Kronprinz Rudolf, der liberal gesinnte Erbe des reaktionären Kaisers Franz Josef, dinierte bei Sacher einige Tage vor seinem Freitod in Mayerling. – Prinzen und Tänzerinnen, Herzoginnen und ihre derzeitigen Verehrer trafen sich in kleinen privaten Speisezimmern, den »Séparées«, die heute jedermann zur Verfügung stehen. Festlich gekleidete Menschen pflegen hier noch einen Imbiß zu nehmen, ehe sie sich ins Burgtheater oder zum Opernball begeben.

429 Das Grand Pacific-Hotel in Chicago. Zeichnung um 1875.

Gibt dem »Sacher« die Nähe der Oper und das Flair des kaiserlichen Wien die eigene Note, so ist es anderorts vielleicht die Einmaligkeit der Landschaftsbezogenheit. Das »Amstel-Hotel« etwa in Amsterdam ist dem sumpfigen Gelände in einem ungemein kostspieligen Verfahren abgerungen worden. Tief sind die Fundamente des vierstöckigen Palastes in den Fluß eingelassen. Nicht die roten Teppiche in der Halle, prächtige Kronleuchter und elegant geschwungene Treppenaufgänge, noch die in aparten Farben gehaltenen Bäder heben es aus dem üblichen Luxus dieser Hotelklasse hervor, sondern die Gegenwart der anmutigen Flußlandschaft, in die der Gast eintaucht, wenn er sich etwa in die große Bar begibt, die unmittelbar über der Amstel liegt.

Ganz anders dagegen der Rundblick von den Terrassen (8. Etage) des »Hôtel de Paris« in Monte Carlo, wo sich das einmalige Panorama aus Bergen, Meer, Hafen und der Stadt Monaco mit ihrer Kathedrale und den Palästen bietet. Hinzu kommt, daß es vom Hotel aus einen unmittelbaren Zugang zum weltberühmten Kasino gibt, wo sich das »High Life« der Côte d'Azur tummelt. Aufregende Gesprächsstoffe geben nicht nur die Legenden berühmter Spieler ab, sondern auch die Affären der Filmleute, die hier ein und aus gehen. – In den Kellern des Hotels wird die Landkarte der besten Weinregionen der Erde lebendig; unbezahlbare Champagnerjahrgänge zieren die Gewölbe.[266]

Gleichfalls seiner großartigen Lage verdankt das »Hotel International« in Rio de Janeiro sein Renommee um die Jahrhundertwende. Auf halber Höhe der bis zu 700 m aus dem Meer aufragenden Felsenspitze der Corcovada wurde durch Sprengung Platz für den Bau geschaffen. Er liegt abseits von jenen besonders nachts lästigen gefährlichen Mücken, die in der Stadt das Gelbe Fieber übertragen und Epidemien auslösen. Hoch über dem Häusermeer genießt der Gast, umgeben von steil abfallenden Hängen und Schluchten mit tropischem Bewuchs, die Sicht auf den Zuckerhut und das Meer. Die eleganten Säle werden vornehmlich von reichen Nordamerikanern frequentiert.

So qualitätsvoll, pompös und extravagant Anlage und Ausstattung dieser und anderer Grandhotels auch sein mögen, der Schwerpunkt ihrer Anziehung liegt beim Service und beim Publikum. Der Service ist ein möglichst unauffälliges Zusammenspiel der Hotelhierarchie vom Piccolo bis zum Generaldirektor.

Die Stellung des »Kopfes« hat sich in den letzten fünfzig Jahren verschoben: heute regiert das Management, eine anonyme Verwaltung und Organisation, einem Computer ähnlich – vielleicht sogar durch ihn entlastet.

Immer seltener werden die genialen Einzelpersönlichkeiten, die die Glanzzeit der Luxushotels prägten (Adlon, Ritz, Sacher u. a.), immer häufiger übernimmt ein Gremium die Leitung. Dieses setzt wiederum die Chefs der einzelnen Abteilungen ein.

Von den verschiedenen Kräften, die im Hotelwesen tätig sind, nimmt der Portier eine der wichtigsten Positionen ein. Wie ein Kapitän auf der Brücke regiert er in seiner Portiersloge. Jederzeit muß er mit Gelassenheit und Geduld allen Anliegen der Gäste gegenüberstehen: den Geschäftsleuten, die ohne

430 Hotel Buol in Davos-Platz (Schweiz). Holzschnitt von Orell Fussti, 1890.

ihre Sekretärin hilflos sind; den Aristokraten, die ihr Inkognito wahren wollen; den Stars, die es nicht wahren wollen; einsamen Damen und Herren, die suspekte Lokale in der Stadt suchen, den Bildungsbeflissenen und den Kranken. Der gute Portier läßt seine Fäden nach allen Seiten hin spielen, er kennt die internationalen Fahrpläne, die beste Zufahrt zur Autobahn, den Parkplatz in Museumsnähe – er ist eine wandelnde Enzyklopädie, gewandt in allen Sprachen der Nationen.

Sogar im kommunistischen Rußland ist der Reisende auf das gute Einvernehmen mit dem »Dwornik« (Portier) angewiesen, wie seinerzeit unter den letzten Zaren. *»Er ist der Herr in der Eingangshalle. Ohne seine Hilfe ist der Fremde machtlos. Der Dwornik besorgt die Pässe zur Polizei und holt sie ab. Schon zur Zarenzeit genügte es in Rußland nicht, wenn der ankommende Fremde seinen Namen ins Fremdenbuch eintrug. Der Paß mußte sofort zur Polizei und vor jedem Aufenthaltswechsel wieder abgeholt werden... Despotisch herrschte der Türhüter über die Schar der Droschkenkutscher, die vor dem Hoteleingang hielten. Mehr als in irgend einem andern Lande war die Pferdedroschke, deren Benutzung übrigens sehr billig war, das Hauptbeförderungsmittel. Der landes- und sprachunkundige Fremde konnte es auf ein Verhandeln und Feilschen mit diesen stockrussischen, kein Wort einer Fremdsprache kennenden Rosselenker nicht ankommen lassen. Da half dann wieder der Dwornik aus. Erstaunlich ist die Sprachgewandtheit dieser Leute. Sie sprechen nicht wie unsere westeuropäischen Hotelportiers 3 oder mitunter auch 4, sondern wohl ein Dutzend Sprachen... Auch Theaterbillets besorgt der Dwornik und vermittelt auf den Wunsch des Fremden auch den Zutritt zu mehr oder minder diskreten Vergnügungsstätten...«* [267]

In Hotels der Mittelklasse vermittelt der Portier nur gelegentlich telefonische Verbindungen für Gäste; das Grandhotel verfügt über ein eigenes Telefonzentrum, das für politisch oder geschäftlich sehr in Anspruch genommene Kunden eine unschätzbare Entlastung bedeutet. Nehmen wir als Beispiel das Hotel »Metropol« in Brüssel, das bei der Neun-Mächte-Konferenz 1938 eine wichtige Rolle spielte: Die vier Telefonisten stellten Verbindungen nach Ost und West her, zu Staatsmännern wie Anthony Eden und Andrej Wyschinskij. Auch beim Zustandekommen der NATO, als die Delegierten im Hotel etabliert waren, erfüllte der Telefonservice die Wünsche der Politiker mit unfehlbarer Höflichkeit und Leistungsfähigkeit. Richard de Ro, der Chef des Telefondienstes, hat schon mit jeder Hauptstadt der Welt gesprochen und kennt die Stimmen der meisten Berühmtheiten.

»Wenn irgend jemand hart arbeitete, um England mit Hilfe seiner ›Verbindungen‹ in den Gemeinsamen Markt zu bringen, dann war es Richard de Ro, der seit über 40 Jahren am Klappenschrank des Metropol saß... Als er begann, gab es fünf Leitungen; um die EWG-Konversation in Gang zu halten, brauchte er 30. Den vor Energie berstenden Mitgliedern in der Delegation von Mr. Heath gelang es gelegentlich, die Zentrale zu überfordern, obwohl – oder weil – Richard de Ro täglich mit 1200 Gesprächen zu rechnen hat. Nach ein paar Monaten konnten de Ro und seine Mitarbeiter blind auf der Telefon-Klaviatur des Gemeinsamen Marktes spielen.« [268]

Ein gutbürgerlicher Gasthof ist vergleichsweise leicht zu überschauen: den Wirtsleuten steht der Hausknecht, die Kellnerin, das Zimmermädchen zur Seite. Das Hotel ist ein Großbetrieb mit einer Schar von Bediensteten, die wiederum verschiedenen Abteilungschefs unterstehen. Bemelmans weiß Bescheid: *»In einem Hotel de grand luxe wie das Splendid... gibt es keine Oberkellner, keine Zahlkellner, keine Saalkellner, alles ist viel eleganter. Der Direktor des Hotels ist der Patron; und die oberste Instanz im Restaurant, in solch einem Hotel viel wichtiger wie der Direktor oder selbst der Besitzer, heißt einfach ›Mesieur Grégoire‹, ›Mesieur Théodore‹, ›Mesieur Victor‹, oder wie immer sein Vorname lauten mag und gleichgültig von welcher Nationalität er ist. Seine aufsichtsführenden Organe werden Maîtres d'hôtel genannt; und unter ihnen sind die Kellner nicht Garçons (das ist die Bezeichnung eines Cafékellners), sondern Chefs de rang, weil jeder in seinem Bereich eine Reihe von mehreren Tischen unter sich hat. Der Chef de rang verläßt nie seine Tische im Speisesaal; ein junger Mann ist ihm unterstellt, der für ihn in die Küche läuft...«* [269]

Die Appartements, die Restauration, die Bar, die Küche, der Grillroom usw. fordern ihre eigenen Talente, die geweckt und ausgebildet werden müssen. *»Die schwierigste Seite des Hotelbetriebes ist die richtige Führung der Bankettabteilung... Es gibt offizielle Diners, Hochzeiten, Konzerte, Geburtstagsfeiern, Einführungsgesellschaften, Empfänge – jede Art von kleinen und größeren Feiern wichtiger Tage oder Ereignisse, und die Veranstalter solcher Gesellschaften stecken viel Geld hinein. Sie haben diesem Tag entgegengesehen, vielleicht seit Jahren, und werden den Rest ihres Lebens daran denken... Und doch gibt es tausend Dinge, die verkehrt gehen können. Räume müssen zu ganzen Fluchten vereinigt werden und ihre Einrichtungen mit der Schnelligkeit einer Zirkusvorstellung aufgestellt und abge-*

Luxushotel in Indien, 1926
»Die ständige Hitze, die die körperliche Bewegung erschwert, sowie das Massenangebot von billigen Arbeitskräften, haben einen nach unseren Begriffen geradezu riesigen Luxus in der Bedienung zur Folge. Für jede Art von Arbeit gibt es eigene ›Boys‹. Der eine richtet das Bad, der andere reinigt nur die Schuhe, der dritte nur die Kleider. Natürlich entfällt bei einer solchen Arbeitsteilung auf den einzelnen nur eine geringe Tätigkeit. Die meiste Zeit stehen oder lungern die Diener in den Gängen des Hotels herum...«
(Stehle, S. 86f.)

»Die Halle gleicht einem emsigen Bienenstock. Schon beim ersten Blick bemerkt man mindestens 20 Diener, die der großen Anzahl der Gäste zu Hilfe kommen – Gepäckträger, Portiers, Empfangspersonal, Manager... Die italienischen Stimmen übertönen das Babel eines halben Dutzends ausländischer Sprachen. Afrikanische Häuptlinge in farbenprächtigen Roben, katholische Priester aus allen Himmelsrichtungen, amerikanische Witwen, die Ausflüge organisieren, südamerikanische Geschäftsleute, ...junge Leute vieler Nttionen mit ihren Kameras, elfenhafte Mädchen... Es gleicht einem rhythmischen Chaos, das hübsch anzusehen ist und wie Musik in den Ohren klingt.«
(Frischauer, S. 62)

431 Das Langham-Hotel in London. Zeichnung um 1865.

baut werden. Angestellte müssen in verschiedener Zusammenstellung und Zahl engagiert werden; man muß ihre Fähigkeiten, ihre Fehler, ihre Zuverlässigkeit kennen. Silber, Wäsche, Porzellan, Musik, Essen, Blumen müssen bestellt werden...«[270]
So ein Bankett-Schlachtplan gleicht tatsächlich einer großen militärischen Operation, bei der jedes Detail geregelt ist. Die Reihenfolge des Auftragens vom Aperitif bis zum Mokka ist präzis festgelegt, wobei ebenso die Pausen für Reden einkalkuliert sind, wie die Tatsache, daß dieser oder jener Minister eine bestimmte Maschine noch erreichen muß. Trotzdem darf die Bedienung nie hastig sein. Vom Polizeischutz bis zum Zigarrenabschneider, vom Elektriker, der für Notfälle bereitzustehen hat, bis zum Lieblingswein des Ehrengastes muß alles seine Richtigkeit haben. Der beste Service ist der, der dem Gast das Gefühl größtmöglicher Freiheit in allen Gedanken, Plänen und Unterhaltungen beläßt.
Meist ist sich im Grandhotel das Publikum selbst Unterhaltung genug. Die großen Veranstaltungen, Bälle, Kabaretts, Galadiners usw. geben oft nur den äußeren Anlaß, die Menschen und ihre Beziehungen in Bewegung zu bringen.
So schreibt man dem Hotel »Excelsior« in Rom für die Welt der Presse, des Films und der Aristokratie ähnliche Bedeutung zu wie dem Brüsseler »Metropol« für die Wirtschaft. Der Slogan war in Umlauf, das Excelsior sei das luxuriöseste Arbeitsamt der Welt...Die Halle des Hotels gleicht einer bunten Illustrierten, in der die Affären der oberen Schichten abgehandelt werden.
»Die Touristen, die es müde sind, die Statuen in Rom zu besichtigen, können sich immer glänzend damit amüsieren, die Leute im Excelsior zu beobachten. Deshalb scheint auch jeder im Hotel stets damit beschäftigt, den andern mit unverhohlener Neugierde zu betrachten – teilweise so davon gefesselt, daß sie übersehen, was sie sich vorgenommen hatten, zu sehen: schöne Frauen wie Linda Christian, die mit ihren Kindern einen Spaziergang macht; oder die zwei Gaborschwestern einmal zusammen – Eva mit ihrem Manne, Dick Brown und Zsa Zsa, zu diesem Zeitpunkt anscheinend gerade nicht verheiratet. Aber man trifft hier noch auf weit bekanntere Leute, Henry Ford zum Beispiel, der mit seinem Sohn Edsel und seinen Töchtern Anne und Charlotte die Halle durchquert... Ah, ja, nun hat man sie erkannt und starrt sie mit großen Augen an. Charlotte, deren Einführung in die Gesellschaft als der größte Ball bezeichnet wurde, der je für eine Debütantin in Amerika gegeben wurde, zieht bewundernde Blicke auf sich. Schnell entflieht die Familie Ford auf die belebte Straße und damit in die Anonymität. Oh, diese lauernden Augen der notorischen Paptacci in Rom, diese stets wachen Reporter und Fotografen, sie können die Romanzen wachsen hören...Vom Morgengrauen an bis lange nach Mitternacht werden diese Türen pausenlos von einer kleinen Armee von Kundenschleppern (für Autoausflüge, Nachtklubs, Restaurants, Läden und für Dienste jeglicher Art)...belagert – man sagt, das Hotel habe zwei Eingänge, aber fünf Ausgänge für alle die Leute, die es unbeobachtet verlassen wollen.«[271]
Im Palace-Hotel zu St. Moritz traten Stars wie Marlene Dietrich und Josephine Baker auf. Im gleichen Hotel schrieb Remarque den Großteil des »Arc de Triomphe«. Solche von der Gunst des Augenblicks oder der Aktualität ihrer Idee ans Licht gehobene Persönlichkeiten wirkten wie Magneten. Dies galt auch für das Central-Hotel in Berlin, als der benachbarte »Wintergarten« noch das bedeutendste deutsche Varieté war, dies galt für das Adlon, wo Fürsten der Musik wie Caruso abstiegen. Die weltweit begehrte spanische Tänzerin »La belle Otéro« machte ihr Auftreten in Berlin abhängig von der Einquartierung im Hotel Adlon, wo sie Tür an Tür mit den Grandseigneurs Europas wohnte.
»Die Otéro kam wie eine Fürstin vorgefahren und stellte sofort das ganze Hotel auf den Kopf. Sie kam mit einem Papagei, zwei Möpsen, einem Perlhuhn, einer siamesischen Tempelkatze, achtunddreißig Koffern, einer Kammerzofe und mit ihrer ganzen, wirklich unwahrscheinlichen Schönheit. Lorenz Adlon hat selbst oft gesagt, daß er noch niemals eine so vollendet schöne Frau gesehen habe... Zuletzt hatte sie ein triumphales Engagement in Petersburg absolviert, und Angehörige der Berliner Russischen Botschaft erzählten sich heimlich in der stillen Ecke der Adlon-Bar, die Otéro sei im Petersburger Restaurant Couba von einem runden Dutzend russischer Fürsten unbekleidet auf einem riesengroßen silbernen Tablett im Bankettsaal herumgetragen worden.«[272]
Bereits César Ritz hatte »eine Nase« für die noch nicht geweckten Bedürfnisse der Gesellschaft bewiesen, als er die drei Häuser seines Pariser Hotels durch eine Passage verband, und dort die erlesensten Kreationen der Haute Couture zur Schau stellen ließ. Mit der Zeit wurde es üblich, daß man nicht mehr den großen Modeschauen zuströmte, sondern daß die ersten Couturiers ihre Modelle in die Hotelzentren entsandten: *»Die französischen Modeschöpfer entschlossen sich, ihre Kollektionen lieber nach St. Moritz zu schicken als einige ihrer besten Kunden zu verlieren. Im Palacehotel geboten sie*

über ein bestrickendes Publikum, das aus den bestgekleideten Frauen und ihren Männern bestand, die sich in glücklicher Urlaubsstimmung befanden und kaum an den ungeheuren Preisen Anstoß nehmen würden. Sie kamen alle von Poiret bis Jacques Fath. Sie mischten sich unter ihre Kunden und arrangierten einige der atemberaubendsten Shows. Harry Winston, der amerikanische Diamantenhändler, stellte seine wertvollsten Stücke im Palacehotel aus...[273]

Hotels prägen mehr und mehr das Bild unserer Großstädte, die Silhouette der Bade- u. a. Fremdenverkehrsorte. Nach 1945 kann auf der ganzen Erde eine Nivellierung des Hotelstils beobachtet werden. Die Häuser der bekannten Konzerne (Holiday Inn, Hilton, Sheraton, Intercontinental, Steigenberger, Kempinski u. a.) gleichen einander wie ein Ei dem andern. Dem Vorteil, daß der Gast genau weiß, was ihn in seiner Hotel-Wabe in Bordeaux oder in Tokio erwartet, nimmt er in Kauf mit einer erschreckenden Verengung der Erlebnismöglichkeit, der individuellen Atmosphäre, des Menschlichen überhaupt. Neuerbaute Luxushotels, in die gewaltige Summen investiert wurden, stehen heute in einem schweren Existenzkampf. Ihr Risiko verringert sich in dem Maße, als sie es verstehen, die Zahl der Zufallsgäste zu reduzieren und sich internationalen Reservierungssystemen anzuschließen. *»Aufträge in Form von Vorbestellungen sind ebenso vonnöten wie bei der Fabrik, die ihr Fließband ausnützen will.«*[274] Kombinationen mit Auto- und Fluggesellschaften, Urlaubskonzernen, Engagements mit Kongreß-Gruppen usw. sind die Voraussetzungen der Rentabilität.

Trotz aller betriebswirtschaftlichen Vorteile, trotz des einfacheren, oft auch zuverlässigeren Service im modernen Hotel hat auch der alte Gasthof heute noch seine Chance: Es gibt ihn nämlich trotz allem noch, den Gast, der Behaglichkeit und Betreuung dem genormten Komfort und der Abfertigung vorzieht, der im mittelgroßen Familienhotel die Oase des Persönlichen sucht, der sich lieber von engagierten Gastgebern als von anonymen Managern versorgen läßt.

Anhang

Anmerkungen

(Ausführliche Titelangaben im Literaturverzeichnis: sind von einem Autor mehrere Titel genannt, so ist zur Kennzeichnung das Erscheinungsjahr beigefügt.)

1 Kluge-Götze S. 187; Kluge-Mitzka S. 234: das urverw. lat. hostis hieß in älterer Zeit »Fremdling«, seit der Zeit der »Großen Kriege« 343–272 v. Chr. »Feind«. – Die Nebenform hospes (aus hosti-potis), »Herr des Fremden«, erhält d. Bedeutung »Gastfreund«. – Vgl. F. Schroeder 1931, Zs. f. dt. Phil. 56, 385ff. Menge-Güthling S. 345f.
2 Kluge-Götze S. 694;
3 Walther v. d. Vogelweide S. 104
4 Rusche S. 7f.
5 Tacitus, Germania, Kap. XXIV, 7; vgl. Hoops S. 123
6 Eingehende wissenschaftliche Untersuchung erfuhr das Gastrecht der Germanen einschließlich der karolingischen Capitulare durch B.H.D. Hermesdorf. – Vgl. auch Brunner, Deutsche Rechtsgesch., II, S. 307ff., sowie J. Kachel S. 8ff.
7 Stehle S. 105
8 Hoffmann-Burchardi S. 63
9 v. Hagen S. 73
10 Hitzer S. 21
11 Michener S. 129f.
12 Kiepert S. 123ff.; vgl. Birk S. 59ff.
13 Kachel S. 2, Anm. 4; vgl. Jb. d. Ver. v. Altertumsfreunden im Rheinlande, H. 79, 1885, S. 50f.
14 v. Veith 1884, S. 13
15 v. Veith 1885, S. 5
16 Hitzer S. 98
17 Polo S. 77f. (nach Rauners I, S. 44f.)
18 v. Hagen S. 41f.; vgl. Squier, Ubbelohde-Doering und Hitzer
19 v. Hagen S. 204
20 v. Hagen S. 295
21 Nach v. Hagen S. 290
22 Die beiden Berichte aus dem 16./17. Jahrhundert stellte freundlicherweise Herr Theo Engel aus dem unveröffentlichten Manuskript »Die Erschließung Perus in Augenzeugenberichten« zur Verfügung
23 An Orten, die häufig Reichstage in ihren Mauern sahen, wie Regensburg, errichteten Bischöfe und Fürsten bereits im 11./12. Jahrhundert eigene Absteigehöfe (Salzburger Hof aus romanischer Zeit, 1893 abgerissen; Brixener Hof, romanisch-gotischer Bau, noch bestehend). Vgl. Benker 1971, S. 124
24 Belege aus den Mon. Germ. Hist. bei Kachel S. 14ff.
25 Vgl. Kachel S. 17ff.
26 O. N., Reise durch Thüringen, den Ober- und Niederrheinischen Kreis, 1795, nach Diehl S. 97ff.
27 Haupt o. S.
28 Adlon S. 73f.
29 Rusche S. 26f.
30 Burke 1927, S. 133. – Vgl. 1. Petrusbrief (1,17)
31 Forster, Teil V, 1556, Nr. 44, »Von sant Jakob«
32 Quellennachweise bei Kachel S. 24ff. und Liese I, S. 112
33 Hitzer S. 135ff.
34 Cooper (nach Rauers I, S. 33ff.)
35 Goethe, Dichtung u. Wahrheit, Buch 18 und 19
36 Müller K., S. 21
37 v. Scheffel, Reisebilder (nach Rauers I, S. 36ff.)
38 Veröffentlicht bei Kachel S. 39, teilweise auch bei Rauers I, S. 23f.
39 Kachel S. 38
40 Hiltl S. 7f.
41 Burke 1931, S. 34
42 Nach Rauers I, S. 111
43 Adlon S. 38
44 Vgl. Benker 1968
45 Bayer. Hauptst. Archiv, München, Oberpfalz Lit. 87, S. 110 v. – Das geltende Kanon. Recht (Codex iuris canonici Pii X Pontificis Maxi iussu digestus..., Rom 1951, 33, 138) erlaubt Klerikern nur im Notfall, Gasthäuser aufzusuchen
46 Kurpfälzische »Landsordnung«, Amberg 1599, S. 85f.
47 Vagantenlied (Übersetzung aus dem Lateinischen), nach Rauers I, S. 94
48 Benker 1971, S. 132
49 Mitteilung des Hanseatiske Museums, Bergen, vom 11. IX. 1972. Vgl. Koren-Wiberg. 1899
50 Rauers I, S. 114ff. beschreibt diese Bräuche eingehend
51 Vgl. auch Mummenhoff S. 47–105
52 Mummenhoff S. 68
53 Dürer 1520, S. 26ff.
54 Dürer 1521, S. 77ff.
55 Dürer 1521, S. 92
56 Kleeberg 1966, S. 41
57 Sunthaim S. 71
58 Potthoff S. 226
59 Vgl. Meyer
60 Spengler 1965, S. 128
61 Benker 1971, S. 137
62 Nach Mitteilung des Städt. Archives Ulm
63 Bereits die Städte des Römischen Reiches kannten Ausspannhöfe (stabulae)
64 Rauers II, S. 721
65 Stehle S. 146ff.
66 frei nach Hermesdorf S. 10. – Bereits in der Antike spielten Wirtshäuser als Faktoren der Ortsnamenbildung eine bedeutende Rolle, wie aus der berühmten Straßenkarte »Tabula Peutingeriana« hervorgeht
67 Weingartner S.
68 L. Weiß o.S.
69 »Elefant« S. 41
70 Hitzer S. 271
71 Dickens 1957, S. 14
72 Spengler 1960, S. 148
73 Seckel S. 123
74 Hoffmann 1956, S. 25
75 Kluge-Götze S. 291
76 Hoffmann 1954, S. 12
77 Sat. 8, 173ff., nach Kleeberg 1966, S. 31
78 Burke 1931, S. 121
79 Genaue Angaben über die verschiedenen Schenken-Typen sowie die Übergangsstadien vom privaten zum gewerblichen Ausschank in der Diss. Von J. Kachel, 1924
80 Schmeller I, Sp. 1534f.
81 Herzog S. 78
82 Hoffmann 1956, S. 54
83 Hoffmann 1956, S. 90
84 Hoffmann 1956, S. 151
85 Laube S. 208
86 Vgl. Steinlein
87 »Elefant«, S. 16f.
88 Meyer S. 43
89 Diehl S. 4
90 Potthoff S. 195f.
91 Kühnel S. 17
92 Müller F., S. 9f.
93 Haupt o. S.
94 Kleberg 1966, S. 39f.
95 Smith, III. Bd., S. 302f.
96 Bahrdt, nach Potthoff S. 164
97 Potthoff S. 176
98 Kluge-Götze S. 418
99 Ossiander S. 273
100 Schiedlausky S. 12
101 Stehle S. 70f.
102 Stehle S. 73f.
103 Schopenhauer S. 182
104 Schiedlausky S. 12; vgl. auch v. Gleichen-Russwurm und Westerfrölke
105 vgl. Fichtner
106 Spengler 1965, S. 78
107 Spengler 1965, S. 76
108 Kramer 1961, S. 274
109 Müller F., S. 44f.
110 Batchelor S. 83
111 Batchelor S. 141
112 Gottschalk 1806 (nach Hoffmann 1954, S. 85)
113 Hoffmann 1954, S. 85
114 Kleberg 1966, S. 16ff. und Schmid S. 3ff.; vgl. Anm. 66. Checkers=Schachspiel. Urspr. Indien–Persien (shah, König) – arab. shac, lat. scacci, – mlat. scaccarium (Schachbrett) – afrz. eschequier (Schachbrett) – engl. chequer, checker (Schachfigur, Quadrat auf dem Schachbrett) – engl. checkers (Schachspiel)
115 Rotzler zeichnete 44 Schilder aus verschiedenen Stilepochen. – Reiches Material bei Creux. – Vgl. auch Wallner, Zacherl, Langewiesche, Baur-Heinhold, Hofmiller, Leonhard
116 Creux Geleitwort
117 Creux S. 34
118 Scheck S. 7
119 Rauers II, S. 724
120 Dickens, Ausgabe 1957, S. 14ff.
121 Steinlein S. 8f.
122 Burke 1931, S. 35
123 Farnham S. 32
124 Hoffmann 1954, S. 55f.

125 Bronner S. 8
126 Dickens, Ausgabe 1957, S. 19
127 Fischart S. 123
128 Stehle S. 59f.
129 Stehle S. 26f.
130 Montaigne S. 63
131 Montaigne S. 53
132 Montaigne S. 56
133 Keller, Die Leute von Seldwyla 1920
134 Montaigne S. 60
135 Zimmern IV, S. 271
136 Montaigne S. 57
137 Creux S. 41
138 Meringer VII, S. 16ff.
139 Montaigne S. 58
140 Montaigne S. 59f.
141 Carmina latina epigraphica 932 (nach Kleberg 1966, S. 35ff.)
142 Friedlaender S. 346
143 Kleberg 1966, S. 35ff.
144 Hoffmann 1954, S. 47f.
145 Abraham a Santa Clara S. 625 (nach Kachel S. 79)
146 nach Kachel S. 81
147 Löschburg S. 9
148 Stehle S. 41ff.
149 Montaigne S. 79f.
150 Goethe, Italien. Reise, 1787
151 Seume S. 76f.
152 Seume S. 303
153 Seume S. 228f.
154 Keyßler S. 1279
155 Keyßler S. 1287
156 Bronner S. 9
157 Bronner S. 33
158 Schopenhauer S. 63f.
159 Stehle S. 56
160 Dickens, Ausgabe 1957, S. 27
161 Nach Berichten von Japanern, die z.Z. in München leben. Vgl. auch Statler
162 Müller F., S. 5ff.; vgl Hoffmann 1954, S. 42
163 Keutgen, Urk. Nr. 125, 22
164 Abraham a Santa Clara 1959, S. 50
165 Kachel S. 131f.
166 Roder S. 196f.
167 Kurpfälzische »Landsordnung« S. 15
168 Müller F., S. 5
169 Bronner S. 8f.
170 Hermesdorf S. 15f.
171 Montaigne S. 50f.
172 Müller F., S. 5
173 Mon. Germ. Hist., I Sectio IV, III, S. 601
174 Sachs, V. Teil, 1884, S. 57
175 Spamer 1934, S. 234
176 Spamer 1934, S. 236
177 Hoffmann 1934, S. 41f. u. Potthoff S. 486f.
178 Kleberg 1966, S. 19
179 Cicero, De inuent. II 14f., nach Kleberg 1966, S. 22
180 Socrates Scholasticus, Hist. eccles. V. 18, nach Kleberg 1966, S. 22f.
181 Fortunatus S. 58f.
182 Burke 1931, S. 106
183 Hoffmann 1954, S. 83
184 Kluge-Götze S. 329
185 Hermesdorf S. 43ff.
186 Potthoff S. 105
187 Hertzog S. 74f.
188 Kleberg 1966, S. 27
189 Schopenhauer S. 65f.
190 Burke 1931, S. 68

»›Der Löwe‹ in Buckden ist ein aus dem 15. Jahrhundert stammendes Haus, das einmal Teil des bischöflichen Palastes in Lincoln war. Man hat es hervorragend restauriert und es besitzt eine prächtige Decke in der Diele. Aber es ist mir keineswegs wegen dieser, sondern wegen viel simplerer Dinge in Erinnerung geblieben. Mit großem Vergnügen denke ich immer wieder daran, daß man in der Nacht meiner Ankunft dort – ohne daß ich danach gefragt hatte – eine Wärmflasche in mein Bett legte – ein Ding, das ich hasse, aber der Gedanke als solcher war gut gemeint –, und dann brachte mir noch die Wirtin, als ich mich zurückziehen wollte, eine Dosis Ammonium-Chinin, da sie gemerkt hatte, daß ich etwas erkältet war.«

191 »Elefant«, S. 39f.
192 Kleberg 1966, S. 37
193 Hampe S. 64
194 Hoffmann 1954, S. 99
195 Dickens, Ausgabe 1939, S. 27f.
195a Burke 1927, S. 21

»In einer Taverne dagegen herrscht allgemeine Freiheit von Angst. Du kannst sicher sein, daß du willkommen bist: Und je mehr Lärm du machst, je mehr Arbeit du schaffst, je mehr gute Dinge du verlangst, um so willkommener bist du. Kein Dienstbote wird dich je mit gleichem Eifer umsorgen wie das die Kellner tun, die beflügelt werden von der Aussicht auf umgehende Belohnung, die um so höher ausfallen wird, je mehr du mit ihnen zufrieden bist...«

196 Schopenhauer S. 65f.
197 Dickens, nach Burke 1927, S. 46

Wirt zum Hausknecht: »›Licht kommt in unser Haus, John; mach das Feuer an; die Herren sind durchnäßt!‹ rief der Wirt. ›Folgen Sie mir, meine Herren; haben Sie keine Sorge wegen des Postboten, Herr. Ich werde ihn schicken, wenn Sie danach klingeln. Vorwärts, John, die Kerzen!‹ Die Kerzen wurden gebracht, das Feuer zum Leben erweckt und eine neue Lage Holz daraufgegeben. Innerhalb von zehn Minuten legte ein Kellner das Tischtuch auf, zog die Gardinen vor, flackerte das Feuer lustig und alles sah so aus (wie dies stets der Fall ist in allen anständigen englischen Gasthöfen) als wären die Reisenden erwartet worden, als habe man seit Tagen ihre Bequemlichkeit vorbereitet.«

198 Estienne, nach Diehl S. 12
199 Farnham S. 31
200 Goethe, Ital. Reise, Caltanisetta, 18. April 1787
201 Keyßler S. 943
202 Wittich S. 44
203 Guarinonius S. 538
204 Rusche S. 26
205 Casanova nach Rauers II, S. 849f.
206 Burke 1931, S. 68

»Wegen der in ihm herrschenden so menschlichen Atmosphäre erinnere ich mich auch an das ›Bell‹ in Clare, ein typisches Kleinstadtwirtshaus des 18. Jahrhunderts. Es liegt im Zentrum der Stadt und ist der Mittelpunkt des städtischen Lebens. Es bleibt mir besonders deshalb im Gedächtnis, weil ich dort das Fortbestehen einer Gepflogenheit erlebte, die ich für längst ausgestorben hielt. Wir hatten zum Lunch Halt gemacht, waren aber etwas zu zeitig daran. Um 1 Uhr rief uns der Wirt herein: ›Der Braten ist auf dem Tisch, Gentlemen‹. Auf dem Tisch des Speisesaales war das größte Stück Rindslende, das ich je gesehen hatte, dort stand die größte Soßenterrine, die größten Schüsseln voll mit Kartoffeln und Blumenkohl, die größte Schale Fruchtsalat, der größte Senftopf und eine riesige Scheibe Cheddar. Als wir alle beisammen waren, nahm der Wirt am Kopfende des Tisches Platz, er legte uns vor und speiste mit uns. Und ständig forderte er uns auf, doch zuzugreifen. Dabei unterhielt er sich mit uns höchst angeregt über die Zeitläufte.«

207 Laube S. 55f.
208 Schopenhauer S. 63
209 Laube S. 285
210 Potthoff S. 400
211 Abraham a. S. Clara, Etwas f. Alle, S. 625 (nach Kachel S. 79)
212 Montaigne S. 57
213 Montaigne S. 59
214 Montaigne S. 56
215 Heine 1843
216 Kleberg 1966, S. 39
217 Stehle S. 53f.
217a Washington Irving, in: Burke 1927, S. 41f.

»Abends erreichten wir ein Dorf, wo ich zu übernachten beschloß. Als wir durch das große Tor des Wirthauses fuhren, sah ich auf einer Seite ein hoch aufloderndes Herdfeuer durch die Fenster scheinen. Ich trat ein und genoß zum hundertsten Mal dieses Bild von Behaglichkeit, Sauberkeit und offenem, anständigem Vergnügen der Küche eines englischen Gasthofes. Sie war sehr geräumig und ringsum behängt mit glänzend poliertem Kupfer- und Zinngeschirr und da und dort mit weihnachtlichem Grün geschmückt. Schinken, geräucherte Zungen und Speckseiten hingen von der Decke; eine Rauchfangklappe machte ihr unentwegtes Geräusch und in der Ecke tickte eine Uhr. Die eine Seite der Küche nahm ein blankgescheuerter Holztisch ein, auf dem kaltes Roastbeaf und andere herzhafte Fleischgerichte standen, über die zwei schaumbedeckte Bierkrüge Wache zu halten schienen. Reisende minderen Ranges machten sich gerade daran, auf dieses handfeste Mahl loszugehen, während andere rauchend und plaudernd vor ihrem Bier auf zwei hohen Lehnstühlen neben dem Feuer saßen. Stramme Hausmädchen eilten nach den Anweisungen einer sich geschäftig gebärdenden Wirtin hin und her, fanden dabei aber immer noch Gelegenheit, das eine oder andere kecke Wort oder ein aufmunterndes Lachen mit der Gruppe am Feuer zu wechseln.«

218 Montaigne S. 51
219 Montaigne S. 53
220 Montaigne S. 62f.
221 »Elefant« S. 28f.
222 Fischart S. 53
223 Diehl S. 155
224 Seume S. 31
225 Schmeller II, Sp. 407ff.
226 Kramer 1961, S. 276
227 Hoffmann S. 17
228 Dickens, Ausgabe 1939, S. 112
229 Kramer 1961, S. 276
230 Kramer 1961, S. 278
231 Simonsfeld S. 241
232 Hampe S. 76ff.
233 Hampe S. 126
234 Trautmann S. 116ff.

235 Spengler 1960, S. 284f.
236 Steub S. 62
237 Steub S. 68f.
238 O. N., Frankenland S. 4ff.
239 Potthoff S. 335
240 Haupt o. S.
241 Als »Vauxbälle« bezeichnete man im 18. Jahrhundert öffentliche Feste und Lustbarkeiten. Das Wort leitet sich vom alten normannischen »Folkeshalle« her: in englischen Adels-, später auch in Bürgerkreisen bedeutete es große Tanzfestlichkeiten in Gärten und Pavillons.
242 Diehl S. 69
243 Potthoff S. 260; hier weitere Belege für d. Wirkung d. Gasthausatmosphäre auf Künstler
244 Potthoff S. 262
245 Brief Mozarts v. 26.9.1777 (nach Spengler 1960, S. 13)
246 Batchelor S. 32
247 Burke 1931, S. 133
»Jede Stätte hatte ihre eigene soziale und berufsständische ›Einstimmung‹ und zog Männer gleichen Geschmacks und gleicher Neigungen an. Die Dichter und klugen Geister hatten ihre speziellen Schlupfwinkel – so zu bestimmten Zeiten Raleigh, Shakespeare und Beaumont die ›Mermaid‹; Ben Jonson den ›Devil‹; Dryden das ›Will's‹; Addison ›Button's‹; Hogarth verkehrte bei ›Slaughter's‹ und so weiter. Die verschiedenen politischen Gruppen hatten ihre eigenen Lokale, die Rechtsanwälte die ihren, die Spieler ebenso wie die Bürger und die Kaufleute...«
248 Spengler S. 78
249 Kleberg 1966, S. 43
250 Potthoff S. 218f.
251 Dickens, Ausgabe 1939, S. 221
252 Spengler 1960, S. 20
253 Diehl S. 129
254 Hoffmann 1940, S. 00
255 Riehl S. 222f.
256 Frischauer S. 39f.
257 Benz S. 88ff. und Hitzer S. 301
258 Bemelmans S. 11
259 Frischauer S. 21
260 Frischauer S. 00
261 Stehle S. 47f.
262 Adlon S. 8
263 Adlon S. 84f.
264 Bakos S. 137
265 Frischauer S. 101
266 Frischauer S. 150
267 Stehle S. 76f.
268 Frischauer S. 82f.
269 Bemelmas S. 30
270 Bemelmans S. 133f.
271 Frischauer S. 63f.
272 Adlon S. 78
273 Frischauer S. 184f.
274 Thoma S. 25; vgl. Heine S. 9

Literaturverzeichnis

ABRAHAM A SANTA CLARA Etwas für alle, Wien 1699 Adam-Kinder, (Neuausgabe) Wiesbaden 1959

ADLON, HEDDA Hotel Adlon. Das Haus, in dem die Welt zu Gast war, München 1955

AKCEHOB, П. Ф. Pecmopahbl u. kacße Mockbbi, Moskau 1958 (Russische Hotels)

ARCHENHOLZ, J. W. VON England und Italien, o.O. 1786, Bd. 1

ARCHIVALIEN genaue Angaben s. Anmerkungen

BAHRDT, C. FRIEDRICH Geschichte seines Lebens, (Hsg. Hasselberg F.), Berlin 1922

BAKOS, EVA UND KOREF, CHRISTIANE Wo ißt man gut in Wien? Wien 1968

BATCHELOR, DENZIL The English Inn, London 1963

BAUER, HANS Tisch und Tafel in alten Zeiten, Leipzig 1967

BAUER, MAX Der deutsche Durst, Leipzig 1893

BEATIS, ANTONIO DE Die Reise des Kardinals Luigi d' Aragona, Freiburg i.B. 1905

BECK, CARL Deutsches Reisen im Wandel der Jahrhunderte, Berlin 1936

BEMELMANS, LUDWIG Hotel Splendid, Bern 1947

BENKER, GERTRUD Reise durch das konzertante Bayern, München 1968 –, Wege durch Regensburg, Regensburg 1971

BENZ, CARL Lebensfahrt eines deutschen Erfinders, Leipzig 1943

BIRK, ALFRED Die Straße, Karlsbad 1934

BOEHLE, BERND Gastlichkeit in Schwaben, Karlsruhe 1962

BÖRLIN, GERHARD Die Transportverbände der Schweiz im Mittelalter, Zürich 1896

BOULNOIS, LUCE Die Straßen der Seide, Wien/Berlin 1964

BRONNER, FRANZ XAVER Leben, von ihm selbst beschrieben (Zürich 1795-97), gekürzt in: Jahrb. f. Gesch., Sprache u. Litt. Elsass-Lothringens, VIII. Jg., 1892

BRUNNER, HEINRICH Deutsche Rechtsgeschichte, in: Bindings »Handbuch der deutschen Rechtswissenschaft«, Bd. 1. u. 2, 1887-1892

BUESZTA, JOSEF Wies i Karczma, Warschau 1950 (Polnische Gasthöfe)

BURCKHARD, HELENE Vom Reisen – Zeugnisse aus allen Zeiten, Basel 1944

BUCHELIUS, ARNOLDUS Die drei Reisen des Arnoldus Buchelius nach Deutschland, in: Annalen des Hist. Ver. f. Niedersachsen, Heft 84

BURKE, THOMAS The Book of the Inn, London 1927

– The English Inn, London 1931

CASANOVA, GIACOMO Erinnerungen. Begegnungen und Abenteuer in der Schweiz (Hsg. Prévot, René), Basel 1920

CARTER, J. – MUIR, P. H. u. a. (Hsg.) Bücher die die Welt verändern, München 1968

CREUX, RENÉ Schilder vor dem Himmel, Paudex/Schweiz 1962

CUNOW, HEINRICH Politische Kaffeehäuser, Berlin 1925

DAMM, LUDWIG Niedersächsische Gaststätten usw., Hannover 1956

O. N. Der Schwarze Bär und seine Geschichte, Göttingen o. J. (ca. 1935)

DICKENS, CHARLES Eine Geschichte aus zwei Städten, Leipzig 1939

– The two Tales of the Bagman, Ebenhausen 1957

DIEHL, ROBERT Frankfurt am Main im Spiegel alter Reisebeschreibungen vom 15. bis zum 19. Jahrhundert, Frankfurt 1939

DÜRER, ALBRECHT Tagebücher und Briefe, München 1969

ECKERT, HEINRICH Die Krämer in süddeutschen Städten bis zum Ausgang des Mittelalters, o. O. 1910

EIBEN, G. Geschichte des Gastwirtschaftswesens vom Altertum bis zur neuesten Zeit, Leipzig 1907

»ELEFANT« von Brixen s. Von der Herberge usw.

ELLIS, AYTONN The Penny Universities. A History of Coffee-Houses, London 1956

ENTHOLT, H. Das Rathaus zu Bremen, Wienhausen/Celle 1927

FARNHAM, C. EVANGELICE American Travellers in Spain, New York 1966

FICHTNER, FRITZ Tee, Kaffee, Kakao, ein Beitrag zur abendländischen Geschirrkultur des 17. und 18. Jahrhunderts, in: Berichte der deutschen Keramischen Gesellschaft, Bd. 31, 1954

FISCHART, JOHANNES Gargantua, München 1914/15 (Neudruck)

FORSTER, GEORG Frische Liedlein, V, 1556

FORTUNATUS Volksbuch nach einem Augsburger Druck von 1509 (Hsg. Günther Hans), Halle 1914

FREEDEN, MAX H. VON (Hsg.) Das Ochsenfurter Kauzenbuch, in: Mainfränk. Hefte, 1967, Heft 47

FRIEDLAEMDER, L. Darstellungen aus der Sittengeschichte Roms 1, 10. Aufl., Leipzig 1922

FRISCHAUER, WILLI Europas Grand-Hotels, London/München 1966

FUCHS-HARTMANN, WERNER Gastmahl der Völker, Stuttgart 1941

FUSS, KARL Geschichte der Reisebüros, Darmstadt 1960

GATZ, KONRAD Gasthaus und Gaststätte, Farbe und malerischer Schmuck, München o. J.

GAUTIER, THEOPHILE Voyage en Espagne, Paris 1875

GEWERBEORDNUNG mit Gaststättengesetz München 1964

GILL, ANGUS MC. Pub, London 1969

GLEICHEN-RUSSWURM, ALEXANDER Das galante Europa. Geselligkeit der großen Welt, 1600–1789, Stuttgart 1919

GOTTSCHALK, FRIEDRICH Taschenbuch für Reisende in den Harz, Magdeburg 1806

GRANT, MICHAEL (Hsg.) Die Welt der Antike, München 1964

GREGORY, J. The Story of the Road, London 1931

GUARINONIUS, HIPPOLYTUS Grewel der Verwüstung menschlichen Geschlechts usw., Ingolstadt 1610

HAGEN, VICTOR WOLFGANG VON Heerstraßen des Sonnengottes, Wien 1957

– Das Reich der Inka, Hamburg 1958

HAMPE, THEODOR Die fahrenden Leute im Mittelalter, o. O. 1902

HAUFFE, HANS GÜNTER Glück mit Gästen, München 1965

HAUPT, KARL Die Drei Mohren zu Augsburg, Augsburg 1956

HAUSER, ALBERT Vom Essen und Trinken im alten Zürich, Zürich 1962

HAVER, URSULA Am Straßenkreuz Europas, Frankfurt a. M. 1957

HERMESDORF, B. H. D. De herberg in de Nederlanden, Assen 1957

HERTZOG, A. Das elsässische Wirtshauswesen während des Mittelalters, in: Jahrb. f. Gesch., Sprache u. Litt. Elsass-Lothringens, X. Jhg., 1894

HEYNE, MORIZ Deutsche Hausaltertümer, Bd. I: Das deutsche Wohnungswesen, Leipzig 1899

HILTL, FRANZ Das Katharinenspital zu Regensburg, Regensburg o. J.

HILTON, C. N. Die Welt bei mir zu Gast, München 1957

HITZER, HANS Die Straße, München 1971

HOEBER, KARL Der biblische Ursprung alter Wirtshausnamen, Köln 1934

HOFFMANN, DETLEF Die Welt der Spielkarte, Leipzig/München 1972

HOFFMANN, MORITZ Goldener Anker und Schwarzer Walfisch, Berlin 1940

– Berühmte Gasthäuser in Hessen und Nassau, Darmstadt 1934

– 2000 Jahre Gaststätte, Frankfurt a. M. 1954

– 5000 Jahre Bier, Nürnberg 1956

– Geschichte des deutschen Hotels, Heidelberg 1961

HOFFMANN-BURCHARDI, HELMUT Kasbas und Berber am Atlas Marokkos, in: Atlantis, 35. Jhg., 1963/2

HOFMILLER, JOSEF Das deutsche Wirtshaus (1929), in: Wanderbilder und Pilgerfahrten, Bad Salzig 1949

HOOPS, JOHANNES (Hsg.) Reallexikon des germanischen Altertums, Straßburg 1913–15

HOYER, KARL Das ländliche Gastgewerbe im deutschen Mittelalter nach Weistümern, Freiburg i. Br. 1910

IMPERIAL GOVERNMENT RAILWAY HOTELS Nara Hotel, Sanyo Hotel, o. O., o. J. (Japan ca. 1923)

KACHEL, JOHANNA Herberge und Gastwirtschaft in Deutschland bis zum 17. Jahrhundert, Berlin 1924

KAISER, ERICH Die Krone zu Homberg – Geschichte eines Bürgerhauses, Borken 1972

KELLER, GOTTFRIED Die Leute von Seldwyla, 1. Bd., Stuttgart 1920

KESTEN, HERMANN Dichter im Café, München 1959

KEUTGEN, F. Urkunden zur städtischen Verfassungsgeschichte, 1899
KEYSSLER, JOHANN GEORG Neueste Reisen durch Deutschland, Böhmen, Ungarn, die Schweiz, Italien und Lothringen, Hannover 1751
KIEPERT, H. Die persische Königsstraße durch Vorderasien nach Herodotos, in: Monatsber. d. kgl. preuß. Akademie d. Wiss., Berlin 1857
KLEBERG, TÖNNES Hôtels, Restaurants et Cabarets dans l'Antiquité Romaine, Études historiques et philologiques, Uppsala 1957
– In den Wirtshäusern und Weinstuben des antiken Rom, Darmstadt 1966 (Übersetzung v. Braun W.)
KNAPP, W. Gaststätten, Kuranlagen, in: Architekturwettbewerbe, Stuttgart 1939
KLUGE FRIEDRICH / GÖTZE ALFRED Etymologisches Wörterbuch der deutschen Sprache, Berlin 1948 (14. Aufl.)
KLUGE-MITZKA Etymologisches Wörterbuch der deutschen Sprache, 1957 (17. Aufl.)
KNIGGE, A. V. Briefe auf einer Reise von Lothringen nach Niedersachsen, Hannover 1793
KONRAD VON AMMENHUSEN Das Schachzabelbuch, (Hsg. Vetter F.), o.O. 1892
KOREN-WIBERG, CHRISTIAN Bergen 1899
KRAMER, KARL-SIGISMUND Bauern und Bürger im nachmittelalterlichen Unterfranken, Würzburg 1957
– Volksleben im Fürstentum Ansbach und seinen Nachbargebieten (1500–1800), Würzburg 1961
KUNIN, KONST. ILJITSCH Hinter drei Meeren – Eine historische Reisebeschreibung, Berlin 1951

LAUBE, HEINRICH Reise durch das Biedermeier, Wien 1946 (Neuauflage)
LAUFENBERG, WALTER Welt hinter dem Horizont – Reisen in 4 Jahrtausenden, Düsseldorf 1969
LEONHARD, WALTER Zeichen guter Gastlichkeit, München 1973
LIEBENAU, THEODOR V. Das Gasthofs- und Wirtshauswesen der Schweiz in älterer Zeit, Zürich 1891
LOZINSKI, WLAD. Polnisches Leben in vergangenen Zeiten, München 1917

MAYR, GEORG Wegebüchlein durch gantz Teutschland, Hungarn, Böhmen ec., Augsburg 1590
MENGE-GÜTHLING Enzyklopäd. Wörterbuch d. lat. u. deutschen Sprache, Berlin 1959 (11. Auflage)
MERINGER, RUDOLF Wörter und Sachen, Bd. VII (1921), Heidelberg
MEYER, HANNS Im guten Ratskeller zu Bremen, Bremen 1967 (3. Aufl.)
MICHENER, JAMES A. Karawanen der Nacht, München/ Zürich 1972 (5. Aufl.)
MILLER, KONRAD Die Peutingersche Tafel, Stuttgart 1962
MONCKTON, H. A. A History of the English Public House, London 1969
MONUMENTA, GERMANIAE HISTORICA Scriptores et Leges, München
MONTAIGNE, MICHEL DE Die Essais und das Reisetagebuch (Hsg. Sakmann), Stuttgart 1948
MÜLLER, FRANZ Die Geschichte des Wirtsgewerbes in Ulm, Ulm 1930
MÜLLER, KUNO Gäste und Feste in der alten Abtei St. Urban, Luzern o.J.
MÜLLER, WILHELM An alten Straßen. Rastorte, Geleitstationen, Pferdedörfer, in: Archiv f. Gesch. v. Oberfranken, 52. Bd., 1972

MUMMENHOFF, ERNST Der Handwerker in der deutschen Vergangenheit, Jena 1924

NEUBURGER, ALBERT Reisen im Wandel der Zeit, Reutlingen 1922
NICOLAI, FRIEDRICH Beschreibung einer Reise durch Deutschland und die Schweiz im Jahre 1781, Berlin 1784

OCHSENFURTER, KAUZENBUCH (Hsg. v. Freeden s. Freeden)
OLIVER, R. Frankreich tafelt, München 1969

PHILIPPSTHAL, R. Deutsche Reisende des 18. Jahrhunderts in England, Hannover 1908
PICHLER, FRANZ Fuhrherren, in: Bl. f. Heimatkde., Graz 1972, H. 1
POLO, MARCO Am Hofe des Großkhans, Reisen in Hochasien und China, Leipzig 1924 (bearbeitet von Hermann A.)

RAUERS, FRIEDRICH Kulturgeschichte der Gaststätte, Bd. I und II, Berlin 1941
RIEHL, WILHELM HEINRICH Land und Leute, Stuttgart 1861
RINTELEN, M. Schuldhaft und Einlager im Vollstreckungsverfahren, o.O. 1908
RODER, CHR. Oberrheinische Stadtrechte II, 1905, Heft 1
ROESSLER, AUGUST Das Hofbräuhaus, München 1927
ROTTENBACH, BRUNO 650 Jahre Bürgerspital zum Heiligen Geist Würzburg, Würzburg 1969
ROTZLER, WILLY, Alte Gasthauszeichen der Ostschweiz, Zürich 1953
RUSCHE, HELGA Gastfreundschaft in der Verkündigung des Neuen Testaments und ihr Verhältnis zur Mission, in: Veröffentl. d. Inst. f. Missionswissenschaft, Münster 1958

SARTINI, FERDINANDO Statuti dell' arte degli albergatori della città e condato di Firenze, Florenz 1953
SCHADENDORF, WULF Zu Pferde, im Wagen, zu Fuß. Tausend Jahre Reisen, München 1959
SCHATTENHOFER, MICHAEL Wein und Weinwirte im alten München, in: Schwarzwälder Natur-Weinhaus, München (1965)
– Von den ältesten Münchner Kaffeesiedern zum Café Tambosi, München o.J.
SCHECK, ARNULF Das Bier wirbt, Berlin 1935
SCHEFFEL, VICTOR J. V. Gesammelte Werke Bd. III u. IV (Reisebilder, Episteln), Stuttgart o.J.
SCHIEDLAUSKY, GÜNTHER Tee, Kaffee, Schokolade, München 1961
– Essen und Trinken, Tafelsitten bis zum Ausgang des Mittelalters, München 1956
SCHMID, BERNHARD Wirtshausnamen und Wirtshausschilder. Ihre Entstehung, Geschichte und Deutung, in: Schweizer Archiv f. Volkskde., 33. Bd., 1934
SCHNEEKLOTH, HERBERT Das sächsische Hotel- und Gastwirtschaftsgewerbe, Leipzig 1930
SCHOPENHAUER, JOHANNA Reise durch England und Schottland, Stuttgart 1965
SCHUHHOLZ, ANNELIESE Zu Gast in Schlössern und Burgen, Stuttgart o.J. (ca. 1970)
SCHULTZ, ALWIN Deutsches Leben im 14. und 15. Jahrhundert, Wien 1892
SCHWEINICHEN, HANS V. (Hsg. Oesterley), Denkwürdigkeiten, Breslau 1878
SECKEL, K. FR. Bei einem Wirte wundermild... Die Gasthäuser im Kreis Ansbach, in: Frankenland, 24. Jhg., 1972

SIMONSFELD, H. Venetianischer Reisebericht ...aus dem Jahre 1492, in: Zs. f. dt. Kulturgeschichte, Nürnberg 1895
SMIDT, HEINRICH Marineskizzen, Hausblätter. (Hsg. Hackländer F. W. u. Höfer E.), Stuttgart 1855
SPAMER, ADOLF Kredit ist tot, in: Volkskundliche Gaben, Berlin u. Leipzig 1934
SPENGLER, KARL Münchener Straßenbummel, München 1960
– Die seltsame Rass' auf der Schwanthalerhöh', in: Schönes altes München, München 1965
SQUIER, EPHRAIM GEORGE Peru-Incidents of travel and exploration in the land of the Inkas, London 1877; deutsche Ausg.: Peru, Reise- u. Forschungsergebnisse im Land d. Inkas, Leipzig 1883
STATLER, OLIVER Japanese Inn, New York 1961
STEHLE, JOSEF Gaststätten in aller Welt, Lindenberg i. Allg. 1926
STEUB, LUDWIG Wanderungen im bayerischen Hochland, München o.J. (ca. 1846)
SUNTHEIM, LADISLAUS Reichsstadt Ravensburg 1496, in: Merian (Zs.) 1957, Heft Oberschwaben

TACITUS (Hsg. Franke J. u. Arens E.), Germania, Münster 1913
TRAUTMANN, KARL Kulturbilder aus Alt-München, München 1914, Bd. I

UBBELOHDE-DOERING, HEINRICH Auf den Königsstraßen der Inka, Berlin 1941

VEITH, GEN. V. Die Römerstraße von Trier nach Köln, in: Jahrbücher d. Ver. v. Alterthumsfreunden im Rheinlande, Bonn 1884/85, Heft LXXVIII u. LXXIX
VON DER HERBERGE am Hohen Feld zum Brixener Gasthof »Elefant« o. N., Brixen 1965

WALLNER, E. Von der Herberge zum Grandhotel, o.O. 1970
WALTHER VON DER VOGELWEIDE Ausg. Der Minnesang des 12. bis 14. Jahrhunderts, Stuttgart 1895
WEIBERFASTNACHT IN FRANKEN o. N., in: Frankenland 1972
WEINGARTNER, JOSEF Berühmte Tiroler Wirtshäuser und Wirtsfamilien, in: Schlern-Schriften 1956
WEISS, LUDWIG Hotel Post Fürstenfeldbruck, o.O., o.J. (ca. 1933)
WEISSKAMP, H. Hotels – international, o.O. 1969
WESTERFRÖLKE, HERMANN Englische Kaffeehäuser als Sammelpunkte der literarischen Welt im Zeitalter von Dryden und Addison, in: Jenaer Germanist. Forschungen, 1924, Heft 5
WISWE, HANS Kulturgeschichte der Kochkunst, München 1970
WITTICH, JOHANNES Ein nützlicher Bericht von den sechs unvermeidlichen Dingen zur gesundheit usw., Arnstadt 1590
WUNDER, ALOIS Das Haus zum roten Krebsen in der Sackstraße zu Graz, (Graz 1935)

ZACHERL, ROSEMARIE Überlieferte volkskundliche Symbole in München (Manuskript), München 1962
ZIMMERN Aus der Chronik derer von Zimmern Historica und Kuriosa aus sechs Jahrhunderten deutschen Lebens (Hsg. Ihringer Bernhard), Ebenhausen 1911

Sachregister

Länder s. Ortsregister; Gasthofnamen sind unter den entsprechenden Städten zu finden.
Die normalen Ziffern verweisen auf die Seitenzahlen, die halbfetten auf Abbildungsnummern.

Namen- und Ortsregister

Die normalen Ziffern verweisen auf die Seitenzahlen, die halbfetten auf Abbildungsnummern.

Photonachweis

Offsetlithos für die Farbtafel IX stellte uns freundlicherweise der Verlag GORDIAN-Max Rieck, Hamburg, und für die Farbtafel XI die LASPA Württembergische Landessparkasse, Stuttgart, zur Verfügung.
Nicht aufgeführtes Bildmaterial stammt von den Gaststätten selbst oder aus Archivmaterial.

Adam, Hans Karl; Rothenburg o.d.T. 182, 320, 321
Alinari, Florenz 28
alpha international, Paris 210
Anthony-Verlag, Starnberg 128 (Winstone), 166 (Moes), 183 (Breig), 250 (Staniek), 251 (Prochaska), 309 (W. Werner), 316 (Rihsé), 319 (Schilling)
Archiv für Kunst und Geschichte, Berlin 40, 109, 111, 112, 113, 154, 156, 203, 206, 214, 225, 226, 227, 229, 230, 264, 298, 302, 326, 329, 383, 392, 412
Archiv Gerstenberg, Frankfurt/M. 105, 195, 224, 234, 263, 265, 297, 304, 328, 373
Art Gallery and Museums and The Royal Pavilion, Brighton (England) XIII
Art Institute, Chicago 92, 93, 94, 95
Arthaud, Paris 99
Aufsberg, Lala; Sonthofen 42, 70, 82, 159, 161, 178, 242, 354, 355, 358, 377, 390, 391
Aune Kunstforlag, Trondheim (Norwegen) 63, 64, 65, 66, 67
Baur, Helmuth; München 308
Baur-Heinhold, Margarete; München 313, 314
Bavaria-Verlag, Gauting 45 (Chr. Retzlaff), 46 (F. Eschen), 62 (R. Brüning), 73 (F. Eschen), 194 (Christ), 208 (Hans Kalmer), 219 (Paul Almasy), 220 (Paul Almasy), 284 (Gunther Schmidt), 341 (Klaus Meier-Ude), 342 (J. Messerschmidt), 352 (Lebeck)
Bayer. Landesamt für Denkmalpflege, München 385
Bayer. Nationalmuseum, München 389
Bayer. Staatsbibliothek München II, 1, 32, 107, 274, 296
Bayer. Staatsgemäldesammlungen, München 233
BBC Publications, London 61, 125, 130, 186, 187
Bettmann Archive, New York 29, 91, 371, 386
Biblioteka Gdanska (Polen) 41
Bibliothèque Nationale, Paris III, 16, 19, 25, 235, 287, 289
Bildagentur Mauritius, Mittenwald 317 (Werner)
Bildarchiv Bonn 193
Bildarchiv Foto Marburg 2 (s. auch Vorsatz seitenverkehrt), 153, 223, 301
Blauel, Joachim; München X
Breig, Fritz; München 123, 181
Brinkmann, Günter; Hamburg 120
British Tourist Authority, London 127, 129, 185
Bruckmann Verlag, München 131, 158, 207, 221, 393
Castle Museum, Norwich 257
Cianetti, Franco; Clohars-Carnoet (Frankreich) 209
Chicago Historical Society, Chicago 327
Colonial Williamsburg Foundation, Williamsburg 334, 364, 365, 367, 369
Creux, René, Paudex (Schweiz) VIII
Deutsche Fotothek, Dresden VI, 137, 140, 171, 217, 315, 335, 410, 411
Deutsches Brotmuseum, Ulm 76
Deutsches Ledermuseum, Offenbach/M. 388
Deutsches Museum, München 68, 285, 378, 379
Edelmann, U.; Frankfurt/M. 324
Finlayson, Graham; Burley (England) 43
Flämisches Freilichtmuseum, Bokrijk (Belgien) 311
Foto Dierks, Basel 199
Foto Kugler, Fürstenfeldbruck 88
Foto Saebens, Worpswede 164
Fototeca Unione, Rom 30
Germanisches Nationalmuseum, Nürnberg 135, 376
Gerster, Georg; Zumikon-Zürich 426
Giraudon, Paris 133 (Bruckmann), 134, 144, 177, 366
Glasgow University Library XII
Groth-Schmachtenberger, Erika; München V, 318, 360
Häusser, Robert; Mannheim 51, 53
Hagen, Victor Wolfgang von; Rom I
Hell, Hellmut; Reutlingen 143, 200
Historia-Photo Charlotte Fremke, Bad Sachsa 90, 108, 155, 189, 258, 260, 267, 293, 338, 372
Historisches Museum Basel 81, 259
Historisches Museum Frankfurt 8, 9, 17, 35, 36
Hochbauamt Nürnberg 50, 136 (F. Schmidt), 138 (F. Schmidt)
Höltl, Georg; Tittling 427
Jeiter, M.; Aachen 139, 141, 149, 169, 174, 175, 211, 243, 244, 245, 323
Interfoto Friedrich Rauch, München 22, 117, 205, 228, 266, 402, 429
Joja, Constantin; Bukarest 24
Kleinhempel, Ralph; Hamburg IX
Kripgans, Hans; Lübeck 79, 80
Kull, Leonhard; Bremen 78
Kunstgewerbemuseum Berlin 6
Lambert, Sam; London 414, 416
Landesbildstelle Berlin 231
Landesbildstelle Rheinland, Düsseldorf 157
Ley-Riederer, Renata; München 215
Löbl, Robert; Bad Tölz 252
Löffler, Adam; München 212, 400
Metz, Tübingen 39
Möckel, Inge-Lore; München 213
Moses, Stefan; München 339, 399, 405
Münchner Stadtmuseum 146, 204, 277
Munzig, Horst; Mindelheim 188
Musée Historique et des Porcelaines, Château de Nyon (Schweiz) 312
Museum für Hamburgische Geschichte, Hamburg 102
Museum Regensburg 10
Neumeister, Werner; München 165
Niedersächsische Staats- und Universitätsbibliothek, Göttingen 72
Noth+Hauer, Berlin 345, 348, 351
Österr. Nationalbibliothek, Wien 4, 305, 310, 387, 403
Otte, Dieter; Hamburg 75
Petersen, Hans; Hornbaek (Dänemark) 3
Pfistermeister, Ursula; Fürnried 69, 142, 167
Photo Ellinger, Salzburg 218
Photohaus Beckert, Garmisch-Partenkirchen 248
Pressebildarchiv Heinz Finke, Konstanz 33
PTT-Museum, Bern 14, 54, 55, 56, 59, 84, 85, 150, 236, 237, 239, 240, 241, 246, 249, 262, 279, 288, 290, 370, 375, 394, 396, 401, 406, 409, 430
Reiter, Christl; München VII, 343
Rijksmuseum voor Volkskunde, Arnhem 148, 361
Rudolph, Alfons; Esslingen XI
Sander, August (über Gunther Sander, Rottach-Egern) 397
Sankt Annen-Museum, Lübeck 44, 47
SCALA, Florenz 202
Schäfers, Hans Ulrich; München 38
Scheidegger, Paul; Zürich 12, 15
Schmidt-Glassner, Helga; Stuttgart 37, 83, 119, 121, 122, 124, 170, 180, 190, 222, 307, 332, 333, 336, 337, 356, 357, 359, 362, 368, 382
Schöning & Co.+Gebr. Schmidt, Lübeck 168
Schollenberger, Kurt; Zürich 344, 347, 349, 350, 353
Schröder, Walter; Frankfurt/M. 74, 184
Schweizerisches Alpines Museum, Bern 58
Schweizerisches Landesmuseum, Zürich 256
Service de Documentation Photographique, Paris 52
Spitta, Wilkin; Regensburg 31, 34, 172, 176, 340, 346
Staatliche Museum zu Berlin-Ost 331
Staatsarchiv Hamburg 151
Staatsbibliothek Berlin 23, 96, 97, 114, 115, 116, 118, 132, 232, 238, 261, 269, 280, 283, 295, 408
Stadtarchiv Erfurt 152
Stadtarchiv München 272
Stadtarchiv Ulm 7, 299
Stadtbauamt Würzburg 48, 49
Stadtmuseum Zittau (DDR) 322
Städt. Kunstsammlungen Augsburg 71
Steinkopf, Walter; Berlin 325
Stift Göttweig 201
Süddeutscher Verlag, München 163, 268, 395
Touropa München 421
Tuggener-Foto, Zürich 398
Unterberger, KHS 179
Verlag Edm. von König, Heidelberg 191
Verlag Ostermann, Hameln 192
Vötterl, Hans; München 162
Wolgensinger, Michael; Zürich IV
Wood, Roger; London 26, 27, 198
Zeit Bild Maiwald, Garmisch-Partenkirchen 98, 104, 147, 275, 276, 281, 282, 291, 431
Zentralbibliothek Zürich 13, 110

KULTURGESCHICHTE IN EINZELDARSTELLUNGEN

Der Gasthof

Von der Karawanserei
zum Motel
Vom Gastfreund
zum Hotelgast

Gertrud Benker

Der Gasthof

Verlag Georg D.W. Callwey München

Folgende Abkürzungen wurden im Text verwendet:
ahd. = althochdeutsch
mhd. = mittelhochdeutsch
lat. = lateinisch

ISBN 3 7667 0302 1

Schutzumschlag und Gestaltung Baur + Belli Design, München, unter Verwendung der Farbtafeln III, VI, IX, XI, XII
Herstellung Heide Hohendahl, München
Satz Rudolf Eimannsberger, München
Druck und Bindung Ludwig Auer, Donauwörth
Offsetlithos Brend'amour, Simhart & Co., München
Printed in Germany

Inhalt

Vorwort

Der Aufnahmesuchende und der Aufnehmende, Gastsein und Wirtsein, gehören zu den Urphänomenen des Menschlichen. Von der freigeübten Gastlichkeit in unwegsamen, dünnbesiedelten Landstrichen, von den Sonderformen, die sich in Gebieten mit Karawanenbewegungen ergeben, von den staatlich geförderten Unterkünften an Überlandstraßen, von Bewirtungsarten, die sich auf religiöser oder auch geschäftlicher Basis entwickelt haben, soll hier ebenso die Rede sein wie von den vielfältigen Möglichkeiten gewerblich betriebener Gasthäuser. Dabei ist der Untertitel des Buches, »Vom Gastfreund zum Hotelgast«, nicht nur chronologisch zu verstehen: Pilgerherbergen oder Gastfreundschaft auf Gegenseitigkeit sind überzeitliche Erscheinungen; verschiedene Entwicklungsformen laufen immer nebeneinander her, beeinflussen und überschneiden sich. Hier können nur Grundlinien historischer Vorgänge skizziert und durch markante Beispiele belegt werden. Einerseits zwingt die Fülle des Materials zur Auswahl, andererseits ist die Quellen- und Forschungsdichte räumlich und zeitlich sehr unterschiedlich. Über antike Formen der Gastbetreuung z. B. liegen zahlreiche Belege vor, während die Quellen für das mittelalterliche Europa spärlich fließen; die Gastungsverhältnisse in Deutschland und seinen westlichen Nachbarländern sind durch Spezialuntersuchungen wesentlich besser erschlossen als etwa die Osteuropas oder mancher außereuropäischer Staaten.

Hier ging es vor allem darum, gemeinsame Tendenzen in der Beziehung zwischen Gast und Wirt zu finden, kulturgeschichtlichen Zusammenhängen nachzugehen und die Kräfte aufzuspüren, die den heutigen Bestand an Gasthäusern schufen. Die Lage eines Gasthofes, sein Baugesicht und seine Ausstattung spiegeln nicht nur die Gesinnung des Erbauers, sondern sind zugleich Ausdruck der geistigen Haltung der Zeit, der sie entsprungen sind, ja in gewisser Weise sogar ihr Wertmesser. Im Gasthof strömen alle Erfahrungen und Gewohnheiten eines Volkes, Abnormes und Alltägliches, Altüberliefertes und neues Gedankengut zusammen. So repräsentiert der Gasthof die ganze Fülle des Lebens in seiner widersprüchlichen Unmittelbarkeit.

Der Verlag, der sich schon früher (vgl. Steinlein, Gatz) mit dem Thema befaßt hat, stattete das Buch mit schwer zu beschaffendem Bildmaterial von dokumentarischem Wert aus. Dafür sagt ihm die Autorin herzlichen Dank.

Wurzeln der Gastlichkeit

1 »Taberneus«, Herbergsvater mit Brot und Weinkanne. Holzschnitt aus »Schaekspel« von Meister Stephan, um 1490.

Dem Wort »Gast« eignet im Sprachgebrauch von heute eine nicht klar begrenzbare Vielschichtigkeit: Gast des Hauses ist z. B. ein langjähriger Freund, der einige Wochen mit unserer Familie lebt; Gast ist auch der Geschäftspartner, der ein Abendessen mit uns einnimmt; Gast des Staatsoberhauptes kann der Ministerpräsident eines anderen Landes sein, und auch der Südländer, den die Not aus seiner Heimat trieb, ist arbeitender Gast auf unseren Straßen, in unseren Häusern; als »segnenden Gast« bittet das Tischgebet den »Herrn« um seine Anwesenheit –, als ein Teil der Zuwachsrate fungiert der »zahlende Gast« in den Planungen der Fremdenindustrie. Diese wenigen Beispiele mögen die Ausdehnung des Wortfeldes andeuten.

Ursprünglich besaß das Wort »Gast« in den Sprachen des indogermanischen Kulturkreises die Bedeutung »Fremdling, ungebetener, zufälliger Ankömmling unbekannter Herkunft«.[1]

Wie ist das, wenn ein Unbekannter plötzlich auf unserem Grund steht, um unser Haus streicht, unter unserem Apfelbaum liegt? Wir, die Ansässigen, haben etwas zu verlieren: die Äpfel, das Haus, die Kinder; der Fremde kann unser Eigentum beschädigen, das Haus anzünden, etwas mitnehmen und unerkannt entwischen. Mißtrauen ist wach: Wer ist der Mensch, was beabsichtigt er? Von dem neutralen Begriff »hostis« = Fremdling zu der Bedeutung »feindlicher Fremdling«, die das Wort im Lateinischen schließlich angenommen hat, ist kein großer Schritt. (Die lateinische Nebenform hospes »Gast«, die ohne den negativen Beigeschmack blieb, wurde Ahnherr der Wortfamilie Hospital, Hotel.)

In frühester Zeit waren die Ursachen, aus der gewohnten Umgebung aufzubrechen, weniger vielfältig und alltäglich als heute; daher richteten sich an den Fremdling sofort die Fragen: Ist dieser Mensch ein Geächteter bei den Seinen, ein Spion, ein Kundschafter, der neues Land in Augenschein nehmen soll; kommt er aus religiösem Antrieb, will er einen Handel einleiten?

An dem Fremden war es, seine friedliche Gesinnung kundzutun durch Gruß, durch ein Zeichen, ein Geschenk. Blumen konnten dafür stehen, ein grüner Zweig, eine Fahne, das Abzeichen einer Obrigkeit. In späteren Entwicklungsphasen entsprach diesem Kundgeben des guten Willens die Empfehlung – auch in Form eines Zeichens, z. B. eines Stempels, eines Kreuzes –, der Schutzbrief, den eine bekannte und geachtete Person oder Institution ausgestellt hatte. Im Orient heißt ein derartiger Schutzbrief, der dem Landfremden Wege und Häuser öffnet, »Ferman«.

Fäden begannen sich zu spinnen vom Vorüberziehenden zum Anwohner. In vielen Bedürfnissen war jener auf das Wohlwollen der Einheimischen angewiesen: die mitgeführte Nahrung konnte ihm ausgehen, der Durst ihn quälen und die Witterung, der Weg unbekannt und voller Gefahren sein. Der Fremdling mußte die »Wirtlichkeit« des Landes und seiner Leute in Anspruch nehmen. Auch diesem Wort nachzuspüren lohnt sich: in allen germanischen Sprachen ist der Zusammenhang mit dem Essen gegeben; der »Wirt« ist also in erster Linie der Vorstand einer Tischgemeinde. Vermutlich bezeichnet die indogermanische Wortwurzel »uer« = »sieden, kochen« den Ursprung aller Zuwendungen, die man unter Bewirtung versteht.[2]

Wer zum Mahl bitten kann, ist ein Besitzender; dieser Grundgedanke verbleibt dem Wort als fester Bestandteil bis in neuere Zeit, wo es sich auf die speziellere Bedeutung »Gastwirt« verengt hat. In der Verbindung »Land-wirt« ist der alte Begriff des Herrseins über einen Besitz noch deutlich spürbar. Das Wort beinhaltet also einen gewissen Machtstatus, was in verschiedenen literarischen Quellen des Mittelalters zum Ausdruck kommt: die Frau nennt den Gatten ihren »wirt«; die Kinder, das Gesinde, bezeichnen den Herrn des Hauses als »wirt«.

Dem Hausvater ist es höchste Befriedigung, die eigene Familie, Freunde und Fremde um eine wohlbestellte Tafel versammeln zu können; denn erst dann wird Besitz als beglückend empfunden, wenn er mitgeteilt werden kann, wenn andere ihn achtend zur Kenntnis nehmen. Gastfreundschaft gewähren zu können erfüllt den Geber mit Stolz und Genugtuung. Keiner vermochte es allgemeingültiger auszusprechen als Walther von der Vogelweide in seinem Spätgedicht »Ich han mîn lehen«, das erfüllt ist

2 »Der Wirt oder Gastgeb«, ein Buschen hängt aus als Zeichen der Gastlichkeit. Der Wirt bietet den Willkommtrunk. Holzschnitt von Erhard Schoen, um 1536.

von Freude über das Ende der lebenslangen Wanderschaft, Freude über den Besitz eines eigenen Heimes. Endlich kann auch er, der so oft Gastfreundschaft in Anspruch nehmen mußte, sagen: »sît willekommen, hêr Gast«, endlich darf er als Herbergsgebender dem Wanderer den Gruß entbieten, »sô daz er mir, dem wirte, danken müeze«.[3]

Gastsein und Wirtsein sind offenbar menschliche Urzustände, sie rühren an Gefühle bzw. Seelenbezirke, die der menschliche Geist nicht weiter zu erklären vermag; er ordnet sie daher vielfach dem religiösen Bereich zu. Den antiken Menschen erfüllte dem Fremden gegenüber der Geist des Numinosen: verborgen in dem unbekannten Wanderer speist Gott (Zeus xenios, Jupiter hospitalis) mit ihm; der Gastgeber erfährt durch den Fremden himmlischen Segen. Bei Homer, Herodot, Plato, Hesiod u.a. steht der Fremde, der um Aufnahme bittet, unter dem Schutz der Götter; es darf ihm nicht die Tür gewiesen werden. Zahlreich sind die Mythen bei den Griechen, bei den Juden des Alten Testaments und bei den Germanen, die davon berichten, wie sich Götter prüfend in Gestalt eines Fremdlings unter die Irdischen mischten.[4]

Bei den Römern, die menschliche Beziehungen früh schon in rechtliche Ordnungen festlegten, wurde Gastfreundschaft nach vertraglichen Vereinbarungen zwischen Personen und Städten gewährt oder bereits in der Art eines Gewerbes ausgeübt, zu einer Zeit, als man in den angrenzenden Ländern nur die freigeübte Gastlichkeit kannte. So ist die Bewunderung des Tacitus für die großmütige Aufnahme, die der Fremde bei den Germanen fand, zu verstehen: *»Zu Bewirtungen und gastlichem Leben hat kein anderes Volk eine so unbeschränkte Neigung. Irgendwem, wer es auch sei, seine Türe zu verschließen, gilt für ein Unrecht. Jeder bewirtet den Gast an dem nach Kräften reichlich besetzten Tische. Gebrichts an Vorrat, so macht der bisherige Wirt den Wegweiser zu einer neuen Herberge und geht mit seinem Gast ungeladen ins nächste Haus...«*[5]

Begabung zur Gastfreundschaft und die Notwendigkeit, die sie in Gebieten mit Naturalwirtschaft darstellt, trafen in Germanien zusammen. Daß es – auch in diesem Bereich – nicht nur Tugendbolde unter unseren Vorfahren gab, beweist die Tatsache, daß die freigeübte Gastlichkeit einer gesetzlichen Stütze bedurfte. Die alte Lex Burgundiorum (513 n.Chr.) zum Beispiel belegte jeden, der dem Fremdling die Tür wies, mit Strafe, und Karl der Große noch gab in seinen Capitularien eine gewisse kaiserliche Garantie für Leib und Leben der Ortsfremden.[6]

Die Form der freien Gastlichkeit blieb in Europa im allgemeinen bis ins 10./11. Jahrhundert erhalten und wurde dann allmählich durch die beruflich ausgeübte Bewirtung abgelöst. Immer dort aber, wo die Natur oder die historischen Verhältnisse dem Gewerbe entgegenstehen, bleibt der unbehauste Mensch auf die alte Form der Aufnahme angewiesen. So war es bei den ersten Siedlern Amerikas, die sich gegenseitig Schutz und Unterkunft in ihren befestigten Häusern gewährten. *»In diesen sicheren*